राममनोहर लोहिया

राममनोहर लोहिया का जन्म 23 मार्च, 1910 को फैजाबाद, उत्तर प्रदेश में हुआ। उन्होंने अकबरपुर, बनारस और कलकत्ता से शिक्षा प्राप्त की। बर्लिन विश्वविद्यालय से 1933 में अर्थशास्त्र में पी-एच.डी.। 1934 में कांग्रेस सोशलिस्ट पार्टी के संस्थापक सदस्य, राष्ट्रीय कार्यकारिणी के सदस्य, अंग्रेजी साप्ताहिक 'कांग्रेस सोशलिस्ट' का सम्पादन। 1936-38, अखिल भारतीय कांग्रेस समिति के विदेश सचिव। 1942 की अगस्त क्रान्ति का नेतृत्व, विशेष रूप में कांग्रेस रेडियो का संचालन। 1944 के आरम्भ में गिरफ्तारी, लाहौर के किले में यातनाएँ। 1946 में बंगाल और बाद में दिल्ली में गांधी जी के शान्ति प्रयत्नों में सक्रिय योग। 1948 में हिन्द किसान पंचायत के अध्यक्ष। 1947-51, समाजवादी दल की विदेश नीति समिति के सम्मेलन में भारतीय प्रतिनिधि के रूप में यूरोप यात्रा, 1951 में विश्व-यात्रा। 1954 में प्रजा सोशलिस्ट पार्टी के महामंत्री। 1955-56, सोशलिस्ट पार्टी की स्थापना, प्रथम अध्यक्ष। 1958 में अंग्रेजी हटाओ, दाम बाँधो और जाति-विनाश आन्दोलनों का सूत्रपात और संगठन निर्माण। 1962 में फर्रुखाबाद, उत्तर प्रदेश से उपचुनाव में लोकसभा के सदस्य निर्वाचित। 1964 में अमरीका यात्रा और रंगभेद के विरुद्ध सिविल नाफरमानी करने पर गिरफ्तारी। 1937 से 1966 के बीच ब्रितानी, पुर्तगाली, और कांग्रेसी शासनों द्वारा कुल 18 बार गिरफ्तार। उन्होंने इतिहास, राजनीति, धर्म, दर्शन, समाजशास्त्र जैसे अनेक विषयों पर लिखी अपनी रचनाओं में आधुनिक और जटिल-से-जटिल विचारों को अपनी अनूठी शैली में अभिव्यक्ति देकर न केवल हिन्दी की अभिव्यंजना शक्ति को प्रदर्शित किया बल्कि भाषा की समता को नया विस्तार दिया।

12 अक्टूबर, 1967 को नई दिल्ली के विलिंग्डन अस्पताल में उनका निधन हुआ।

ओंकार शरद

ओंकार शरद ने अपंनी रचनाओं और अनुवादों के माध्यम से हिन्दी साहित्य और समाज को समृद्ध किया है। उनकी प्रमुख पुस्तकें हैं—'अन्तिम बेला', 'नाता-रिश्ता', 'मिट्टी छाया', 'आँचल का आसरा' (उपन्यास); 'लंका महराजिन', 'खाँ साहब', 'कच्ची नींद', 'झपकियाँ', 'हमारी गांधी वापस करो!' (कहानियाँ-स्केच); 'लोहिया : एक प्रामाणिक जीवनी' (जीवनी); 'लोहिया के विचार', 'भारतमाता-धरतीमाता' (सम्पादन)। उनके द्वारा किए गए कुछ महत्त्वपूर्ण अनुवाद हैं—'अन्नपूर्णा', 'मेरा बचपन', 'यह दुनिया!', 'नया बसन्त', 'चरित नायक', 'नारी का रूप'।

भारतमाता-धरतीमाता

राममनोहर लोहिया

सम्पादन
ओंकार शरद

लोकभारती पेपरबैक्स

पहला सज़िल्द संस्करण
लोकभारती प्रकाशन द्वारा
1982 में प्रकाशित

लोकभारती पेपरबैक्स में
पहला संस्करण : 2010
छठा संस्करण : 2025

लोकभारती पेपरबैक्स : उत्कृष्ट साहित्य के जनसुलभ संस्करण

लोकभारती प्रकाशन
पहली मंजिल, दरबारी बिल्डिंग, महात्मा गांधी मार्ग,
प्रयागराज-211 022
द्वारा प्रकाशित
शाखाएँ : 1-बी, नेताजी सुभाष मार्ग, दरियागंज, नई दिल्ली-110 002
अशोक राजपथ, साइंस कॉलेज के सामने, पटना-800 006
1, अनमोल सोराबजी सन्तुक लेन, धोबी तलाव, मरीन लाइंस, मुम्बई-400 002
वेबसाइट : www.lokbhartiprakashan.com
ई-मेल : info@lokbhartiprakashan.com

विकास कम्प्यूटर एंड प्रिंटर्स
ट्रॉनिका सिटी-201 102
द्वारा मुद्रित

मूल्य : ₹299

BHARATMATA-DHARTIMATA
by Ram Manohar Lohia
Edited by Onkar Sharad

ISBN : 978-81-8031-535-0

आमुख

समाजवादी विचारक और चिन्तक डॉ. राममनोहर लोहिया के सामाजिक, सांस्कृतिक (गैर-राजनीतिक) लेखों का यह संग्रह है जो लोहिया के सांस्कृतिक मन और सोच को उजागर करता है।

डॉ. लोहिया मुख्य रूप से राजनेता थे और उनके व्यक्तित्व का वही पहलू अधिक प्रमुख होकर देश के सामने आया है, लेकिन देश की राजनीति के अलावा भी वे देश के, समाज के, व्यक्ति के अन्य पहलुओं और समस्याओं पर कितनी गहरी दृष्टि रखते थे और उन पर कितना चिन्तन करते थे। यह इन लेखों से स्पष्ट होता है। चाहे उनकी ख्याति एक राजनीतिक के रूप में रही हो, लेकिन वे भारतीय नर-नारी व भारतीय समाज के हर अंग पर दृष्टि रखते थे। उनका राजनीतिक से अधिक एक सांस्कृतिक, सामाजिक देशभक्त का सम्पूर्ण व्यक्तित्व था।

इस संग्रह के सभी लेख मूल रूप में गैर-राजनीतिक हैं, लेकिन कहीं-कहीं राजनीति की झलक जरूर दिख जाती है, वह लोहिया की मजबूरी थी। रामायण, राम, कृष्ण तीर्थों और अन्य विषयों पर उनकी जो दृष्टि थी उनमें वे आधुनिक सन्दर्भ को जोड़ते थे, इसलिए कहीं-कहीं राजनीति की झलक मिलती है।

इन लेखों को पढ़ते समय दो बातों को सदा ध्यान में रखना होगा—एक, यह कि लोहिया ने लेख रूप में बहुत कम लिखा है। अधिकांश उनके भाषण हैं जिन्हें उनके हम जैसे मित्रों ने लेख का रूप दिया है। फिर भी, बात और भाषा उन्हीं की है। और दो, यह कि ये लेख या भाषण लोहिया के जीवन काल में सन 1950 से 1965 तक के कालखंड के ही हैं, अत: बीच-बीच में आबादी

आदि के जो आँकड़े दिये गए हैं, वे उन्हीं दिनों के हैं। मैंने उन्हें बदलकर आधुनिक व नवीनतम बनाने की धृष्टता नहीं की है, करता तो स्वाभाविकता नष्ट होती और शायद सन्दर्भ भी गड़बड़ाते। अतः लोहिया के बोले या लिखे को मैं यहाँ जस-का-तस ही प्रस्तुत कर रहा हूँ।

इन लेखों से डॉक्टर राममनोहर लोहिया के जिस सम्पूर्ण व्यक्तित्व से लोग परिचित होंगे, उससे उन्हें तो खुशी होगी, मुझे भी बहुत खुशी मिलेगी और सन्तोष होगा।

लोहिया को गए पन्द्रह साल हो रहे हैं। इतनी दूर से ही यह लेख-संग्रह देकर भी मैं सन्तोष का अनुभव करता हूँ। यह काम मुझे बहुत पहले करना चाहिए था, लेकिन मेरी असमर्थता और अकर्मण्यता की अपनी सीमा है।

लोहिया की याद के साथ यह पुस्तक लोहिया-प्रेमियों को भेंट करते, मैं गौरव का अनुभव कर रहा हूँ।

—ओंकार शरद

लोहिया पुण्यतिथि
10.10.82

क्रम

रामायण

धर्म और राजनीति का रिश्ता बिगड़ गया है। धर्म दीर्घकालीन राजनीति है और राजनीति अल्पकालीन धर्म। धर्म श्रेयस की उपलब्धि का प्रयत्न करता है, राजनीति बुराई से लड़ती है। हम आज एक दुर्भाग्यपूर्ण परिस्थिति में हैं, जिसमें कि बुराई से विरोध की लड़ाई में धर्म का कोई वास्ता नहीं रह गया है और वह निर्जीव हो गया है, जबकि राजनीति अत्यधिक कलही और बेकार हो गई है। तुलसी की रामायण में निश्चय ही सोना, हीरा, मोती बहुत है, लेकिन उसमें कूड़ा और उच्छिष्ट भी काफी है। इन दोनों को धर्म से इतना पवित्र बना दिया गया है कि भारतीय जन की विवेक-दृष्टि लुप्त हो गई है।

दृष्टि गहरी और व्यापक हुए बिना न आनन्द मिलता है, न समझ। तुलसी की रामायण में आनन्द के साथ-साथ धर्म भी जुड़ा हुआ है, धर्म शाश्वत मानी में और वक्ती भी। तुलसी की कविता से निकली है अनगिनत रोज की उक्तियाँ और कहावतें, जो आदमी को टिकाती हैं, और सीधे रखती हैं। साथ ही, ऐसी भी कविता है जो एक बहुत ही क्रूर अथवा क्षणभंगुर धर्म के साथ जुड़ी हुई है, जैसे शूद्र या नारी की निन्दा और गऊ, विप्र की पूजा। मोती को चुनने के लिए कूड़ा निगलना जरूरी नहीं है, न ही कूड़ा साफ करते वक्त मोती को फेंकना।

तुलसी महान हैं, यह कहना अनावश्यक है। जरूरत है, बताने की उन चीजों को जिनमें उनकी महत्ता फूटती है। तुलसी के बारे में मैं अपनी निजी राय बता दूँ, जिसको मानना जरूरी नहीं है, तुलसी एक रक्षक कवि थे। जब चारों तरफ से अझेल हमले हों तो बचाना, थामना, टेक देना, शायद ही तुलसी से बढ़कर कोई कर सकता है। जब साधारण शक्ति आ चुकी हो, फैलाव, खोज, प्रयोग, नूतनता और महाबल अथवा महा-आनन्द के लिए दूसरी या पूरक कविता ढूँढ़नी होगी।

आनन्द, प्रेम और शान्ति का आह्वान तो रामायण में है ही, पर हिन्दुस्तान की एकता जैसा लक्ष्य भी स्पष्ट है। सभी जानते हैं कि राम हिन्दुस्तान के उत्तर-दक्षिण की एकता के देवता थे, कि पूर्व-पश्चिम एकता के देवता थे कृष्ण और, कि आधुनिक भारतीय भाषाओं का मूल स्रोत रामकथा है। कम्बन की तमिल रामायण, एकनाथ की मराठी रामायण, कीर्तिवास की बांग्ला रामायण और ऐसी ही दूसरी रामायणों ने अपनी-अपनी भाषा को जन्म और संस्कार दिया।

यहाँ मैं बतला दूँ कि खोतानी (तुर्की) रामायण तो राम और लक्ष्मण दोनों की शादी सीता से करा देती है, और थाई और कम्बोज और हिन्देशिया की रामायणों में वही दिखाया गया है जो कि कुछ प्राचीन भारतीय रामायणों में है, कि सीता की ननद उसके साथ ऐसी मसखरी करती है कि जिसमें उसके पास रावण का चित्र रख दिया कि सीता व्यग्र हो उठे। इन सबसे यह पता चलता है कि मूल राम-कथा आवश्यक वस्तु है न कि उसकी बारीकियाँ।

तुलसी रामायण की धार्मिक कविता ऐसी है कि जैसी, शायद दुनिया-भर में और कोई कवित्वमय नहीं है, लेकिन बिना किसी सन्देह के यह कहा जा सकता है कि वह विवेक को दबा देने की ओर प्रवृत्त करती है। जहाँ धर्म निरपेक्ष कवि शेक्सपियर और ग्वेथे या कालिदास भी, पाठक में, उसकी समीक्षा-बुद्धि को अवरुद्ध किये बिना कविता और विस्तीर्ण वातावरण निर्मित करते हैं, वहाँ रामायण जिस किसी विषय पर जो कुछ कहती है उसे पवित्र बना देती है। कम-से-कम अधिकांश पाठकों और श्रोताओं पर यही असर पड़ता है। रोजमर्राह के रीति-रिवाज एक ऐसे शाश्वत मूल्य प्राप्त कर लेते हैं जैसे कि उन्हें कभी नहीं करना चाहिए। औरतों या पिछड़े वर्गों या जातियों के खतरनाक स्वरूप सम्बन्धी विचार सुप्रतिष्ठित किये गए हैं। इन उत्कृष्ट पंक्तियों को हमेशा याद रखना चाहिए—

सीया राममय सब जग जानी।

या

कत विधि सृजों नारी जग माहीं। पराधीन सपनेहुँ सुख नाहीं॥

और, नारी को कलंकित करने वाली पंक्तियों को हँसकर टाल देना चाहिए कि ये पंक्तियाँ किसी शोक-सन्तप्त अथवा नीचा पात्र के मुँह में हैं या ऐसे कवियों की हैं जो अपरिवर्तनशील युग में थे।

हम तुलसी को याद करें। नारी-स्वतंत्रता और समानता की जितनी जानदार कविता मैंने तुलसी की पढ़ी और सुनी उतनी और कहीं नहीं, कम-से-कम इससे ज्यादा जानदार कहीं नहीं। अफसोस यह है कि नारी-हीनता वाली कविता तो हिन्दू नर के मुँह पर चढ़ी रहती है, लेकिन नारी-सम्मान वाली कविता को वह भुलाए रहता है। 'पराधीन सपनेहुँ सुख नाहीं' का सम्बन्ध नारी से है। जब पार्वती का विवाह हो गया तब उनकी माँ मैना बिदाई के मौके पर दुखी होकर और समझाने-बुझाने पर सन्ताप की वह बेजोड़ बात कहती हैं, जो सारे संसार की नारी-हृदय की चीख है—

कत विधि सृजों नारी जग माहीं, पराधीन सपनेहुँ सुख नाहीं।

हिन्दू नर इतना नीच हो गया है कि पहले तो इस चौपाई के पूर्वार्द्ध को भुला देने की कोशिश की और फिर, कहीं-कहीं, उसने इसका नया पूर्वार्द्ध ही गढ़ डाला—

कर-विचार देखहूँ मनमाहीं।

गजब है तुलसी! क्या ममता, क्या नारी-हृदय की चीख, क्या नर-नारी आदर्श जीवन की सूचना। आखिर उसने संसार को किस रूप में जाना है—

सियाराम मय सब जग जानी।

नर और नारी का स्नेहमय सम्बन्ध बराबरी की नींव पर हो सकता है। ऐसा सम्बन्ध कोई समाज अभी तक नहीं जान पाया। सीता और राम में भी पूरी बराबरी का स्नेह नहीं था। समाज के अन्दर व्याप्त गैर-बराबरी का कण उसमें भी पड़ गया। फिर भी, जितना ज्यादा सीता, द्रौपदी और पार्वती इत्यादि को ऊँचे और स्वतंत्र आसन पर बैठाया है, उससे ज्यादा ऊँचा नारी का आसन दुनिया में कहीं और कभी नहीं हुआ। यदि दृष्टि ठीक है तो राम-कथा और तुलसी-रामायण की कविता सुनने या पढ़ने से नर-नारी के सम-स्नेह की ज्योति मिल सकती है।

ऐसी दृष्टि, लगता है कि हिन्दुस्तान को बहुत ठोकर खाने के बाद ही मिलेगी। दहेज की रकम बढ़ती चली जा रही है और जब माता-पिता उसे न दे पाएँगे और जब वह सब बढ़ेगा जिसे हिन्दुस्तान में अनर्थ कहा जाता है, तब लोग समझेंगे कि नारी को भी इसी तरह खोल दो जैसे नर को।

तुलसी या और किसी भी रामायण में सामयिक और क्षणभंगुर चीजें बहुत हैं। मिसाल के लिए बाल राम की पैंजनियाँ। ये उस युग की प्रतीक हैं जहाँ मनुष्य को किसी-न-किसी खिलौने के रूप में देखा जाता है। इन पैंजनियों को खतम करना ही है, चाहे वह नर के पैर में हो, चाहे नारी के पैर में, केवल पैर में नहीं है, और जगह भी। कन-छेदन, नर और नारी दोनों के, और नक-छेदन नारी के, कितने वीभत्स प्रकरण हैं। मणि, मुक्ता और कनक के लिए सभी रामायणों में एक अद्भुत लालसा मिलेगी। मुझे लगता है कि ये सब वैभव और ऐश्वर्य तथा सुख के प्रतीक हैं। शायद, मनुष्य को उनसे कभी छुटकारा नहीं मिलेगा। लेकिन वह समय तो अब खतम-सा हो रहा है, जब ये शक्ति और शासन के प्रतीक थे। ऐसे सब वर्णनों में तुलसी या और किसी कवि का दोष नहीं है। दोष अगर है तो समय का। अब समय फिर रहा है। इसलिए रामायण पढ़ते या सुनते समय पैंजनियाँ, नकछेदन, मणि मुक्ता वगैरह की बात को आदर्श मन से छोड़ देना चाहिए, और उन्हें केवल बीते हुए जमाने के बीते हुए प्रतीक के समान समझना चाहिए।

शूद्र और पिछड़े वर्गों के मामलों में रामायण में काफी अविवेक है। इस सम्बन्ध में एक बात ध्यान में रहे तो बड़ा अच्छा है। शूद्र को हीन बनाने की जितनी चौपाइयाँ हैं, उनमें से अधिकतर कुपात्रों ने कही हैं, अथवा कुअवसर पर। इतना जरूर सही है कि द्विज और विप्र को हर मौके पर इतना ऊँचा उठाया गया है कि शूद्र और वनवासी बहुत नीचे गिर जाते हैं। इसे भी समय का दोष और कवि को समय का शिकार समझकर रामायण का रसपान करना चाहिए। मैं उन लोगों में नहीं जो चौपाइयों के अर्थ की खींचतान करते हैं, अथवा 100 चौपाइयों के मुकाबले में केवल विपरीत चौपाई का उदाहरण देकर अपनी गलत बात को मनवाना चाहते हैं। यदि मैं निषाद के प्रसंग का उल्लेख इस सम्बन्ध में करता हूँ तो रामायण की सफाई देने के लिए नहीं, बल्कि यह दिखाने के लिए कि जाति-प्रथा के इस बीहड़ और सड़े जंगल में एक छोटी-चमकती पगडंडी है। प्रसंगवश मैं इतना और कह दूँ कि किसी चौपाई के सैकड़ों मतलब बताने में न तुलसी की प्रतिभा है, न बताने वाले की। विद्वता तो इसी में है कि सभी सम्भव अर्थों पर टीका करते हुए सबसे सही अर्थ को स्थिर करना।

निषाद भरत मंडली को लक्ष्मण की तरह दीखता है। जिसको छुआ नहीं जाता है, वह एकाएक राम का छोटा भाई कैसे बन जाता है? तुलसी के निषाद में, यह बस प्रेम का चमत्कार है। प्रेम के सामने सब रीति-रिवाज ढह जाते हैं। मुझे मालूम नहीं कि वाल्मीकि अथवा दूसरी रामायणों में प्रेम को इतनी बड़ी

जगह मिली है या नहीं, जितनी तुलसी में। एक और प्रसंग में कहा है, जहाँ भरत और राम का वर्णन है—

भर अवधि सनेह ममता की, जदपि रामु सीम समता की।

राम समता की सीमा है, उनसे बढ़कर समता और कहीं नहीं है। इस समता का ज्यादा निर्देश मन की ओर है, जैसे ठंडे और गरम अथवा हर्ष और विषाद अथवा जय और पराजय को दोनों स्थितियों में मन की समान भावना। मन की ऐसी भावना अगर सच है तो बाहरी जगत के प्राणियों के लिए भी छलकेगी। जिस तरह राम की समता छलकती है, उसी तरह भरत का स्नेह भी छलकता है। दोनों निषाद को गले लगाते हैं। यही सही है कि अब पालागी और गलमिलौवल को साथ-साथ चलाना प्रवंचना होगी। पालागी खतम हो और गलमिलौवल रहे।

निषाद लक्ष्मण की तरह दीखता है यह कौतुकमय प्रसंग है। लक्ष्मण गोरे हैं। निषाद को भी, इसलिए, गोरा बनाया गया है। राम-लक्ष्मण की साँवली-गोरी जोड़ी का भ्रम एक बार भर-शत्रुघ्न की साँवली-गोरी जोड़ी में हो जाता है। सिर्फ वस्त्र और सीता के न रहने से पता चलता है कि कौन-कौन हैं। इस गोरे-साँवले के मामले में थोड़ी और जानकारी बढ़नी चाहिए। राम और भरत दोनों साँवले हैं। इन महान तथ्यों के सामने, कैसे कहा गया है कि रामायण आर्यों का ग्रन्थ है अथवा उत्तरवालों का।

मुझे ऐसा लगता है कि आर्य, द्रविड़ और मंगोल, भेद गढ़े हैं, विशेषकर विदेशियों ने गढ़े हैं। यदि ये थे भी, तो तीन-चार हजार बरस पहले। अब वे बिलकुल झूठे हैं। इसी एक झूठ के सहारे हिन्दुस्तान का पूरा इतिहास, साहित्य, भूगोल और संस्कृति इत्यादि अब तक पढ़ाए जाते हैं। इससे अनर्थ हो रहा है। भारत की भाषाओं का वर्गीकरण झूठा है। तमिल का 'मैलम' और संस्कृत-हिन्दी का 'मयूरम' एक ही है। 'यू' और 'ए' अथवा 'र' और 'ल' का परिवर्तन भाषाशास्त्र का एक मान्य नियम है। बहुतेरे शब्द इसी तरह के हैं। यह मैं नहीं कह सकता कि तमिल से संस्कृत-हिन्दी ने लिया अथवा उलटे मार्ग से। इसमें मुझे कोई दिलचस्पी नहीं। मुझे दिलचस्पी इसमें है कि एक-दूसरे से लेते रहें और एक होते रहें। केवल कुछ गिनतियों अथवा कुछ आरम्भिक शब्दों पर आर्य, द्रविड़, मंगोल या आस्ट्रिक भाषाओं का बतंगड़ खड़ा कर देना मूर्खता है। चार हजार वर्ष पहले भी, शायद ऐसा नहीं था। इन तीन हजार वर्षों में तो बिलकुल ऐसा नहीं रहा है।

एक दिलचस्प बात मुझे और मिली है। तेलगू भाषा में उकारान्त शब्द है। यहाँ तक कि विदेशी शब्दों में छोटे 'उ' को जोड़कर उसे तेलगू बना लिया जाता है। अवधी और तुलसी-रामायण में छोटे 'उ' का बाहुल्य है। अगर तेलगू में रामलु या रामडु है तो अवधी में रामु। 'उ' जोड़ने से शब्द-माधुर्य कुछ बढ़ जाता है। शायद इसके पीछे विजयपुरी का इक्ष्वाकु राज रहा हो। 'उ' आन्ध्र प्रदेश से अयोध्या गया है, या अयोध्या से आन्ध्र आया, उसमें मुझे कोई दिलचस्पी नहीं, दिलचस्पी है इसमें कि क्या यह आवागमन हुआ? मैंने बहुत ढूँढ़ा कि हिन्दुस्तान के समृद्ध काल के शिलालेखों में क्षेत्रीय भाषा अथवा क्षेत्रीय लिपि पाऊँ। कहीं नहीं मिली। साधारण लोगों की संस्कृत अथवा प्राकृत और पालि जरूर मिलीं। मौजूदा हिन्दुस्तान की प्राकृत और पालि, हिन्दी अथवा हिन्दुस्तानी है।

रावण को दक्षिण का राजा माना जाता है। इसका कार्यकलाप भी दक्षिण में रखा गया है। वानर और रीछ भी दक्षिण के ही बताए जाते हैं। जहाँ तक वानर और रीछ का सवाल है, वे तो साफ तौर से देवताओं के अवतार थे जो विष्णु के अवतार के साथ-साथ इस पृथ्वी पर आए। इसलिए उनके सम्बन्ध में उत्तर-दक्षिण का कोई प्रश्न नहीं। रह गया रावण, सो वह भी उत्तर का ही कोई राजा मालूम होता है। विश्वामित्र राम और लक्ष्मण को अयोध्या से मिथिला ले जाते हैं, जो कि देश के उत्तरतम रास्ते में से एक है, और बीच में जगह-जगह राक्षसों अथवा निशाचरों के वध करवाते हैं। देवताओं, मुनियों, साधुजनों पर जुल्म उत्तर में कौन करता रहा, आखिर उत्तर का ही तो कोई वंश न? फिर 'उत्तम कुल पुलस्त्य कर नाती'।

यह तो साफ लिखा है कि रावण, वरदान पाने के बाद, अपने पुराने घर और राज्य को छोड़कर लंका द्वीप में चला गया, जहाँ उसे लगा कि एक अभेद्य राज्य बन सकता है। यह सही है कि रामलीला आजकल उस ढंग से की जाने लगी है कि जिससे देश के दक्षिणवालों को रामकथा के बारे में भ्रम हो। रावण वंश को काला-कलूटा बनाया जाता है। साथ ही, उनके खिलाफ नफरत जगाने के लिए दाँत बाहर निकाल दिये जाते हैं। वास्तविकता बिलकुल उलटी है। मन्दोदरी तो नारी ललना कही गई है। सूर्पणखा बड़ी सुन्दर स्त्री थी। उसके नाखून चपटे और चौड़े थे, इसलिए उसके भाई बचपन में उसे चिढ़ाने के लिए दुलार से सूर्पणखा कहते थे। राक्षसों को मायावी भी कहा गया है। वे स्वेच्छा से अपना रूप बना सकते थे। तब तो वे बड़े सुन्दर रहे होंगे। हाँ, कभी-कभी, डराने के लिए वे भयंकर रूप बना लेते होंगे। ऐसी

अवस्था में, राक्षस कुल को दक्षिण वाले जो लोग अपना समझते हैं, वे भूल करते हैं और इसी तरह से रामलीला वाले भी, जो उसे दाक्षिणात्य बना देते हैं। रामलीला के पात्रों के चेहरे आदि में बदलाव करना जरूरी है। यह हरगिज नहीं भूलना चाहिए कि राम और भरत साँवले थे। कम-से-कम रंग के मामले में राम और भरत दक्षिणवालों से ज्यादा नजदीक हैं, बनिस्बत उत्तरवालों के।

मुझे एक और दिलचस्प बात मिली है। रावण कुल के अधिकतर नाम मोटी आवाज, तेज बोल पर हैं। रावण खुद कौन है? जो रव या हल्ला करे। मेघनाद, कुम्भकरण, सूर्पणखा का मृत पति विद्युतजिह्वा सब जोर-बोल के नाम हैं। इस कुल के सभी नाम ऐसे क्यों पड़े, अथवा कवियों अथवा कहानीकारों ने रव पर सब नाम क्यों गढ़े? खोज का यह एक अच्छा विषय है।

रामायण उत्तर-दक्षिण की एकता का ग्रन्थ है। अफसोस है कि आज वही ग्रन्थ उत्तर और दक्षिण, दोनों की नासमझी के कारण कुछ तबकों में मन को मलीन बनाता है।

राम हिन्दुस्तान के उत्तर-दक्षिण एकता के देवता थे। कृष्ण थे पश्चिम-पूर्व एकता के। राम और कृष्ण के अनेकों और गुण थे, लेकिन एकीकरण के गुण से बढ़कर किसी का महात्म्य नहीं है। हिन्दू धर्म की इस महान राजकीयता को देखकर मैंने और धर्मों पर जब विचारा, तब कम-ज्यादा वहाँ भी यही पाया। धर्म और राजनीति के दायरे अलग रखना ही अच्छा है, लेकिन यह समझते हुए कि दोनों की जड़ें एक हैं। धर्म दीर्घकालीन राजनीति है। राजनीति अल्पकालीन धर्म है। एक ही वस्तु के दो स्वरूपों, एक अल्पकाल और दूसरा दीर्घकाल, के भेद का एक नतीजा अवश्य होता है। लम्बान में काल शान्त है। अल्प में काल रुद्र है। दोनों का तात्पर्य एक है। धर्म, जो दीर्घकाल है, अच्छाई करता है और अच्छाई की स्तुति। राजनीति जो अल्पकाल है, बुराई से लड़ती है और बुराई की निन्दा करती है। अच्छे की स्तुति और बुरे की निन्दा, अच्छाई करने और बुरे से लड़ने में फर्क है। जब फर्क बढ़ जाता है और एक-दूसरे से सम्पर्क टूट जाता है, तब अच्छे की स्तुति निर्जीव हो जाती है और बुरे की निन्दा कलही हो जाती है। अच्छे-से-अच्छे राजनीति को खतरा है कि वह झगड़ालू बन जाए। वहाँ चर्चा बुरे धर्म और बुरी राजनीति की नहीं है। जब धर्म बुरा बनता है, वह झगड़ालू बनता जाता है। जब राजनीति बुरी बनती है, वह मुर्दा होकर श्मशान-शान्ति अपनाती है।

धर्म और राजनीति के अविवेकी मिलन से दोनों भ्रष्ट होते हैं। किसी एक धर्म को, किसी एक राजनीति से कभी नहीं मिलना चाहिए। इसी से साम्प्रदायिक

कट्टरता जनमती है। धर्म और राजनीति को अलग रखने का सबसे बड़ा मतलब यही है कि साम्प्रदायिक मिलन और कट्टरता से बचें। एक और मतलब है कि राजनीति के दंड और धर्म की व्यवस्थाओं को अलग रखना चाहिए। नहीं तो, दकियानूसी बढ़ सकती है और अत्याचार भी। इतना ध्यान में रखते हुए, फिर भी जरूरी है कि धर्म और राजनीति एक-दूसरे से सम्पर्क न तोड़ें, मर्यादा निभाते हुए मैं साफ देख रहा हूँ कि राजनीति के क्षेत्र में धर्म ने जाने-अनजाने दकियानूसी, प्रतिक्रिया, गुलामी और अर्ध-मृत्यु को बढ़ावा दिया है। मुझे और मुझ जैसे लोगों का हक है कि धर्म के उस अंग को साफ करें या कराएँ। साथ ही, धर्म भी कुछ देख रहा होगा, खासतौर से उसको जिसे मुझ जैसे लोग खुद देख रहे हैं कि राजनीति कलही और क्षणभंगुर हो रही है। धर्म वाले लोगों को हक है कि वे मनुष्य का ध्यान अधिक टिकाऊ बातों की तरफ खींचें। इस तरह के हक के कौन-कौन से नतीजे निकलेंगे? एक नतीजा साफ है आस्तिकता। लेकिन यह जरूरी नहीं है कि धर्म की आस्तिकता को राजनीति स्वीकार ही करे। राजनीति एक आश्वासन जरूर दे कि वह आस्तिकता अथवा नास्तिकता के प्रचार में दंड का इस्तेमाल नहीं करेगी। साथ ही धर्मवालों को आश्वस्त होना चाहिए कि व्यक्तिगत पूँजी के खतम होने के बाद भी मन्दिर, मसजिद करोड़ों लोगों के छोटे पैसों से चलेंगे, अगर इन करोड़ों लोगों का मन लुभता रहता है। फिर, शायद नास्तिकता और आस्तिकता को समावेश करने वाली कोई नई चीज निकल रही है।

राम आनन्द-सागर है, हिलोरों वाला नहीं, विश्रान्त। जिस तरह उत्तराखंड के निर्मल निर्झर से शरीर शान्त होता है और फलस्वरूप थोड़ा-थोड़ा मन भी, उसी तरह, राम के निर्मल निर्झर से मन धुलता है, और फिर पूरी रामायण में शान्त रस है, जितना और कहीं नहीं। तुलसी इस शान्त रस की सीमा हैं। उनका शब्द-चयन भी शान्ति का समा बाँधता है। कभी-कभी अति होती है। तुलसी की रामायण में प्राय: सभी अच्छे पात्र बहुत ज्यादा अश्रुलोचन हैं। राम की आँखों में हमेशा आँसू छलकते रहते हैं। शान्ति और करुणा एक-दूसरे के बहुत नजदीक हैं। मनुष्य जब गद्गद होता है तब उसमें करुणा व्यापती है और विस्तार भी। इसमें खतरा है, एक तरफ, विडम्बना का और दूसरी तरफ निर्जीवता का। हिन्द के दिमागी इतिहास में ऐसा दीर्घकाल से हो भी रहा है। जो इन खतरों से सावधान नहीं रहते हैं, रामायण के शान्त रस का निर्बाध मजा लेते हैं। यहाँ गोता लगाना ठीक नहीं होता, यहाँ तो आदमी डूबता है।

लक्ष्मण तक को आकाश कहता है, 'सहसा करि पाछे पछिता हैं।' राम कहते हैं कि भरत को राजमद नहीं होता। सब एक-दूसरे को कहते हैं कि विधि

वाम है, किसी का दोष नहीं। हाँ, वे अपने पथ से नहीं डिगते। उस लंका में अकेला विभीषण सब मान्यताओं के खिलाफ प्रदर्शन करता हुआ रहता है, 'जिमि दशनन्हि महुँ जीभ बिचारी'। अद्‌भुत मत स्वातंत्र्य है। इस राक्षस राज जैसा मत-स्वातंत्र्य अभी तक तो किसी जनतंत्र में नहीं हुआ। बुराई भी सौम्य है, अत्याचारी का कत्ल भी सौम्य है, प्रेम भी सौम्य है।

पूरी रामायण में राम-सीता का केवल एक प्रसंग संयोग-श्रृंगार का मिला है। इसलिए मुझे चित्रकूट की फटिकशिला बड़ी सुहाती है। वाल्मीकि में उसका नाम केवल शिला है। चार-पाँच बरस पहले वहीं बैठकर सीता को राम ने हार पहनाया था—

एक बार चुनि कुसुम सुहाए, निज कर भूषण राम बनाए।

इसके बाद वाली चौपाई बताती है कि तुलसी माँ-बाप की श्रृंगार लीला की बात छेड़ते ही शरमा गए। प्रेम में भी शान्ति है, उद्विग्नता नहीं। मेरा अरमान है कि कभी उसी फटिकशिला पर कोई अद्‌भुत रस-संचार का आयोजन हो, जहाँ भरत मिलाप हुआ था। ऐसा प्राकृतिक रंगमंच मैंने दूसरा नहीं देखा।

लोग पूछ सकते हैं कि मुझ जैसे आदमी को शान्ति रस से लगाव कैसे? कर्म-फल-संग को छोड़कर लड़ाई अन्दर की शान्ति के बिना चलती नहीं रह सकती। जय-पराजय के चक्कर में नहीं रहे, तो आदमी पथ छोड़ देगा, चौदह बरस के पहले वनवास खतम कर देगा, धर्म की धुरी नहीं बनेगा, मर्यादा पुरुषोत्तम नहीं बन पाएगा, चारों तरफ समझौते करने लगेगा। यह सही है कि अन्दर की शान्ति ही, बाहर का सौम्य हो, और फिर भी लड़ाई चलती रहे। ऐसा दुष्कर है, प्राय: असम्भव है। राम इसी असम्भव सूरज-चाँद की ओर हमें खींचते हैं। आखिर वे अपने पुरखे ही तो हैं। उतना न सही, जितना उन जैसा बना जाए, उतना अच्छा। आदमी खुद बिना हिले घटनाओं को हिलाए। जो लोग हिलाना छोड़ देते हैं, उन्हें शान्ति नहीं मिलती। जो शान्ति के बिना हिलाते रहते हैं, उन्हें कहीं-न-कहीं स्वार्थ के कीच में फँसना पड़ता है। सौम्यता दुर्लभ है।

राम खुद हिले थे, तीन-चार बार। न हिले होते, तो अच्छा होता। यह होते भी, उन जैसा मर्यादित जीवन और कहीं नहीं, न इतिहास में, न कल्पना में। उनको हिलाने के प्रकार में कवियों और कहानीकारों ने अलग-अलग किस्से बनाए हैं। धोबी वाला किस्सा राम को नर-नारी सम्बन्ध के सिलसिले में अति दोषी बनाता है, हालाँकि मनोविकार से उनको मुक्त करता है। हाँ, इस किस्से ने एक फिजूल किस्म के जनतंत्र की बहस जरूर छेड़ दी है। इसी किस्से का

विदेश की कुछ रामायणों में, और देश के भी कुछ पुराने नाटकों और रामायणों में दूसरा प्रकार है। चाहे सोती, चाहे जागती सीता के पास रावण का चित्र मिलता है, एक ननद की नटखटी के कारण। ननद ने ज्यादा दूर की बदमाशी, कौन जाने, सोची हो। जो भी हो, सैकड़ों रामायण हैं। इनकी धुँधली जानकारी से भी दृष्टि कुछ पैनी जरूर होती है।

[संकलित]

धर्म पर कुछ विचार

धर्म या और किसी सत्य के मामले में किसी एक कोने या दृष्टि की बातें समझ में आती हैं। जैसे यह चाँद, सूरज को देख रहे हों, एक कोने से, एक दृष्टि से देख रहे हों। इसी समय काहिरा में या फारस में एकदम सुबह, गुलाबी सूरज निकल रहा होगा। वह वहाँ का कोना है। हरेक कोना इतना अलग होता है। सच को आप हमेशा किसी एक कोने से देखोगे, यह देह-धरे का दोष है। इस दोष से पूरी तरह से कभी छुटकारा हो नहीं सकता। किसी एक कोने से ही देखोगे। यह बात अलग है कि जिस किसी कोने से, जिस किसी दृष्टि से सच को देखोगे, कोशिश करो कि पूरे सच को समझ पाओ, एक सम्यक, पूरी दृष्टि बन पाए। लेकिन दृष्टि हमेशा किसी एक कोने की रहेगी। यहाँ तक कि सच की बहुत खोज करने वाले हमारे पुरखे थे, और निचोड़ निकालते-निकालते अद्वैत तक पहुँचे। यह न समझ लेना कि अद्वैत ही एक कोना, एक दृष्टि है, उसके साथ और बहुत-सी हैं, लेकिन फिर उस अद्वैत में भी कई दृष्टियाँ निकलने लगीं। विशुद्ध अद्वैत, केवल अद्वैत।

मेरी दृष्टि वह नहीं है जो साधारण तौर से धर्म वाले रखते हैं। मिसाल के लिए मैं कुछ चीजें आपके सामने रखता हूँ, जैसे नदियाँ साफ करना, खासतौर से गंगा, कावेरी, यमुना, कृष्णा वगैरह नदियाँ। आजकल इनमें कारखानों का गन्दा पानी, शहरों का पेशाब-पाखाना, सब बहाया जाता है। आप जब तीर्थयात्रा करने जाते होंगे तो वृन्दावन में आपने देखा होगा, जो वह पेड़ है, जहाँ आज भी हिन्दुस्तान की औरतें एक छोटा-सा चीर का टुकड़ा बाँध दिया करती हैं। जहाँ कृष्ण की चीरहरण लीला हुई थी। अभी तक वह प्रसंग चला आ रहा है। देखने में मुझे खुशी हुई, अच्छा-सा लगता है, कुछ हँसी भी आती है। औरतों को मालूम हो जाए कि वे क्या कर रही हैं तो शायद थोड़ी देर के लिए लजा जाएँ। खैर, उसी के ठीक नीचे वृन्दावन शहर का गन्दा नाला बहता हुआ

यमुना में गिरता है। लोग उसमें स्नान करते हैं। नदियों के साफ करने की बात किसके मुँह से निकली? जो धर्म के लोग हैं, उनमें से किसी ने नहीं कहा। मुझे साधारण तौर से कहा जाएगा—अधर्मी आदमी, उसके मुँह से यह बात निकली कि नदियों को साफ करो। इस पर कभी आप सोच-विचार करना कि ये धर्म वाले लोग तो ऐसी बात नहीं कहते, मेरे जैसा अधर्मी आदमी कह देता है यह बात।

उसी तरह, एक दूसरा प्रसंग लीजिए, कुछ अरसा पहले दिल्ली में सफाई की एक प्रदर्शनी हुई थी, जिसमें डेढ़ सौ करोड़ रुपया खर्च हुआ था। दिल्ली के लोगों के घरों में ज्यादातर आधुनिक सफाई का इन्तजाम हो चुका है। जंजीर खींच देने से पाखाना बह जाता है। और आजकल तो ऐसे पाखाने हो गए हैं जिनमें जंजीर की भी जरूरत नहीं है, चौबीस घंटे पानी बहता रहता है। वह दिल्ली में भी बहुत कम लोगों के घर में आया है। मैं समझता हूँ, दिल्ली में ज्यादा-से-ज्यादा 100 आदमी होंगे और हिन्दुस्तान में ज्यादा-से-ज्यादा 2000 आदमी होंगे जिनके घरों में चौबीसों घंटे बहते हुए पानी का पाखाना है। लेकिन यूरोप में हजारों, लाखों के घरों में है। ऐसी सफाई की प्रदर्शनी दिल्ली में होती है, जिसकी कोई जरूरत नहीं है। इस पर मैंने एक सुझाव रखा कि हिन्दुस्तान के जो तीर्थ-स्थान हैं, जहाँ हिन्दुस्तान की जनता करोड़ों, लाखों की तादाद में हर साल इकट्ठा हुआ करती है, द्वारका, रामेश्वरम, गया, काशी और एक चीज पर ध्यान रखना, इन्हीं के साथ-साथ मैं अजमेर भी जोड़ता हूँ। मुझे इससे विशेष मतलब नहीं कि वे तीर्थ-स्थान किसी एक विशेष धर्म और सम्प्रदाय के होते हैं। मुझे इससे मतलब है कि वे तीर्थ-स्थान ऐसे हैं कि जहाँ पर करोड़ों-लाखों की तादाद में लोग इकट्ठा होते हैं। उन तीर्थ-स्थानों को साफ बनाया जाए, सुथरा बनाया जाए, जिससे ये लाखों आदमी हर साल देखें कि किस तरह सफाई की जिन्दगी चला सकते हैं। यह बात भी मुझ जैसे अधार्मिक आदमी के मुँह से निकली, धार्मिक ने नहीं कहा कि हमारे तीर्थ-स्थानों को सुन्दर, साफ और पवित्र बनाओ।

उसी तरह, एक तीसरी चीज की तरफ आपका ध्यान खींचता हूँ कि जब कैलाश पर्वत पर, जिसको कि आप अपने सत्संग में अक्सर शिव-पार्वती का पर्वत कहा करते हो, उस पर चीनियों ने अपना पंजा मारा और उसको अपने कब्जे में लिया। मैं समझता हूँ कि हिन्दुस्तान में धर्म, अधर्म के जो कुछ भी लोग हैं उनमें सिर्फ मैं ही था कि जिसने इस चीज के ऊपर हल्ला मचाया कि देखो यह क्या हो रहा है, और जो धर्म के संगठित सम्प्रदाय हैं, उनकी

तरफ से इस सम्बन्ध में कुछ भी नहीं कहा गया। जरा थोड़ी देर के लिए आप सोचना कि ये सब चीजें क्यों होती हैं? वैसे, कैलाश के सम्बन्ध में एक जिक्र कर दूँ। कुछ दिनों पहले तक मैं सोचता था कि यह केवल भूगोल, इतिहास, संस्कृति, रहन-सहन के ढंग के आधार पर हिन्दुस्तान के नजदीक हैं, लेकिन अबकी बार मुझे कुछ और भी सबूत मिला। कैलाश के पास एक गाँव है जिसका नाम है मनसर। वह मानसरोवर नदी या झील के ऊपर है। उस मनसर गाँव की मालगुजारी अभी कुछ दिनों पहले तक हिन्दुस्तान सरकार को मिलती थी। उस गाँव की मर्दुमशुमारी हिन्दुस्तान की मर्दुमशुमारी के अंकों में शामिल की जाती है। ये सब बातें मुझे मालूम हुईं एक ऐसे हिन्दुस्तानी अफसर से जो 1946-47 तक लद्दाख सरकार का नौकर था। उसने मुझे बताया कि किसी जमाने में लद्दाख के किसी राजा ने अपने सार्वभौमत्व, अपने राज्य के एक नमूने की तरह तिब्बत के राजा को वह इलाका भेंट-स्वरूप दे दिया, लेकिन मनसर गाँव को रख लिया ताकि सबूत रह जाए कि यह हमारा इलाका था। मेरा उस पर यह कहना है कि एक तो वह भेंट गैरकानूनी थी, दूसरे अगर कानूनी भी थी तो वह भेंट तिब्बत की सरकार को थी, न कि चीन सरकार को। अगर इसके ऊपर अच्छी तरह से बहस चले तो सम्भव है कि कानूनी दृष्टि से भी साबित किया जा सके। या तो तिब्बत को पूरा स्वतंत्र होना चाहिए तो कैलाश, मानसरोवर वगैरह हम अपने भाई तिब्बत की रखवाली में रख सकते हैं। मेरा यह इरादा है और हर एक का यही इरादा होना चाहिए। लेकिन, अगर तिब्बत स्वतंत्र नहीं होता है, तो फिर कैलाश, मानसरोवर का इलाका हिन्दुस्तान में आना चाहिए।

मैंने आपको ये तीन बातें बताईं। इसी पर आप सोच लेना कि क्या कारण है कि मुझ जैसा आदमी इन बातों को हिन्दुस्तान की जनता के सामने रखता है और धर्म पर ज्यादा सोच-विचार करने वाले या धर्म से ज्यादा सम्बन्ध रखने वाले लोग नहीं रखते। एक अधर्मी आदमी, या जो शायद ईश्वर के मामले में समझा जाता है कि नास्तिक है, शायद कुछ हद तक सही भी है, मैं उस बहस में नहीं पड़ना चाहता, वह इन सब चीजों को उठाता है कि नदियाँ साफ करो, तीर्थ-स्थानों को साफ करो, कैलाश-मानसरोवर को या तो तिब्बत की रखवाली में रखो या हिन्दुस्तान को दो। लेकिन जो धर्म वाले लोग हैं, उनके दिमाग में ये बातें नहीं आतीं। कुछ कोना कहीं-न-कहीं खराब है। वह कोना, दृष्टि के सम्बन्ध में मैंने बताया कि आप यहाँ सूरज को देख रहे हो और फारस में या काहिरा में इसी समय सुबह का गुलाबी सूरज होगा। मुझे ऐसा लगता है कि

धर्म और फिर हिन्दू धर्म के अन्दर भी वैष्णव धर्म, शैव धर्म वगैरह जो कुछ भी हो, उसका अर्थ सबके लिए व्यापक होना चाहिए, और वह दरिद्रनारायण वाला कि जो सब लोगों के हित का हो। इसीलिए, मैं समझता हूँ, गांधी जी ने भी धर्म को या ईश्वर को या सत्य को दरिद्रनारायण में देखा था और विशेष करके दरिद्रनारायण की रोटी में, क्योंकि दरिद्रनारायण का हित और अहित जो है, उसे ही यदि किसी अर्थ में आप धर्म समझो तो फिर करोड़ों लोगों के फायदे और नुकसान की जो बातें हैं वह हमेशा दिमाग पर टकराती हैं। वरना, हम लोग एक अलग-सी, हवाई दुनिया बसा लिया करते हैं, चाहे धर्म की, चाहे भोग की, चाहे काम की, चाहे मोक्ष की।

इतना बताने के बाद, मुझे आत्मा, परमात्मा या वैदिक धर्म, हिन्दू धर्म पर, इन सब चीजों से जिसका वास्ता नहीं है उस हिसाब से बता रहा हूँ। लेकिन एक दृष्टि से बता रहा हूँ। वैदिक धर्म में जो कर्मकांड का हिस्सा है, उसके सम्बन्ध में मुझे आपसे सिर्फ एक बात कहनी है। सिर्फ ऐसा न समझना कि हिन्दू धर्म और वैदिक धर्म में ऐसा है, यह ईसाइयों में भी आप पाओगे, मुसलमानों में भी पाओगे, कम या ज्यादा हो सकता है, हिन्दुओं में यह चीज ज्यादा हो गई कि हर एक चीज को पवित्र बनाने की कोशिश करो। शादी हो तो उसे पवित्र बनाओ। उसके लिए एक लम्बा-चौड़ा सिलसिला करो, कुछ पानी के छीटें डालो, कुछ रोली चढ़ाओ, कुछ अक्षत चढ़ाओ, कुछ टीका करो। बच्चा पैदा हो तो उस प्रसंग को पवित्र बनाओ। मकान बनाना हो तो उसको पवित्र बनाओ। मैं आजकल कुछ मुहल्लों में मकान बनते हुए देखता हूँ। अभी कुछ दिनों पहले मैं पूना में था और उस मुहल्ले में कई मकान बन रहे थे। हो सकता है नया-नया पैसा हुआ हो, बना रहे थे, खुश थे। मैंने देखा जैसे ही मकान पूरा होने के नजदीक आता है वे उसके ऊपर बन्दनवार वगैरह लगाते हैं, फिर कई तरह के मंत्र वगैरह होते हैं, वही छींटा मारकर, मंत्र मारकर पवित्र बनाने की कोशिश, चाहे शादी हो, चाहे बच्चा पैदा हो, चाहे मौत हो, चाहे मकान बने। यहाँ तक कि हिन्दुओं में तो हर मौके पर छोटा, बड़ा, मामूली एक टीका लगा देते हैं। मैं खुद तो इन चीजों से अलग रहा हूँ, क्योंकि वैसे प्रसंग नहीं आए। लेकिन ये सब देखता तो हूँ, आँखें तो खुली हैं। कभी किसी के घर में रहता हूँ और कहीं किसी जगह जाना हुआ तो कोई औरत हुई तो एक टीका देती है। मैंने इसके ऊपर सोचा। आखिर यह क्या चीज है? इसके पीछे मनुष्य की वह इच्छा है, सार्वभौमिक इच्छा है, जो करो उसको पवित्र बनाकर करो। यहाँ तक कि जब लोग खाने बैठते हैं, तो कई

इलाकों में तो बहुत सारे लोग और सभी इलाकों में कुछ लोग थाली के चारों तरफ दो-चार छींटें डाल देते हैं, घेरा मार देते हैं। चीज पवित्र हो जाती है या फिर खाना खाने के बाद उस थाली को ही नमस्कार करने लग जाते हैं, हाथ जोड़ करके, शायद अन्न महात्मा प्रसन्न हो जाएँ।

पवित्र बनाने की कोशिश, यह भावना, कर्मकांड की यह भावना तो अच्छी है। शायद इसके कुछ अच्छे नतीजे भी निकलते हों। जहाँ तक मेरा अपना सम्बन्ध है, इसके बिना भी अभी तक की जिन्दगी तो मैंने गुजार दी, और आगे भी इसके बिना गुजार देने का इरादा है, क्योंकि मुझे इसकी कोई जरूरत नहीं हो रही है। इसके बिना भी, मैं समझता हूँ, कोई बहुत अपवित्र आदमी नहीं हूँ, बिना रोली के, बिना छींटें-छाँटे के, बिना नमस्कार किये हुए। मन्दिर में जाने की कभी तबीयत होती है, खासतौर से पुराने मन्दिर, जहाँ अब पूजा खतम हो गई है। नये मन्दिरों में भी जाने की इच्छा होती है, दक्षिण में या उत्तर में भी शिव के या कृष्ण के द्वारिका के। जहाँ कहीं कोई मूर्ति देखने में जरा मजा आता है, उस हवा की सुन्दरता का मन पर प्रभाव पड़ता है, न कि पूजा की पवित्रता या धर्म का। यद्यपि मेरे लिए इस कर्मकांड की पवित्रता का कोई खास मतलब नहीं, और मैं खुद अपने जीवन में इसको नहीं समझ पाया, लेकिन दिमाग से जब समझने की कोशिश करता हूँ तो लगता है कि शायद जीवन के हर एक अंग को कुछ पवित्र बनाने की कोशिश से ही यह कर्मकांड निकला है। यह तो मैंने अच्छाई की बात कही।

उसके साथ-साथ जो बुराई आ गई है, उसको भी देख लेना, क्योंकि दोनों तरफ की बात देखोगे तो मामला ठीक होगा। अगर ये कर्मकांड बिलकुल रस्म बन जाता है जैसा कि आज हिन्दुस्तान में बन गया है, और बजाय इसके कि वह हमारे कर्मों को सचमुच पवित्र बनाए, कर्म तो जैसे के तैसे चलते रहते हैं, रस्म के तौर पर छींटा मार देते हैं या टीका निकाल देते हैं, तब जीवन बड़ा ही भयंकर बन गया है, आज भी क्योंकि हमेशा इस कर्मकांड के अन्दर भय रहता है कि वह मुर्दा रीति-रिवाज, रस्म बनकर जीवन को भयंकर बना डाले। हमेशा यह खतरा रहता है, हर जमाने में रहा था। हिन्दुस्तान के अच्छे-से-अच्छे, बढ़िया-से-बढ़िया जमाने में भी जब कि बहुत अच्छा राज चल रहा होगा, बहुत बढ़िया धर्म चल रहा होगा, कर्मकांड के द्वारा हम जीवन को साफ पवित्र बनाने की कोशिश करते थे, तब भी इस बेमतलब, मुर्दा-रस्म, रीति-रिवाज का खतरा रहा होगा।

अब रह गया दूसरा अंग जो ब्रह्मज्ञान वाला, कर्मकांड के अलावा। आत्मा-परमात्मा पर मैं क्या कहूँ, क्योंकि परमात्मा को तो मैंने कभी देखा नहीं। आप कहोगे, क्या सभी चीजों को देखते हो तभी मानते हो? बिलकुल सही बात है। यह तो कहने का एक ढंग था। बिना देखे हुए भी अगर मुझे परमात्मा की जरूरत अभी तक महसूस हुई होती तो बिना देखे हुए भी मैं उसे मान लेता। लोग कहते हैं जब बहुत तकलीफ पाओगे, बूढ़े हो जाओगे, हाथ-पैर शिथिल हो जाएँगे, तब मानोगे परमात्मा को, तो मेरा जवाब होता है कि तब तो फिर बात साफ साबित हो जाती है कि आदमी जब खत्म होता है तब परमात्मा को मानता है और सुख, मजबूती और ताकत की हालत में परमात्मा को नहीं मानता। यह तर्क मुझे एक बार अमरीका में भी कुछ समाजवादियों ने दिया था। मिलवाउकी वहाँ एक शहर है। अमरीका में तो समाजवादी नहीं हैं क्योंकि वहाँ तो करीब-करीब सभी लखपति हैं, बहुत सारे करोड़पति हैं, वहाँ समाजवादी बहुत कम हैं, लेकिन मिलवाउकी एक शहर है जिसकी नगरपालिका समाजवादी है। उन लोगों ने मुझे खासतौर से अतिथि बनाकर बुलाया था। हवाई अड्डे पर जो लोग स्वागत करने आए थे, उन्होंने रोना शुरू किया कि अमरीका के लोग बड़े वाहियात हैं, इतना खाते-पीते हैं, इतना सुखी हैं कि समाजवाद बिलकुल उनकी समझ में नहीं आता, समाजवाद की बिलकुल चर्चा नहीं करते, जब ये लोग बेकार बनेंगे, जब इनको दुख समझ आएगा, जब ये लड़ेंगे, तब समाजवाद समझेंगे। मुझे हँसी आ गई। अगर परमात्मा है तो सुख में भी उतना ही सक्रिय और जोरदार होना चाहिए जितना दुख में। जो सुख में नहीं आ रहा है और दुख में आएगा तो मेरे जैसा आदमी कह देगा, इसमें क्या बड़ी भारी बात है, कमजोर हो गया तब मेरे दिमाग में घुसा।

लेकिन फिर भी इतना मैं कहूँगा कि जितना मजा मुझे उपनिषद के दर्शन में आया, उतना शायद, या ऐसा कहूँ, उससे ज्यादा और कहीं नहीं आया। उपनिषद वेदों का एक निचोड़ है, पूरा निचोड़ नहीं। उपनिषद में दर्शन को आप संगीत के रूप में पाएँगे। सारी दुनिया में दर्शन गद्य में है। पुराने जमाने में कहीं-कहीं कुछ कविता करने की कोशिश की गई जैसे—रोम, इटली वगैरह में, लेकिन वह दर्शन नहीं, वह ज्यादातर नीतिशास्त्र है, केवल हिन्दुस्तान में दर्शन संगीत के रूप में कहा गया। जब दर्शन और संगीत का जोड़ हो जाए तो मजा ही आएगा। मैं आपको दो पूरे श्लोक तो नहीं सुनाऊँगा, क्योंकि पूरे तो इस वक्त याद भी न आएँगे। 'अग्निर्ययेको भुवनं प्रविष्टो' और फिर उसके बाद है—'रूपं रूपं प्रतिरूपो बभूव।'

अग्नि, वायु इसी तरह से दो-तीन भौतिक पदार्थों को लेकर बीच में और बहुत से आते हैं। अर्थ है कि अग्नि एक है लेकिन वह संसार में जब घुसती है, प्रविष्ट होती है, तब उसके नाना रूप हो जाया करते हैं। उसी तरह से एक आत्मा है लेकिन जब प्राणियों के बीच में आती है तो उसके नाना रूप हो जाते हैं। जैसे अग्नि है, जैसे वायु है, उसी तरह से आत्मा है। इन श्लोकों को अगर मन में गुनगुनाओं या जोर से भी सुनो तो मजा तो मिलता ही है और फिर ब्रह्मज्ञान का वह स्वरूप आपके मन के सामने आता है, जिसमें आदमी अपनी सीमित करने वाली चमड़ी के कुछ बाहर निकलकर बाकी सबसे अपनापन अनुभव करने लगता है। चमड़ी हमारी सीमा है। जैसे देश की सीमा होती है वैसे हमारी सीमा चमड़ी है। इसी के अन्दर हम हैं इसी के अन्दर न केवल शरीर है, बल्कि इसके साथ-साथ हमारा मन जुड़ा हुआ है और नतीजा यह होता है कि अपना घर, अपना बाप, अपनी बीवी, अपने बच्चे, यह सब अपनापन इसी चमड़ी के अन्दर रहते हुए आ जाया करता है।

इस सम्बन्ध में एक छोटी-सी बात कह दूँ। कृष्ण एक बड़ा अद्भुत पुरुष था, अद्भुत जीव था। उसकी सभी चीजें दो या दो से ज्यादा थीं। दो नाम हैं कृष्ण के। जरा देखना, चमड़ी के बाहर निकलने की यह कैसी कोशिश है, यहाँ तक कि आज दुनिया, जो उसकी असली माँ थी उसको शायद कभी भूल भी जाए लेकिन उसकी दूध पिलानेवाली माँ थी, उसको नहीं भूल पाती। यशोदानन्दन ज्यादा हैं, देवकीनन्दन कम हैं। उसी तरह से उसके दो बाप थे। असली बाप से बाद वाला बाप ज्यादा मशहूर है। रह गई स्त्रियाँ और प्रेमिकाएँ, मैं उसका हिसाब तो नहीं लगाऊँगा। शहर भी उसके दो थे, और बाद वाली द्वारिका शायद मथुरा से कुछ ज्यादा ही हो गई कुछ मामलों में। यह संकुचित करने वाला जो अपनापन है, इससे हटकर जिसको हम पराया कहते हैं, उसको भी अपना बना लेने की इच्छा है, वह ऐसे श्लोकों से जागृत होती है। इसको ब्रह्मज्ञान कहते हैं। ब्रह्मज्ञान में जो चीज मुझे अच्छी लगती है, वह यह कि आदमी अपने संकुचित शरीर और मन से हटकर सब लोगों से अपनापन महसूस करे। यह है असली ब्रह्मज्ञान।

जहाँ एक जबरदस्त दर्शन इस रूप में आए कि आदमी अपने संकुचित अपनेपन को भुलाकर पराए के साथ भी अपनापन महसूस करे, ममत्व हासिल करे तो वह बहुत बड़ी चीज है, लेकिन यह हो तब न? असलियत यह है कि ब्रह्मज्ञान भी इस संगीत के ढाँचे में ढलकर मधुर होने के बजाय या तो कड़ा और कठोर बन जाता है और या निष्प्राण बन जाता है। एक ब्रह्मज्ञान वह है

जिसमें घंटे-आध घंटे के लिए तप करके या ध्यान करके, या साधना गा करके ब्रह्मा को प्राप्त करने की कोशिश की जाती है। बाकी जो 23 घंटे रहते हैं उसमें उसका कुछ पता नहीं रहता। ऐसा ब्रह्मज्ञान किसी काम का नहीं होता। एक घंटे के लिए तो ब्रह्म का खूब दर्शन कर लिया, बाकी 23 घंटे में अपनी जिन्दगी, अपना व्यापार, अपना कामकाज ठीक उसी ढंग से चलाया कि जैसा कोई ब्रह्मा हो ही नहीं। फिर वह तो एक नकली जिन्दगी हो जाती है।

कभी-कभी ब्रह्मज्ञान कठोर भी बन जाता है। बजाय संगीत की मधुरता लाने के वह दूसरे सम्प्रदायों और धर्मों के प्रति अत्याचार करने लग जाता है। वह अच्छा नहीं होता कि दूसरे खराब हैं, ये अच्छे नहीं हैं, हम ही सबसे अच्छे हैं। आप अपने मन में समझो कि आप सबसे अच्छे हैं, लेकिन उसे जबान से कभी नहीं कहना चाहिए और अपने कर्म और व्यवहार से, अपने उदाहरण से बतलाना चाहिए कि आप सबसे अच्छे हो। जहाँ जबान पर कोई धर्म की बात ले आता है कि वह सबसे अच्छा है, तब फिर वह धर्म खराब होने लग जाता है। मैं थोड़ा-बहुत हिन्दू धर्म की समझ पाया हूँ, उसमें यही एक विशेषता है। बाकी और धर्म वाले तो आसानी से अपने मुँह में ले आया करते हैं कि वे सबसे अच्छे हैं। सही हिन्दू ज्यादा-से-ज्यादा कभी अपने पुरखों के बड़प्पन को बताएगा तो वह यह कह देगा कि, बड़प्पन की उस ऊँचाई तक हम लोग पहुँचे जिससे ऊँचे और कोई नहीं पहुँच सके, मतलब दूसरों को भी मौका दो कि शायद वे लोग पहुँचे हों।

इसी के साथ-साथ एक सवाल आपके मन में उठता होगा, या उठना चाहिए कि क्या बात है कि और देशों में जहाँ समझो इस्लाम या ईसाई धर्म है या बुद्ध धर्म, जो कि एक मानी में हिन्दू धर्म का ही एक रूप है, वहाँ तबदीली हो जाती है, जल्दी-जल्दी राज या समाज बदलते हैं। लेकिन अपने देश में बदलाव नहीं होता, यह एक बड़ा जबरदस्त सवाल है। इधर न जाने कितनी जगह पर तख्ते पलटे, बर्मा में तख्ता पलटा, चीन में तख्ता पलटा और कई बार पलटा, अफगानिस्तान वगैरह में तो आये दिन पलटते ही रहते हैं, पाकिस्तान में पलटा, टर्की में पलटा, लेकिन हमारा देश जहाँ का तहाँ चल रहा है। यह अच्छा है या बुरा है, इस सवाल को भी अपने दिमाग में रखना। अगर अच्छा है तो किस हद तक, बुरा है तो किस हद तक। लेकिन, इस एक चीज पर जरूर दृष्टि रखना कि कुछ कर्मकांड और कुछ ब्रह्मज्ञान इस ढंग का रहा है कि जिसके परिणामस्वरूप आज भी, हजारों बरस के बाद भी, अपना देश जल्दी परिवर्तन नहीं कर पाता। कुछ तो इस पर बड़ा

घमंड करते हैं। एक गाने में भी यही घमंड है कि यूनान, मिस्र, रोम जहाँ से मिट गए, बाकी बचा है हमारा हिन्दुस्तान। और वह घमंड किसने किया था? इक़बाल ने।

कभी किसी जमाने में गांधी जी जैसा आदमी भी, अपने बुढ़ापे में नहीं, अपनी जवानी में घमंड कर गए थे। नादान लोग उसको कई दफे अपनी किताबों में उद्धृत कर दिया करते हैं और बाद के, गांधी जी ने भी एक दफे कहा है, शायद 1906 के आसपास या 1908 में कि हिन्दुस्तान में कोई खूबी है कि हम लोग स्थिर रहते हैं, जमे हुए रहते हैं, जल्दी किसी चीज को अपना नहीं लेते। और दूसरे लोग किसी भी हवा के तेज झोंके के साथ बह जाया करते हैं। पहली बात तो यह है कि बहुत घमंड करने की जरूरत नहीं। मिस्र कहाँ मिट गया, चीन कहाँ मिट गया, यूनान कहाँ मिट गया? आप कहोगे कि मिट जाने की बात नहीं, लेकिन बदलने की बात। आज का जो यूनान है, वह 2500 बरस पहले का तो यूनान नहीं है, बहुत बदल गया। किसी हद तक वह बात सही है। जो कि चीन में भी है, मिस्र में भी है।

यह मैं मानता हूँ कि हिन्दुस्तान में मन का और शरीर का भी जितना कम बदलाव पिछले तीन-चार हजार वर्ष में हुआ है उतना कम बदलाव दुनिया के और किसी देश में नहीं हुआ होगा। इस हद तक यह बात सही है। बदलाव सभी जगह थोड़ा-बहुत होता रहता है, और हिन्दुस्तान बाकी है, तो किस तरह बाकी है? 'डिनोसोरस' की तरह जो बहुत बड़े-बड़े प्राणी थे। ऐसे प्राणी पाँच करोड़ बरस पहले हो चुके हैं, करीब पचास-साठ फीट लम्बे प्राणी थे। प्रकृति ने शायद यही खेल उस वक्त खेलना ठीक समझा कि ये इतने बड़े विचारे बन गए कि अपने ही बोझ से खुद मर गए। इतने लम्बे, इतने चौड़े, इतने बोझिल कि उनसे आसानी से चलते ही नहीं बना। फिर छोटे प्राणी, हल्के प्राणी आए और उन्होंने उनको खतम कर दिया। संसार में ऐसा हुआ है। हम लोग भी इसी तरह से खतम हुए हैं। खैर, प्रकृति ने तरह-तरह के उपाय इस्तेमाल किये जिनमें बड़े ताकतवर, लम्बे-चौड़े प्राणी खतम हो गए, लेकिन कीड़े-मकौड़े, चींटी, छोटे-छोटे कीड़े सब बाकी हैं।

क्या उस पर घमंड करना चाहिए? क्या ज्यादा पसन्द करोगे? प्रकृति के जूझते हुए और कभी-कभी ममता करते हुए चाहे हम खतम हो जाएँ, लेकिन एक आन और शान तथा अड़ पर तो डटे रहें। या यह पसन्द करोगे, जैसा नानक ने कहा—और यह मत समझना कि वह केवल सिक्खों का ही धर्म है, वह असल में हिन्दू धर्म के एक अंग का सार है।

क्या आँधी और हवा आएगी तो पेड़ गिर जाएँगे, बड़े-बड़े पहाड़ खतम हो जाएँगे, लेकिन नन्ही दूब तो बच जाएगी क्योंकि यह झुक जाएगी। इस पर कई लोग बड़ा अभिमान करते हैं। देखो, न जाने कितनी हवा के कितने झोंके आते हैं, हम हिन्दू लोग सिर झुकाकर बच जाया करते हैं।

क्या दूब, चींटी, कीड़े-मकोड़े, यही जिन्दगी अच्छी हुआ करती है? ऐसे बचने से आखिर फायदा क्या? खतम हो जाना ही ज्यादा अच्छा है। उसमें भी एक मर्यादा बाँधनी चाहिए। यह मैं मानता हूँ कि अति दोनों तरह की खराब हुआ करती है। अगर किसी व्यक्ति या राष्ट्र में अड़ने की इतनी अति हो जाए कि वह हठ का रूप ले ले तो वह खराब होता है, लेकिन झुकने की इतनी अति हो जाए कि वह हमेशा आत्म-समर्पण का रूप ले ले, वह भी व्यक्ति और राष्ट्र के लिए जहर बन जाया करता है। दोनों की मर्यादा होनी चाहिए कि उसके पार तो हम नहीं जाएँगे सिर नहीं झुकाएँगे, चाहे कट जाएँ, पर नन्ही दूब नहीं बनेंगे। वह मर्यादा अपने देश में इधर कई सौ बरसों, शायद हजार, पन्द्रह सौ बरस से नहीं है। हजार-डेढ़ हजार बरस से हिन्दू खाली नन्ही दूब की तरह झुकना जानता है, दबना जानता है, मर्यादा खींचना नहीं जानता। किस हद तक उसी ब्रह्मज्ञान और कर्मकांड का नतीजा निकलता है। जब लोग कह दिया करते हैं कि हम बचे हुए हैं, और सब तो मिट गए तो जरा इस पर भी ध्यान देना कि किस रूप में बचे हुए हैं। यह बुरा है। ऐसा बचने से कोई फायदा नहीं।

हिन्दुस्तान क्यों इतनी बार गुलाम हो जाता है? क्यों इतने लम्बे अरसे तक गुलाम हो जाता है? कहीं कोई खराबी है और खराबी बिलकुल साफ है कि हम झुक बहुत जाते हैं, बहुत दबते हैं, हर चीज के साथ हम समझौता कर लेते हैं और हमारे सोचने के तरीके बड़े गन्दे हो गए हैं। मिसाल के लिए मैं इतिहास की दो घटनाएँ बताऊँ, एक तो सांगा वाली मिसाल। तारीफ करते हैं कि कितनी बहादुरी से लड़ा कि उसके शरीर पर 150 घाव हो गए। इसमें क्या बहादुरी है? बहादुरी तो यह होती है कि देश को स्वतंत्र रखो। बहादुरी यह नहीं है कि मरने या हारने के पहले तुम्हारे शरीर पर कितने घाव लगे। क्या बहादुर थी पद्मिनी? कि चित्तौड़ के फतह होने पर हजारों रानियों और औरतों को लेकर अग्नि में प्रवेश कर गई। ये सब किस्से-कहानियाँ छोड़ो, बहादुरी तो तब होती जब पद्मिनी भी औरतों को लेकर किले की रक्षा में कुछ हाथ बँटाती। ऐसा न समझ लेना कि उन पद्मिनियों से अब काम चल पाएगा जो अपने मरे हुए भाइयों और पतियों के शरीर के साथ-साथ जल जाएँ। उनसे भी देश की रक्षा सम्भव नहीं।

अभी कुछ दिनों पहले एक किस्सा मैंने पढ़ा अमरीका का कि एक पति और पत्नी हवाई जहाज पर उड़ रहे थे। वे अमीर रहे होंगे, उनका अपना हवाई जहाज था। श्री ब्लेक और श्रीमती ब्लेक, उनका नाम भी छपा था अखबार में। हवा में उड़ते-उड़ते पति को मालूम होता है, हृदय का कोई आघात हो गया और वह मर गया। अब जरा अन्दाजा लगाओ। हवाई जहाज पर ये दोनों हैं, और कोई नहीं है पति मर जाता है, बगल में औरत बैठी हुई है। उसे हवाई जहाज उड़ाना नहीं आता। साधारण तौर पर हमारे देश की स्त्री क्या करेगी? एक तो उसके मन पर इतना आघात होगा कि वह खाली रोना ही सोचेगी, दूसरे उसको भूत वगैरह के पचास झंझट दिखने लग जाएँगे। लेकिन श्रीमती ब्लेक ने हवाई जहाज में बोलने और सुनने की जो मशीन होती है उसके जरिये हवाई अड्डे से बातचीत करना शुरू किया कि देखो, मैं और मेरे पति इस हवाई जहाज में उड़ रहे थे, मेरे पति मर गए हैं और मैं बिलकुल नहीं जानती कि हवाई जहाज कैसे चलाया जाता है, तो तुम अब मुझे बताओ कि किस मशीन को, किस यंत्र को किस तरह से मोड़ूँ। तब नीचे से उसको हवाई रेडियो आता है कि यह यंत्र अब इस तरह से घुमाओ। वह घुमा देती है और करते-करते वह हवाई जहाज को नीचे उतार लेती है। किसको पसन्द करोगे? ऐसी औरत वो पसन्द करोगे जो आपके प्रति अपना प्रेम, अपनी भक्ति, अपना आदर आपके मरने के बाद आपके शरीर के साथ या शरीर के बिना जलकर दिखाए या ऐसी औरत पसन्द करोगे जो आप ही के साथ-साथ या आपके आगे-पीछे देश की रक्षा करते हुए खुद अलग से मरे। जब तक हम अपने सोचने के ढंग को नहीं बदलेंगे, तब तक अपने देश की इन कमजोरियों से छुटकारा नहीं पा सकते। एक बात बिलकुल समझ करके रखनी चाहिए कि इतना ज्यादा जम जाना, एक तालाब के पानी की तरह जिसमें काई आ जाती है, गन्दा हो जाना, किसी भी देश और धर्म के लिए खतरनाक हुआ करता है।

मैं नहीं जानता कि किस हद तक उस कर्मकांड और उस ब्रह्मज्ञान का सम्बन्ध आज के गन्दे पानी के जमाव से है। थोड़ा-बहुत तो सम्बन्ध है ही, ज्यादा है-कम है, इसके ऊपर सोच-विचार करके उसको दूर करने की अब जरूरत बहुत आ गई है। मुझे ऐसा लगता है कि इस जमाव का एक बहुत बड़ा कारण जाति-प्रथा है। यह संसार में और कहीं नहीं है। सिर्फ हिन्दुस्तान में है। जातियों में हम लोग बँटे हुए हैं। सिर्फ चार-पाँच बड़ी जातियाँ ही नहीं हैं, ब्राह्मण, वैश्य, क्षत्रिय, शूद्र, हरिजन वगैरह में भी हजारों उपजातियाँ हैं, बल्कि दस हजार उपजातियाँ हैं। ऐसा लगता है कि यह जाति-संगठन हिन्दुस्तान

ने इतना बढ़िया, अपने उपयुक्त पाया कि जब कभी भी कोई समुदाय तादाद में ज्यादा हो जाता है, कोई जाति संख्या में बहुत बढ़ जाती है, तब उसके अन्दर से उपजाति भी बन जाती है। शायद इसलिए भी कि जाति के जो बहुत से काम हैं, ज्यादा संख्या वाली, जाति पूरा नहीं कर पाती। जाति एक तरह से बीमा कम्पनी है। शादी, पैदाइश, मौत, बेकारी सभी मौके पर जाति काम आती है। चाहे और पचास तरह के सम्बन्ध कायम हो जाएँ, लेकिन आज एक हिन्दुस्तानी किस चीज के ऊपर निर्भर है? निर्भर वह केवल जाति पर है। बारात निकलनी होगी तो ज्यादातर बारात में कौन आएँगे, शव ले जाना होगा, उसके जाति के लोग आएँगे। पैदाइश के मौके पर उसके जाति वाले आएँगे और अगर बेकार हो गया, बीमार पड़ गया तो कुछ थोड़ी-बहुत देखभाल करने के लिए जाति वाले आएँगे। यह सबके लिए लागू है।

ये जातियाँ, उपजातियाँ बहुत हो गईं। वैसे, वेद के जमाने में, विशेषत: ऋग्वेद में केवल एक शब्द था, विश, जो उस जमाने के लोगों के लिए इस्तेमाल किया जाता था। ऐसा हो सकता है कि इन विश लोगों में समय के अनुसार बँटवारा होता गया। कुछ विश लोगों ने पूजा का काम किया, कुछ ने लड़ाई वगैरह का काम किया, कुछ ने खेती, धन्धा, व्यापार वगैरह का काम किया, तो नतीजा यह हुआ कि उसमें अनेक प्रकार की डालियाँ निकल गईं, कोई क्षत्रिय हो गए, कोई ब्राह्मण। मुझे ऐसा लगता है कि आज जो वैश्य है वह उसी विश का वंशज है, उसी से निकला हुआ। इसमें भी पचासों तरह के हो गए। बनियों में कोई ऐसा है कि जिसके बाप-दादों ने थोक धन्धा किया तो वह तो अग्रवाल वगैरह बनकर ऊँची जाति में शामिल हो गया और बाप-दादों के हिसाब से जो बेचारा गरीब रहा है या जिसने फुटकर व्यापार किया। उसको तेली, कलवार कहकर छोटी जाति में कर दिया। कितनी मजेदार बात है जातियों के बारे में कि यह चीज पैसे से कितनी जुड़ी हुई है। जिसके पुरखों ने थोक व्यापार किया वह हो गया सेठ-साहूकार, अग्रवाल, वैश्य, द्विज और जिसके पुरखों ने फुटकर व्यापार किया वह हो गया तेली-कलवार वगैरह, वगैरह।

कमाल यह है कि इन जातियों के होने के कारण बँधाव आ गया, लोगों का मन बँध गया और हर एक आदमी अपनी जगह पर थोड़ा-बहुत सन्तुष्ट है। यह सबसे बड़ी बात हुई है कि वह चाहे जितना दुखी है, चाहे जितना सताया हुआ है, चाहे जितना दरिद्र है, लेकिन अपनी जगह पर सुखी है। अपने बदलाव को भी वह नहीं पसन्द करता। कहारों के बीच में जब मैं गया, और उनसे कुछ किस्सा-

कहानियाँ सुनने लगा तब पता चला कि उनके दिमाग में भी क्या घमंड घुसा हुआ है। कहार बर्तन माँजते हैं, मछली पकड़ते हैं, लेकिन फिर भी अपने कुलगीत को जब याद करते हैं, अपने कुलदेवता को, तब उनके यहाँ एक किस्सा मशहूर है कि शिव महाराज के दो लड़के थे। एक लड़का ईमानदार था, दूसरा बेईमान था। एक लड़का सरल, सहज स्वभाव का था, दूसरा चतुर और कपटी था। शिव महाराज ने दोनों को समान रूप से हीरे-जवाहरात बाँट दिये। जो कपटी और छली था उसने इस सरल और सहज वाले लड़के के हीरे-जवाहरात को हड़प लिया। जो सरल और सहज स्वभाव का था, वह तो हो गया कहार, मछुआ और जो कपटी था वह हो गया क्षत्रिय। यह किस्सा कहारों के घर में प्रचलित है। साल-भर में एक दफे गुप्त रूप से वे अपने कुलदेवता की पूजा करने के लिए इकट्ठा होते हैं। उनके दिमाग में यह घमंड घुसा हुआ है कि हम तो बड़े हैं, सरल, सहज, अच्छे लोग हैं और ऊँची जाति वाले कपटी हैं, इन्होंने हमारा धन छीन लिया है। अब हमारे जैसा आदमी कहारों के बीच में जाकर उनको इंकलाब के लिए तैयार करने की कोशिश करे कि अरे भाई कहार उठो, करो क्रान्ति, तो उनके दिमाग में पहले से ही हिन्दू धर्म ने एक चीज की जड़ जमा दी है कि तुम ठीक हो, तुम तो बड़े हो, तुम्हारा पुरखा तो बड़ा सरल और सहज स्वभाव का था, ये तो छली लोग हैं।

जाति-प्रथा ने कमाल किया है इसमें कोई शक नहीं। कमाल अच्छा नहीं, बुरा कमाल। देश के प्राण को एक मानी में खतरा करने का काम किया है, जितना संसार में और कहीं नहीं हुआ। इसका नतीजा है कि एक तरफ से हम बँधे हुए हैं, जल्दी बदलते नहीं, जो अच्छी चीज है, हवा के हर झोंके के साथ बह नहीं जाया करते। हमारी अपनी भाषा, हमारा अपना संगीत, हमारे अपने सोचने के तरीके, हमारा अपना दर्शन, उसी की नींव के ऊपर हम आगे बढ़ने की कोशिश करें तो यह बहुत अच्छा।

लेकिन उसके साथ-साथ अगर हमेशा कीड़े, चींटी की तरह नन्ही दूब की तरह झुक जाएँ और आत्मसमर्पण कर दें, मर्यादा न खीचें तो फिर वह उससे भी ज्यादा भयंकर होता है। इससे तो अच्छा है कि हम खतम हो जाएँ, रहे नहीं। आत्मसमर्पण की जो क्षति होती है, उसको खत्म करना हम सीखें और वह तभी होगा, जब हिन्दू धर्म में आप कुछ तेजस्विता लाने की कोशिश करोगे जो इस समय नहीं है। धर्म की तेजस्विता का कहीं यह मतलब मत समझना कि ईसाई धर्म के मुकाबले में, या बौद्ध धर्म के मुकाबले में, या इसलाम धर्म के मुकाबले में, बल्कि सच पूछो तो इन धर्मों के प्रति आदर रख करके ही,

उनको अपने से बुरा न कहकर ही आप तेजस्विता हासिल कर सकते हो। और वह तेजस्विता कौन सी? मर्यादा के मुताबिक परिवर्तन करना, अपनी जनता को प्राणवान बनाना। यह जाति-प्रथा, जिसने हमको दुख, अत्याचार, बेशर्मी, अपमान को सहने के लिए मजबूर किया है, तैयार किया है, उस जाति-प्रथा को खतम करना, उस ब्रह्मज्ञान को पाने के सिवा मुझे और कोई रास्ता दिखाई नहीं पड़ता। एक तरफ तो अद्वैतवाद चला रहे हैं कि सब संसार एक है, सब समान हैं, पेड़ समान, गन्ध समान, आदमी समान, देवता समान और दूसरी तरफ अन्दर ही ब्राह्मण, बनिया, चमार, भंगी, कहार, कापू, माला, मादीगा, न जाने कितने तरह के झगड़े खड़े करके, बँटवारा करके अपने देश को हम छिन्न-भिन्न कर रहे हैं।

आखिर में मुझे केवल एक बात कहनी है और वह हिन्दुस्तानी, हिन्दी भाषा के सम्बन्ध में। तेजस्विता लाने का एक सबसे बड़ा तरीका यह है कि किसी सामंती भाषा के चक्कर में मत फँसो। मैं अंग्रेजों का घोर शत्रु हो गया हूँ। उसे खतम करना चाहिए। अंग्रेजी भाषा नहीं। हमारे यहाँ अदालत, कचहरी, बही-खाता, पढ़ाई, लिखाई, सरकारी दफ्तरों में अंग्रेजी का जो प्रभाव हो गया है उसको हमेशा के लिए खतम करना चाहिए। उसके बिना हम प्राणवान हो ही नहीं सकते।

वैसे, आर्यसमाज ने अपने जमाने में बहुत अच्छे-अच्छे काम किये और जब किसी के यहाँ अतिथि बनकर जाओ तो बुरे का तो जिक्र होता नहीं, अच्छे का ही जिक्र होता है। मेरे जैसा आदमी आर्य समाज से यह उम्मीद कर सकता है कि अंग्रेजी जबान को हिन्दुस्तान से हटाने के लिए आप पूरा परिश्रम करो। हर तरह से परिश्रम करो। शान्तिपूर्ण परिश्रम। यह बात सही है कि अंग्रेजी जबान को हटाने का काम आप हिन्दी भाषा के प्रचार के साथ मत जोड़ देना। दोनों में फरक है। मैं तो आप लोगों को एक सलाह दूँगा। और ये जो हिन्दी प्रचार करते हैं उनको भी सलाह दूँगा कि हिन्दी प्रचार बन्द करो। यह अच्छा नहीं है, बहुत ज्यादा नुकसान हिन्दी का किया है। हिन्दी का जो रचनात्मक काम है उसको करो। जो लोग हिन्दी नहीं जानते, उनको या उनके बच्चों को हिन्दी पढ़ाने के लिए स्कूल चलाओ। लेकिन हिन्दी का प्रचार कि तमिल को, तेलगू को, बंगाली को हिन्दी जाननी चाहिए और जगह-जगह लोग लेक्चर दे देते हैं कि हिन्दी हिन्दुस्तान की भाषा बननी चाहिए, यह सब बन्द हो जाना चाहिए। इससे बहुत नुकसान हो रहा है, क्योंकि पैसा और इज्जत व शान आज अंग्रेजी में है। एक तरफ दिल्ली की सरकार और दूसरी सरकारें

हिन्दी का प्रचार करने के लिए करोड़ों रुपया खर्च करती हैं, लेकिन वह करोड़ रुपए तो एक धेले के बराबर है। उस प्रचार का कोई मतलब ही नहीं, क्योंकि नौकरी किसको बढ़िया मिलेगी? आप अपने बही-खातों को भी किस भाषा में अब रखने लग गए हो? यदि आपका व्यापार थोड़ा भी निकल चला है, बढ़ चला है तो अपने बही-खाते अब हिन्दी में नहीं रखते हो। जो बहुत बड़े-बड़े कारखाने हैं उनके बही-खाते अंग्रेजी में रखे जाने लगे हैं। और सेठ लोगों के जो सबसे बड़े सेठ हैं, मैंने सुना है कि सलाह दी है कि अब अंग्रेजी में रखो और गला लँगोट लटकाओ। शान अंग्रेजी में, पैसा अंग्रेजी में, सब काम अंग्रेजी में, तो फिर दो-चार करोड़ रुपए खरच करके हिन्दी का प्रचार करना तो मखौल उड़ाना है। वह प्रचार बन्द हो जाना चाहिए। उससे तो बल्कि लोगों को एक झल्लाहट होती है। अगर मैं तेलगू हूँ या तमिल हूँ, तो मुझे झल्लाहट होगी, क्योंकि किसी के बेटे-बेटी की उन्नति का सिलसिला, अंग्रेजी के द्वारा होगा तो आखिर अपने बच्चों को अंग्रेजी ही सिखाएगा और फिर, उसके साथ-साथ जहाँ-तहाँ, कुछ जगहों पर वह हिन्दी को और अंग्रेजी को साथ-साथ देख लेगा जैसे डाकखाने में तो उसका मन तिलमिला उठेगा। जिस तरह से उसने अंग्रेजी को साम्राज्यशाही की भाषा 100-125 बरस तक समझा था, उसी तरह से वह हिन्दी को भी साम्राज्यशाही की भाषा समझने लग जाता है। इसलिए हिन्दीवालों को तो कसम खानी चाहिए कि हम अंग्रेजी को हरगिज हिन्दी की बगल में बैठने नहीं देंगे। दस-पाँच बरस तक हिन्दी न रहे तमिलनाडु में, आन्ध्र देश में और बंगाल देश में तो अच्छा। धीरे-धीरे हिन्दी की तरक्की करने का यह तरीका तो बड़ा जहरीला तरीका है। हिन्दी को अभी बन्द रखो। हिन्दी तो तब प्रतिष्ठित होगी जब अंग्रेजी हिन्दुस्तान से हमेशा के लिए खतम हो जाएगी। हम अंग्रेजी के बगल में हिन्दी को नहीं बैठा सकते। तब जाकर कहीं आप अपने देश को बढ़ा सकते हो। और अभी कोई तेलगू, तमिल, बंगाली कहता है कि नहीं, हम अपना सब कामकाज बंगाली में करेंगे तो आप कहो कि भई खुशी से आप बंगाली में करो, आप तेलगू में करो, आप तमिल में करो, हमको हिन्दी की कोई जरूरत नहीं, क्योंकि यह तो बिलकुल तय बात है कि दस-बीस बरस तक ये बंगाली, मद्रासी, तेलगू, तमिली काम करने लगें अपनी भाषाओं में तो फिर खुद अपनी इच्छा से आएँगे और कहेंगे कि मेहरबानी करके अब हिन्दुस्तानी को सारे हिन्दुस्तान की भाषा बनाकर चलाओ।

मैंने आपके सामने कुछ थोड़े-बहुत विचार रखे। अन्त में खाली यह याद रखना कि एक कोना है। सच हमेशा किसी एक कोने, किसी एक दृष्टि से

देखो। अब तक सूरज शायद काहिरा में और फारस देश में कुछ थोड़ा-सा ज्यादा तेज हो गया होगा, हमारे यहाँ अभी तेज हो रहा है। तो कोना है, एक दृष्टि है, लेकिन कोशिश यह करनी चाहिए कि हमारी दृष्टि जितनी ज्यादा सम्यक और सम्पूर्ण हो सके, उतनी बनाई जाए।

[संकलित]

कृष्ण

कृष्ण की सभी चीजें दो हैं। दो माँ, दो बाप, दो नगर, दो प्रेमिकाएँ, या यों कहिए अनेक। जो चीज संसारी अर्थ में बाद की स्वीकृत या सामाजिक है, वह असली से भी श्रेष्ठ और अधिक प्रिय हो गई है। यों कृष्ण देवकीनन्दन भी हैं, लेकिन यशोदानन्दन अधिक। ऐसे लोग मिल सकते हैं जो कृष्ण की असली माँ, पेट-माँ का नाम न जानते हों, लेकिन बाद वाली, दूध वाली, यशोदा का नाम न जानने वाला कोई निराला ही होगा। उसी तरह, बसुदेव कुछ हारे हुए से हैं, और नन्द को असली बाप से कुछ बढ़कर ही रुतबा मिल गया है। द्वारिका और मथुरा की होड़ करना कुछ ठीक नहीं, क्योंकि भूगोल और इतिहास ने मथुरा का साथ दिया है। किन्तु यदि कृष्ण की चले, तो द्वारिका और द्वारिकाधीश मथुरा और मथुरापति से अधिक प्रिय रहें। मथुरा तो बाल-लीला और यौवन-क्रीड़ा की दृष्टि से, वृन्दावन और बरसाना वगैरह अधिक महत्त्वपूर्ण हैं। प्रेमिकाओं का प्रश्न जरा उलझा हुआ है। किसकी तुलना की जाए, रुक्मिणी और सत्यभामा की, राधा और रुक्मिणी की, या राधा और द्रौपदी की। प्रेमिका शब्द का अर्थ संकुचित न कर सखा, सखी भाव को ले के चलना होगा। अब तो मीरा ने भी होड़ लगानी शुरू की है। जो हो, अभी तो राधा ही बड़भागिनी है कि तीन लोक का स्वामी उसके चरणों का दास है। समय का फेर और महाकाल शायद द्रौपदी या मीरा को राधा की जगह तक पहुँचाए, लेकिन इतना सम्भव नहीं लगता। हर हालत में, रुक्मिणी राधा से टक्कर कभी नहीं ले सकेगी।

मनुष्य की शारीरिक सीमा उसका चमड़ा और नख है। यह शारीरिक सीमा, उसे अपना एक दोस्त, एक माँ, एक बाप, एक दर्शन वगैरह देती रहती है। किन्तु मनुष्य हमेशा इस सीमा से बाहर उछलने की कोशिश करता रहता है, मन ही के द्वारा उछल सकता है। कृष्ण उसी तत्त्व और महान प्रेम का

नाम है जो मन को प्रदत्त सीमाओं से उलाँघता-उलाँघता सबमें मिला देता है, किसी से भी अलग नहीं रखता। क्योंकि कृष्ण तो घटनाओं वाली मनुष्यलीला है, केवल सिद्धान्तों और तत्त्वों का विवेचन नहीं, इसलिए उसकी सभी चीजें अपनी और एक की सीमा में न रहकर दोनों और निरापना हो गई हैं। यों दोनों में ही कृष्ण का तो निरापना है, किन्तु लीला के तौर पर अपनी माँ, बीवी और नागरी से परायी बढ़ गई है। परायी को अपनी से बढ़ने देना भी तो एक मानी में अपनेपन को खत्म करना है। मथुरा का एकाधिपत्य खत्म करती है द्वारिका, लेकिन इस क्रम में द्वारिका अपना श्रेष्ठत्व जैसा कायम कर लेता है।

भारतीय साहित्य में माँ है यशोदा और लला है कृष्ण। माँ-लाल का इनसे बढ़कर मुझे तो कोई सम्बन्ध मालूम नहीं, किन्तु श्रेष्ठत्व-भर ही तो कायम होता है। मथुरा हटती नहीं और न रुक्मिणी, जो मगध के जरासन्ध से लेकर शिशुपाल होती हुई हस्तिनापुर के द्रौपदी और पाँच पांडवों तक एकरूपता बनाए रखती है। परकीया-स्वीकीया से बढ़कर उसे खतम तो करता नहीं, केवल अपने और पराए की दीवारों को ढहा देता है। लोभ, मोह, ईर्ष्या, भय इत्यादि की चहारदीवारी से अपना या स्वकीय छुटकारा पा जाता है। सब अपना और, अपना सब हो जाता है। बड़ी रसीली लीला है कृष्ण की, राधाकृष्ण या द्रौपदी-सखा और रुक्मिणी-रमण की कहीं चर्म सीमित शरीर में, प्रेमानन्द और खून की गर्मी और तेजी में कमी नहीं। लेकिन यह सब रहते हुए भी कैसा निरापना।

कृष्ण है कौन? गिरधारी, गिरिधर गोपाल! वैसे तो मुरलीधर और चक्रधर भी हैं, लेकिन कृष्ण का गुह्यतम रूप तो गिरिधर गोपाल में निखरता है। कान्हा को गोवर्धन पर्वत अपनी कानी उँगली पर क्यों उठाना पड़ा था? इसलिए न कि उसने इन्द्र की पूजा बन्द करवा दी और इन्द्र का भोग खुद खा गया, और भी खाता रहा। इन्द्र ने नाराज होकर पानी खोला, पत्थर बरसाना शुरू किया। तभी तो कृष्ण को गोवर्धन उठाकर अपने गो और गोपालों की रक्षा करनी पड़ी। कृष्ण ने इन्द्र का भोग खुद क्यों खाना चाहा? यशोदा और कृष्ण का इस सम्बन्ध में गुह्य विवाद है। माँ, इन्द्र को भोग लगाना चाहती हैं, क्योंकि वह बड़ा देवता है, सिर्फ वास से ही तृप्त हो जाता है, और उसकी बड़ी शक्ति है, प्रसन्न होने पर बहुत वर देता है और नाराज होने पर तकलीफ। बेटा कहता है कि वह इन्द्र से भी बड़ा देवता है, क्योंकि वह तो वास से तृप्त नहीं होता और बहुत खा सकता है और उसके खाने की कोई सीमा नहीं। यही है कृष्ण-लीला का गुह्य-रहस्य। वास लेने वाले देवताओं से खाने वाले देवताओं तक की भारत-यात्रा ही कृष्ण-लीला है।

कृष्ण के पहले भारतीय देव, आसमान के देवता हैं। निस्सन्देह अवतार कृष्ण के पहले से शुरू हो गए। किन्तु त्रेता का राम ऐसा मनुष्य है जो निरन्तर देव बनने की कोशिश करता रहा। इसलिए उसमें आसमान के देवता का अंश कुछ अधिक है। द्वापर का कृष्ण ऐसा देव है, जो निरन्तर मनुष्य बनने की कोशिश करता रहा। उसमें उसे सम्पूर्ण सफलता मिली। कृष्ण सम्पूर्ण और अबाध मनुष्य है, खूब प्यार किया, खूब खाया-खिलाया और प्यार सिखाया, जनगण की रक्षा की और उसका रास्ता बताया, निर्लिप्त भोग का महान त्यागी और योगी बना।

इस प्रसंग में यह प्रश्न बेमतलब है कि मनुष्य के लिए, विशेषकर राजकीय मनुष्य के लिए, राम का रास्ता सुकर और उचित है या कृष्ण का। मतलब की बात तो यह है कि कृष्ण देव होता हुआ निरन्तर मनुष्य बनता रहा। देव और निस्व तथा असीमित होने के नाते कृष्ण में जो असम्भव मनुष्यताएँ हैं, जैसे झूठ-धोखा और हत्या उनकी नकल करने वाले लोग मूर्ख हैं, उसमें कृष्ण का क्या दोष? कृष्ण की सम्भव और पूर्ण मनुष्यताओं पर ध्यान देना ही उचित है, और एकाग्र ध्यान। कृष्ण ने इन्द्र को हराया, वास लेने वाले देवों को भगाया, खाने वाले देवताओं को प्रतिष्ठित किया, हाड़, खून, मांस वाले मनुष्य को देव बनाया, जनगण में भावना जागृत की कि देव को आसमान में मत खोजो, यहीं अपने बीच पृथ्वी पर। पृथ्वी वाला देव खाता है, प्यार करता है, मिलकर रक्षा करता है।

कृष्ण जो कुछ करता था, जमकर करता था, खाता था जमकर, प्यार करता था जमकर, रक्षा भी जमकर करता था। पूर्णभोग, पूर्ण प्यार, पूर्ण रक्षा। कृष्ण की सभी क्रियाएँ उसकी शक्ति के पूरे इस्तेमाल से ओत-प्रोत रहती थीं, शक्ति का कोई अंश बचाकर नहीं रखता था, कंजूस बिलकुल नहीं था। ऐसा दिलफेंक, चाहे मनुष्यों में सम्भव न हो, लेकिन मनुष्य ही हो सकता है। मनुष्य का आदर्श चाहे जिसके पहुँचने तक हमेशा एक सीढ़ी पहले रुक जाना पड़ता हो। कृष्ण ने खुद गीत गाया है स्थितप्रज्ञ का, ऐसे मनुष्य का जो अपनी शक्ति का पूरा और जमकर इस्तेमाल करता हो। 'कूर्मोंगानीव' ने बताया ऐसे मनुष्य को। कछुए की तरह यह मनुष्य अपने अंगों को बटोरता है, अपनी इन्द्रियों पर इतना सम्पूर्ण प्रभुत्व है इसको कि इन्द्रियार्थों से उन्हें पूरी तरह हटा लेता है। कुछ लोग कहेंगे कि यह तो भोग का उलटा हुआ। ऐसी बात नहीं। जो करना, जमकर, भोग भी, त्याग भी। जमा हुआ भोगी कृष्ण, जमा हुआ योगी तो था ही। शायद दोनों में विशेष अन्तर नहीं। फिर भी, कृष्ण ने एकांगी

परिभाषा दी, अचलस्थितप्रज्ञ की, चलस्थितप्रज्ञ की नहीं। उसकी परिभाषा दी जो इन्द्रियार्थी से इन्द्रियों को हटाकर पूर्ण प्रभुता निखारता हो, उसकी नहीं, जो इन्द्रियों को इन्द्रियार्थों में लपेटकर, घोलकर। कृष्ण खुद तो दोनों था, परिभाषा में एकांगी रह गया। जो काम जिस समय कृष्ण करता था, उसमें अपने समग्र अंगों का एकाग्र प्रयोग करता था, अपने लिए कुछ भी नहीं बचाता था, अपना जो था ही नहीं कुछ उसमें। 'कूर्मोगानीव' के साथ-साथ 'समग्र-अंग-एकांगी' भी परिभाषा में शामिल होना चाहिए था। जो काम करो जमकर करो, अपना पूरा मन और शरीर उसमें फेंककर। देवता बनने की कोशिश में मनुष्य कुछ कृपण हो गया है, पूर्ण आत्मसमर्पण वह कुछ भूल-सा गया है। जरूरी नहीं है कि वह अपने-आपको किसी दूसरे को समर्पण करे। अपने ही कामों में पूरा आत्मसमर्पण करे। झाड़ू लगाए तो जमकर या अपनी इन्द्रियों का पूरा प्रयोग कर, युद्ध में रथ चलाए तो जमकर, श्यामा मालिन बनकर राधा को फूल बेचने जाए तो जमकर, जीवन का दर्शन ढूँढ़े और गाए तो जमकर। कृष्ण ललकारता है मनुष्य को अकृपण बनने के लिए, अपनी शक्ति को पूरी तरह और एकाग्र उछालने के लिए। मनुष्य करता कुछ है, ध्यान कुछ दूसरी तरफ रहता है। झाड़ू देता है, फिर भी कूड़ा कोनों में पड़ा रहता है। एकाग्र ध्यान न हो तो सब इन्द्रियों का अकृपण प्रयोग कैसे हो। 'कूर्मोगानीव' और 'समग्र-अंग-एकाग्री' मनुष्य को बनना है। यही तो देवता की मनुष्य बनने की कोशिश है। देखो, हाँ इन्द्र खाली वास लेता है, मैं तो खाता हूँ।

आसमान के देवताओं को जो भगाए उसे बड़े पराक्रम और तकलीफ के लिए तैयार रहना चाहिए। तभी कृष्ण को पूरा गोवर्धन पर्वत अपनी छोटी उँगली पर उठाना पड़ा। इन्द्र को वह नाराज कर देता और अपनी गउओं की रक्षा न करता, तो ऐसा कृष्ण किस काम का? फिर कृष्ण के रक्षा-युग का प्रारम्भ होने वाला था। एक तरफ से बाल और युवा-लीला का शेष ही गिरिधर-लीला है। कालिया-दहन और कंस-वध उसके आसपास के हैं। गोवर्धन उठाने में कृष्ण की उँगली दुखी होगी अपने गोपों और सखाओं को कुछ झुंझलाकर सहारा देने को कहा होगा। माँ को कुछ इतराकर उँगली दुखने की शिकायत की होगी। गोपियों से आँख लड़ाते हुए अपनी मुस्कान द्वारा कहा होगा। उसके पराक्रम पर अचरज करने के लिए राधा और कृष्ण की तो आपस में गम्भीर और प्रफुल्लित मुद्रा रही होगी। कहना कठिन है कि किसी की ओर कृष्ण ने अधिक निहारा होगा, माँ की ओर इतराकर, या राधा की ओर प्रफुल्ल होकर। उँगली बेचारे की दुख रही थी। अब तक दुख रही है, गोवर्धन में तो यही

लगता है। वहीं पर मानस गंगा है। जब कृष्ण ने गऊ वंश रूपी दानव को मारा था, राधा बिगड़ पड़ी और इस पाप से बचने के लिए उसने उसी स्थल पर कृष्ण से गंगा माँगी। बेचारे कृष्ण को कौन-कौन से असम्भव काम करने पड़े हैं! हर समय वह कुछ-न-कुछ करता रहा है, दूसरों को सुखी बनाने के लिए। उसकी उँगली दुख रही है। चलो, उसको सहारा दें। गोवर्धन में सड़क चलते कुछ लोगों ने, जिनमें पंडे होते ही हैं, प्रश्न किया कि मैं कहाँ का हूँ?

मैंने छेड़ते हुए उत्तर दिया, राम की अयोध्या का।

पंडों ने जवाब दिया, सब माया एक है।

जब मेरी छेड़ चलती रही तो एक ने कहा कि आखिर सत्तू वाले राम से गोवर्धन वासियों का नेह कैसे चल सकता है! उनका दिल तो माखन-मिसरी वाले कृष्ण से लगा है।

माखन-मिसरी वाला कृष्ण, सत्तू वाला राम कुछ सही है, पर उसकी अपनी उँगली अब तक दुख रही है।

एक बार मथुरा में सड़क चलते एक पंडे से मेरी बातचीत हुई। पंडों की साधारण कसौटी से उस बातचीत का कोई नतीजा न निकला, न निकलने वाला। लेकिन क्या मीठी मुसकान से उस पंडे ने कहा कि जीवन में दो मीठी बात ही तो सब कुछ हैं। कृष्ण मीठी बात करना सीख गया है, आसमान वाले देवताओं को भगा गया है, माखन-मिसरी वाले देवों की प्रतिष्ठा कर गया है। लेकिन, उसका अपना कौन-कौन सा अंग अब तक दुख रहा है?

कृष्ण की तरह एक और देवता हो गया है, जिसने मनुष्य बनने की कोशिश की। उसका राज्य संसार में अधिक फैला। शायद इसलिए कि वह गरीब बढ़ई का बेटा था और उसकी अपनी जिन्दगी में वैभव और ऐशन था, शायद इसलिए कि जन-रक्षा का उसका अन्तिम काम ऐसा था कि उसकी उँगली सिर्फ न दुखी, उसके शरीर का रोम-रोम सिहरा और अंग-अंग टूटकर वह मरा। अब तक लोग उसका ध्यान करके अपने सीमा बाँधने वाले चमड़े को बाहर उछालते हैं। हो सकता है कि ईसु मसीह दुनिया में केवल इसलिए फैल गया है कि उसका विरोध उन रोमियों से था जो आज के मालिक सभ्यता के पुरखे हैं। ईसू रोमियों पर चढ़ा। रोमी आज के यूरोपियों पर चढ़े। शायद एक कारण यह भी हो कि कृष्णलीला का मजा ब्रज और भारतभूमि के कण-कण से इतना लिपटा है कि कृष्ण और क्रिस्टोस दोनों ने आसमान के देवताओं को भगाया। दोनों के नाम और कहानी में भी कहीं-कहीं सादृश्य है। कभी दो महाजनों की तुलना नहीं करनी चाहिए। दोनों अपने क्षेत्र में श्रेष्ठ हैं। फिर भी,

क्रिस्टोस प्रेम के आत्मोत्सर्गी अंग के लिए बेजोड़ और कृष्ण सम्पूर्ण मनुष्य लीला के लिए। कभी कृष्ण के वंशज भारतीय शक्तिशाली बनेंगे, तो सम्भव है उसकी लीला दुनिया-भर में रस फैलाए।

कृष्ण बहुत अधिक हिन्दुस्तान के साथ जुड़ा हुआ है। हिन्दुस्तान के ज्यादातर देव और अवतार अपनी मिट्टी के साथ सने हुए हैं। मिट्टी से अलग करने पर वे बहुत कुछ निष्प्राण हो जाते हैं। त्रेता का राम हिन्दुस्तान की उत्तर-दक्षिण एकता का देव है। द्वापर का कृष्ण देश की पूर्व-पश्चिम एकता का देव है। राम उत्तर-दक्षिण और कृष्ण पूर्व-पश्चिम धुरी पर घूमे। कभी-कभी तो ऐसा लगता कि देश को उत्तर-दक्षिण और पूर्व-पश्चिम एक करना ही राम और कृष्ण का धर्म था। यों सभी धर्मों की उत्पत्ति राजनीति से है, बिखरे हुए स्वजनों को इकट्ठा करना, कलह मिटाना, सुलह कराना, और हो सके तो अपने और सबकी सीमा को ढहाना। साथ-साथ जीवन को कुछ ऊँचा उठाना, सदाचार की दृष्टि से और आत्म-चिन्तन की भी।

देश की एकता और समाज के शुद्धि सम्बन्धी कारणों और आवश्यकताओं से संसार के सभी महान धर्मों की उत्पत्ति हुई है। अलबत्ता धर्म इन आवश्यकताओं से ऊपर उठकर, मनुष्य को पूर्ण करने की भी चेष्टा करता है। किन्तु भारतीय धर्म इन आवश्यकताओं से जितना ओत-प्रोत है, उतना और कोई धर्म नहीं। कभी-कभी तो ऐसा लगता है कि राम और कृष्ण के किस्से तो मनगढ़न्त गाथाएँ हैं, जिनसे एक अद्वितीय उद्देश्य हासिल करना था। इतने बड़े देश के उत्तर-दक्षिण और पूर्व-पश्चिम को एक रूप में बाँधना था। इस विलक्षण उद्देश्य के अनुरूप ही ये विलक्षण किस्से बने। मेरा मतलब यह नहीं कि सब-के-सब किस्से झूठे हैं। गोवर्धन पर्वत का किस्सा जिस रूप में प्रचलित है उस रूप में झूठा तो है ही, साथ-साथ न जाने कितने और किस्से, जो कितने और आदमियों के रहे हों, एक कृष्ण अथवा राम के साथ जुड़ गए हैं। जोड़नेवालों को कमाल हासिल हुआ। यह भी हो सकता है कि कोई-न-कोई चमत्कारिक पुरुष राम और कृष्ण के नाम के हुए हों। चमत्कार भी उनका संसार के इतिहास में अनहोना रहा हो। लेकिन उन गाथाकारों का यह कम अनहोना चमत्कार नहीं है, जिन्होंने राम और कृष्ण के जीवन की घटनाओं को इस सिलसिले और तफसील में बाँधा है कि इतिहास भी उसके सामने लजा गया है। आज के हिन्दुस्तानी, राम और कृष्ण की गाथाओं की एक-एक तफसील को चाव से और सप्रमाण जानते हैं, जब कि ऐतिहासिक बुद्ध और अशोक उनके लिए धुँधली स्मृति मात्र रह गए हैं।

महाभारत हिन्दुस्तान की पूर्व-पश्चिम यात्रा है, जिस तरह रामायण उत्तर-दक्षिण यात्रा है। पूर्व-पश्चिम यात्रा का नायक कृष्ण है, जिस तरह उत्तर-दक्षिण का नायक राम है। मणिपुर से द्वारिका तक कृष्ण या उसके सहचरों का पराक्रम हुआ है, जैसे जनकपुर से श्रीलंका तक राम या उसके सहचरों का। राम का काम अपेक्षाकृत सहज था। कम-से-कम उस काम में एकरसता अधिक थी। राम का मुकाबला या दोस्ती हुई भील, किरात, किन्नर, राक्षस इत्यादि से, जो उसकी अपनी सभ्यता से अलग थे, राम का काम था इनको अपने में शामिल करना और उनको अपनी सभ्यता में ढाल देना, चाहे हराए बिना या हराने के बाद।

कृष्ण को वास्ता पड़ा अपने ही लोगों से। एक ही सभ्यता के दो अंगों में से एक को लेकर भारत की पूर्व-पश्चिम एकता कृष्ण को स्थापित करनी पड़ी। इस काम में पेंच ज्यादा थे। तरह-तरह की सन्धि और विग्रह का क्रम चला। न जाने कितनी चालाकियाँ और धूर्तताएँ भी हुईं। राजनीति का निचोड़ भी सामने आया। ऐसा छनकर, जैसा फिर और न हुआ। अनेकों ऊँचाइयाँ भी छुई गईं। दिलचस्प किस्से भी खूब हुए। जैसी पूर्व-पश्चिम राजनीति जटिल थी, वैसी ही मनुष्यों के आपसी सम्बन्ध भी, खासकर मर्द-औरत के। अर्जुन की मणिपुर वाली चित्रांगदा, भीम की हिडिम्बा और पांचाली का तो कहना ही क्या! कृष्ण की बुआ कुन्ती का एक बेटा था अर्जुन, दूसरा कर्ण, दोनों अलग-अलग तापों से, और कृष्ण ने अर्जुन को कर्ण का छल-वध करने के लिए उकसाया। फिर भी, क्यों जीवन का निचोड़ छनकर आया? क्योंकि कृष्ण जैसा निस्व मनुष्य न कभी हुआ और उससे बढ़कर तो कभी होना ही असम्भव है। राम उत्तर-दक्षिण एकता का न सिर्फ नायक बना, राजा भी हुआ। कृष्ण तो अपनी मुरली बजाता रहा। महाभारत की नायिका द्रौपदी से महाभारत के नायक कृष्ण ने कभी कुछ लिया नहीं, दिया ही।

पूर्व-पश्चिम एकता की दो धुरियाँ स्पष्ट ही कृष्ण काल में थीं। एक पटना-गया की मगध-पुरी और दूसरी हस्तिनापुरी-इन्द्रप्रस्थ की कुरु-धुरी। मगध-पुरी का भी फैलाव स्वयं कृष्ण की मथुरा तक था, जहाँ मगध-नरेश जरासन्ध का दामाद कंस राज्य करता था। बीच में शिशुपाल आदि मगध के आश्रित-मित्र थे। मगध-धुरी के खिलाफ कुरु-धुरी का सशक्त निर्माता कृष्ण था। कितना बड़ा फैलाव किया कृष्ण ने इस धुरी का! पूर्व में मनीपुर से लेकर पश्चिम में द्वारका तक का इस कुरु-धुरी में समावेश किया। देश की दोनों सीमाओं, पूर्व की पहाड़ी सीमा और पश्चिम की समुद्री सीमा को फाँसा और बाँधा, इस धुरी को कायम और शक्तिशाली करने के लिए कृष्ण को कितनी मेहनत और

कितने पराक्रम करने पड़े और कितनी लम्बी सूझ सोचनी पड़ी। उसने पहला वार अपने ही घर मथुरा में मगधराजा के दामाद पर किया। उस समय सारे हिन्दुस्तान में यह वार गूँजा होगा। कृष्ण की यह पहली ललकार थी, वाणी द्वारा नहीं। उसने कर्म द्वारा रणभेरी बजाई। कौन अनसुनी कर सकता था? सबको निमंत्रण हो गया, यह सोचने के लिए कि मगध-राजा को अथवा जिसे कृष्ण कहे उसे सम्राट के रूप में चुनो। अन्तिम चुनाव भी कृष्ण ने बड़े छली रूप में रखा। कुरुवंश में ही न्याय-अन्याय के आधार पर दो टुकड़े हुए और उनमें अन्यायी टुकड़ी के साथ मगध-धुरी को जुड़वा दिया। संसार ने सोचा होगा कि वह तो कुरुवंश का अन्दरूनी और आपसी झगड़ा है। कृष्ण जानता था कि वह तो इन्द्रप्रस्थ-हस्तिनापुर की कुरु-धुरी और राजगिरि की मगध-धुरी का झगड़ा है।

राजगिरि का राज्य कंस-वध पर तिलमिला उठा होगा। कृष्ण ने पहली ही बार में मगध की पश्चिमी ताकत को खतम-सा कर दिया। लेकिन अभी तो ताकत बहुत ज्यादा बटोरनी थी और बढ़ानी थी। यह तो सिर्फ आरम्भ था। आरम्भ अच्छा हुआ। सारे संसार को मालूम हो गया। लेकिन कृष्ण कोई बुद्धू थोड़े ही था, जो आरम्भ की लड़ाई को अन्त की बना देता। उसके पास अभी इतनी ताकत तो थी नहीं जो कंस के ससुर और उसकी पूरे हिन्दुस्तान की शक्ति से जूझ बैठता। वार करके, संसार को डंका सुना के कृष्ण भाग गया। भागा भी बड़ी दूर, द्वारिका में। तभी से उसका नाम रणछोड़ दास पड़ा। गुजरात में आज भी हजारों लोग, शायद एक लाख से भी अधिक लोग होंगे, जिनका नाम रणछोड़ दास है। पहले मैं इस नाम पर हँसा करता था, मुसकाना तो कभी न छोड़ूँगा। यों, हिन्दुस्तान में और भी देवता हैं जिन्होंने अपना पराक्रम भागकर दिखाया जैसे ज्ञानवापी के शिव ने। यह पुराना देश है। लड़ते-लड़ते थकी हुड्डियों को भागने का अवसर मिलना चाहिए। लेकिन कृष्ण थकी पिंडियों के कारण नहीं भागा। वह भागा, जवानी की बढ़ती हड्डियों को बढ़ने और फैलने का मौका चाहिए था। कृष्ण की पहली लड़ाई तो आजकल की छापामार लड़ाई की तरह थी, वार करो और भागो। अफसोस यही है कि कुछ भक्त लोग भागने ही में मजा लेते हैं।

द्वारिका मथुरा से सीधे फासले पर करीब 700 मील है। वर्तमान सड़कों की यदि दूरी नापी जाए तो करीब 1050 मील होती है। बिचली दूरी इस तरह करीब 850 मील होती है। कृष्ण अपने शत्रु से बड़ी दूर तो निकल ही गया, साथ-ही-साथ देश की पूर्व-पश्चिम एकता हासिल करने के लिए उसने पश्चिम

के आखिरी नाके को बाँध लिया। बाद में पाँचों पांडवों के वनवास-युग में अर्जुन की चित्रांगदा और भीम की हिडिम्बा के जरिये उसने पूर्व के आखिरी नाके को भी बाँधा। इन फासलों को नापने के लिए मथुरा से अयोध्या, अयोध्या से राजमहल और राजमहल से इम्फाल की दूरी जानना जरूरी है। यही रहे होंगे उस समय के महान राजमार्ग। मथुरा से अयोध्या की बिचली दूरी करीब 300 मील है। अयोध्या से राजमहल करीब 470 मील है। राजमहल से इम्फाल की बिचली दूरी करीब सवा पाँच सौ मील है, यों वर्तमान सड़कों से फासला 850 मील और सीधा फासला करीब 380 मील है। इस तरह मथुरा से इम्फाल का फासला उस समय के राजमार्ग द्वारा करीब 1600 मील रहा होगा। कुरु-धुरी के केन्द्र पर कब्जा करने और उसे सशक्त बनाने के पहले कृष्ण केन्द्र से 800 मील दूर भागा। और अपने सहचरों और चेलों को उसने 1600 मील दूर तक घुमाया। पूर्व-पश्चिम की पूरी भारत-यात्रा हो गई। उस समय की भारतीय राजनीति को समझने के लिए कुछ दूरियाँ और जानना जरूरी है। मथुरा से बनारस का फासला करीब 370 मील, मथुरा से पटना करीब 500 मील है। दिल्ली से, जो तब इन्द्रप्रस्थ थी मथुरा का फासला करीब 90 मील है। पटने से कलकत्ते का फासला करीब सवा तीन सौ मील है। कलकत्ते के फासले का कोई विशेष तात्पर्य नहीं, सिर्फ इतना ही कि कलकत्ता भी कुछ समय तक हिन्दुस्तान की राजधानी रही है, चाहे गुलाम हिन्दुस्तान की। मगध-धुरी का पुनर्जन्म एक अर्थ में कलकत्ते में हुआ। जिस तरह कृष्णकालीन मगध-धुरी के लिए राजगिरि केन्द्र है, उसी तरह ऐतिहासिक मगध-धुरी के लिए पटना या पाटलिपुत्र केन्द्र है, और दोनों का फासला करीब 40 मील है, पटना राजगिरि केन्द्र का पुनर्जन्म कलकत्ते में होता है, इसका इतिहास के विद्यार्थी अध्ययन करें, चाहे अध्ययन करते समय सन्तोषपूर्ण विवेचन करें कि यह काम विदेशी तत्त्वावधान में क्यों हुआ?

कृष्ण ने मगध-धुरी का नाश करके कुरु-धुरी की क्यों प्रतिष्ठा करनी चाही? इसका एक उत्तर तो साफ है। भारतीय जनगण का बाहुल्य उस समय उत्तर और पश्चिम में था जो राजगिरि और पटना से बहुत दूर पड़ जाता था। उसके अलावा मगध-धुरी कुछ पुरानी बन चुकी थी, शक्तिशाली थी, किन्तु उसका फैलाव संकुचित था। कुरु-धुरी नदी थी और कृष्ण इसकी शक्ति और इसके फैलाव दोनों का ही सर्वशक्ति-सम्पन्न निर्माता था, मगध-धुरी को जिस तरह चाहता शायद न मोड़ सकता, कुरु-धुरी को अपनी इच्छा के अनुसार मोड़ और फैला सकता था। सारे देश को बाँधना जो था उसे। कृष्ण त्रिकालदर्शी

था। उसने देख लिया होगा कि उत्तर-पश्चिम में आगे चलकर यूनानियों, हूणों, पठानों, मुगलों आदि के आक्रमण होंगे, इसलिए भारतीय एकता की धुरी का केन्द्र कहीं वहीं रखना चाहिए, जो इन आक्रमणों का सशक्त मुकाबला कर सके। लेकिन त्रिकालदर्शी क्यों न देख पाया कि इन विदेशी आक्रमणों के पहले ही देशी मगध-धुरी बदला चुकाएगी, और सैकड़ों वर्ष तक भारत पर अपना प्रभुत्व कायम करेगी और आक्रमण के समय तक, कृष्ण की भूमि के नजदीक यानी कन्नौज और उज्जैन तक खिसक चुकी होगी, किन्तु अशक्त अवस्था में। त्रिकालदर्शी ने देखा शायद यह सब कुछ हो, लेकिन कुछ कर न सका हो। वह हमेशा के लिए अपने देशवासियों को कैसे ज्ञानी और साधु दोनों बनाता। वह तो केवल रास्ता दिखा सकता था। रास्ते में भी शायद त्रुटि थी। त्रिकालदर्शी को यह भी देखना चाहिए था कि उसके रास्ते पर ज्ञानी ही नहीं, अनाड़ी भी चलेंगे और वे कितना भारी नुकसान उठाएँगे। राम के रास्ते चलकर अनाड़ी का भी अधिक नहीं बिगड़ता, चाहे बनना भी कम होता हो। अनाड़ी ने कुरु-पांचाल सन्धि का क्या किया?

कुरु-धुरी की आधारशिला थी कुरु पांचाल सन्धि। आसपास के इन दोनों इलाकों का वज्र समान एका कायम करना था सो कृष्ण ने उन लीलाओं के द्वारा किया, जिनसे पांचाली का विवाह पाँचों पांडवों से हो गया। यह पांचाली भी अद्भुत नारी थी। द्रौपदी से बढ़कर, भारत की कोई प्रखरमुखी और ज्ञानी नारी नहीं। कैसे कुरु-सभा को उत्तर देने के लिए ललकारती है कि जो आदमी अपने को हार चुका है क्या दूसरे को दाँव पर रखने की उसमें स्वतंत्र सत्ता है?

पाँचों पांडव और अर्जुन भी उसके सामने फीके थे। यह कृष्णा तो कृष्णा के ही लायक थी। महाभारत का नायक कृष्ण, नायिका कृष्णा। कृष्ण और कृष्ण का सम्बन्ध भी विश्व साहित्य में बेमिसाल है। दोनों सखा-सखी ही क्यों रहे? कभी कुछ और दोनों में से किसी ने होना चाहा? क्या सखा-सखी का सम्बन्ध पूर्णरूप से मन की देन थी या उसमें कुरु-धुरी के निर्माण और फैलाव का अंश था? जो हो, कृष्ण और कृष्णा का यह सम्बन्ध राधा और कृष्ण के सम्बन्ध से कम नहीं, लेकिन साहित्यिकों और भक्तों की नजर इस ओर नहीं पड़ी है। हो सकता है कि भारत की पूर्व-पश्चिम एकता के इस निर्माता को अपनी ही सीख के अनुसार केवल कर्म, न कि कर्मफल का अधिकारी होना पड़ा, शायद इसलिए कि यदि वह स्वयं कर्मफल हेतु बन जाता, तो इतना अनहोना निर्माता हो ही नहीं सकता था। उसने कभी लालच न की कि अपनी मथुरा को ही धुरी-केन्द्र बनाए। उसके लिए दूसरों का इन्द्रप्रस्थ और

हस्तिनापुर ही अच्छा रहा। उसी तरह कृष्णा को भी सखी रूप में रखा, जिसे संसार अपनी कहता है, वैसी न बनाया। कौन जाने कृष्ण के लिए यह सहज था या उसमें भी उसका दिल दुखा था।

कृष्णा अपने नाम के अनुरूप साँवली थी। महान सुन्दरी रही होगी। उसकी बुद्धि का तेज, उसकी चकित हरिणी आँखों में चमकता रहा होगा। गोरी की अपेक्षा सुन्दर साँवली, नखसिख और अंग में अधिक सुडौल होती है। राधा गोरी रही होगी। बालक और युवक कृष्ण राधा में एकरस रहा। प्रौढ़ कृष्ण के मन पर कृष्णा छाई रही होगी, राधा और कृष्ण् तो एक थे ही। कृष्ण की सन्तानें कब तक उसकी भूल दोहराती रहेंगी? बेखबर जवानी में गोरी से उलझना और अधेड़ अवस्था में श्यामा को निहारना। कृष्ण-कृष्णा सम्बन्ध में और कुछ हो न हो, भारतीय मर्दों को श्यामा की तुलना में गोरी के प्रति अपने पक्षपात पर मनन करना चाहिए।

रामायण की नायिका गोरी है। महाभारत की नायिका कृष्णा है, गोरी की अपेक्षा साँवली अधिक सजीव है। जो भी हो, इसी कृष्ण-कृष्णा सम्बन्ध का अनाड़ी हाथों फिर पुनर्जन्म हुआ। न रहा उसमें कर्मफल और कर्मफल हेतु त्याग। कृष्णा पांचाल यानी कन्नौज के इलाके की थी, संयुक्ता भी। धुरी-केन्द्र इन्द्रप्रस्थ का अनाड़ी राजा पृथ्वीराज अपने पुरखे कृष्ण के रास्ते न चल सका। जिस पांचाली द्रौपदी के जरिये कुरु-धुरी को आधारशिला रखी गई, उसी पांचाली संयुक्ता के जरिये दिल्ली-कन्नौज की होड़ जो विदेशियों के सफल आक्रमणों का कारण बना। कभी-कभी लगता है कि व्यक्ति का तो नहीं लेकिन इतिहास का पुनर्जन्म होता है, कभी फीका, कभी रंगीला। कहाँ द्रौपदी और कहाँ संयुक्ता, कहाँ कृष्ण और कहाँ पृथ्वीराज। यही सही है। फीका और मारात्मक पुनर्जन्म, लेकिन पुनर्जन्म तो है ही।

कृष्ण की कुरु-धुरी के और भी रहस्य रहे होंगे। साफ है कि राम आदर्शवादी एकरूप एकत्व का निर्माता और प्रतीक था। उसी तरह जरासन्ध भौतिकवादी एकत्व का निर्माता था। आजकल कुछ लोग कृष्ण और जरासन्ध युद्ध को आदर्शवाद-भौतिकवाद का युद्ध मानने लगे हैं। यही सही जँचता है, किन्तु है अधूरा विवेचन। जरासन्ध भौतिकवादी एकरूप एकत्व का इच्छुक था। बाद में मगधीय मौर्य और गुप्त राज्यों में कुछ हद तक इसी भौतिकवादी एकरूप एकत्व का प्रादुर्भाव हुआ और उसी के अनुरूप बौद्ध धर्म का। कृष्ण आदर्शवादी बहुरूप एकत्व का निर्माता था। जहाँ तक मुझे मालूम है, अभी तक भारत का निर्माण भौतिकवादी बहुरूप एकत्व के आधार पर कभी नहीं हुआ।

चिर चमत्कार तो तब होगा जब आदर्शवाद और भौतिकवाद के मिले-जुले बहुरूप एकत्व के आधार पर भारत का निर्माण होगा। अभी तक तो कृष्ण का प्रयास ही सर्वाधिक माननीय मालूम होता है, चाहे अनुकरणीय राम का एकरूप एकत्व ही हो। कृष्ण की बहुरूपता में वह त्रिकाल जीवन है जो औरों में नहीं।

कृष्ण यादव-शिरोमणि था, केवल क्षत्रिय राजा ही नहीं, शायद क्षत्रिय उतना नहीं था, जितना अहीर। तभी तो अहीरिन राधा की जगह अडिग है, क्षत्राणी द्रौपदी उसे हटा न पाई। विराट विश्व और त्रिकाल के उपयुक्त कृष्ण बहुरूप था। राम और जरासन्ध एकरूप थे, चाहे आदर्शवादी एकरूपता में केन्द्रीकरण और क्रूरता कम हो, लेकिन कुछ-न-कुछ केन्द्रीकरण थे, शायद क्रूरता भी।

बेचारे कृष्ण ने इतनी निःस्वार्थ मेहनत की, लेकिन जन-मन में राम ही आगे रहा। सिर्फ बंगाल में ही मुर्दे 'बोल हरि, हरि बोल' के उच्चारण से अपनी आखिरी यात्रा पर निकाले जाते हैं, नहीं तो कुछ दक्षिण को छोड़कर सारे भारत में हिन्दू मुर्दे—'राम नाम सत्य है' के ही साथ ले जाए जाते हैं। बंगाल में इतना तो नहीं, फिर भी उड़ीसा और असम में कृष्ण का स्थान अच्छा है। कहना मुश्किल है कि राम और कृष्ण में कौन उन्नीस, कौन बीस है। सबसे आश्चर्य की बात है कि स्वयं ब्रज के चारों ओर की भूमि के लोग भी वहाँ एक-दूसरे को 'जै रामजी' से नमस्ते करते हैं। सड़क चलते अनजान लोगों का भी यह 'जै रामजी' बड़ा मीठा लगता है, शायद एक कारण यह भी हो।

राम त्रेता के मीठे, शान्त और सुसंस्कृत युग का देव है। कृष्ण पके, जटिल, सीखे और प्रखर बुद्ध का देव है। राम गम्य है। कृष्ण अगम्य है। कृष्ण ने इतनी अधिक मेहनत की उसके वंशज उसे अपना अन्तिम आदर्श बनाने से घबराते हैं, यदि बनाते भी हैं, तो उसके मित्र भेद और कूटनीति की नकल करते हैं, उसका अथर निस्व उसके लिए असाध्य रहता है। इसलिए कृष्ण हिन्दुस्तान में कर्म का देव न बन सका। कृष्ण ने कर्म राम से ज्यादा किये हैं। कितने सन्धि और विग्रह अथवा प्रदेशों के आपसी सम्बन्धों के धागे उसे पलटने पड़ते थे। यह बड़ी मेहनत और बड़ा पराक्रम था। इसके यह मतलब नहीं कि प्रदेशों के आपसी सम्बन्धों में कृष्ण नीति अब भी चलाई जाए। कृष्ण जो पूर्व-पश्चिम को एकता दे गया, उसी के साथ-साथ उस नीति का औचित्य भी खतम हो गया। बच गया कृष्ण का मन और उसकी वाणी। और बच गया राम का कर्म। अभी तक हिन्दुस्तानी इन दोनों का समन्वय नहीं कर पाए हैं। करें, तो राम के कर्म में भी परिवर्तन आए। राम रोऊ है। इतना कि मर्यादा भंग होती है। कृष्ण कभी रोता नहीं। आँखें जरूर डबडबाती

हैं उसकी कुछ मौकों पर, जैसे जब किसी सखी या नारी को दुष्ट लोग नंगा करने की कोशिश करते हैं।

कैसे मन और वाणी थे उस कृष्ण के? अब भी, तब की गोपियाँ और जो चाहें, उसकी वाणी और मुरली की तान सुनकर रस विभोर हो सकते हैं और अपने चमड़े बाहर उछाल सकते हैं। साथ ही कर्म-संग के त्याग, सुख-दुख, शीत-उष्ण, जय-अजय के समत्व के योग और सब भूतों में एक अव्यय भाव का सुरीला दर्शन, उसकी वाणी से सुन सकते हैं। संसार में एक कृष्ण ही हुआ जिसने दर्शन को गीत बनाया।

वाणी की दैवी द्रौपदी से कृष्ण सम्बन्ध कैसा था? क्या सखा-सखी का सम्बन्ध स्वयं एक अन्तिम सीढ़ी और असीम मैदान है, जिसके बाद और किसी सीढ़ी और मैदान की जरूरत नहीं? कृष्ण छलिया जरूर था लेकिन कृष्णा से उसने कभी छल न किया। शायद वचनबद्ध था। इसलिए, जब कभी कृष्णा ने उसे याद किया वह आया। स्त्री पुरुष की किसलय-मित्रता की, आजकल के वैज्ञानिक अवरुद्ध रसिकता के नाम से पुकारते हैं। यह अवरोध सामाजिक या मन के आन्तरिक कारणों से हो सकता है। पाँचों पांडव कृष्ण के भाई थे और द्रौपदी कुरु-पांचाल सन्धि की आधारशिला थी। अवरोध के सभी कारण मौजूद थे। फिर भी, हो सकता है कि कृष्ण को अपनी चित्तवृत्तियों का कभी निरोध न करना पड़ा हो। यह उसके लिए सहज और अन्तिम सम्बन्ध था, ठीक उतना ही सहज और अन्तिम व रसमय जैसा राधा से प्रेम का सम्बन्ध था। अगर यह सही है, तो कृष्ण-कृष्णा के सखा-सखी सम्बन्ध का ब्योरा दुनिया में विख्यात होना चाहिए, और तफसील से, जिससे पुरुष-स्त्री सम्बन्ध का एक नया कमरा खुल सके। अगर राधा की छटा कृष्ण पर हमेशा छाई रहती है तो कृष्णा की छटा भी उस पर छाई रहती है। अगर राधा की छटा निराली है, तो कृष्णा की छटा भी। छटा में तुष्टि-प्रधान रस है, छटा में उत्कंठा-प्रधान कर्तव्य।

राधा-रस तो निराला है ही। राधा-कृष्ण एक हैं, राधा-कृष्ण का, स्त्री का जिक्र बहुत पुराना नहीं है, क्योंकि सबसे पहली बार पुराण में आता है 'अनुराधा' के नाम से। नाम ही बताता है प्रेम और भक्ति का वह स्वरूप, जो आत्मविभोर है, जिसमें सीमा बाँधने वाली चमड़ी रह नहीं जाती। आधुनिक समय में मीरा ने भी उस आत्मविभोरता को पाने की कोशिश की। बहुत दूर तक गई मीरा, शायद उतनी दूर गई जितना किसी सजीव देह को किसी याद के लिए जाना सम्भव हो। फिर भी मीरा की आत्मविभोरता में कुछ गर्मी थी। कृष्ण को तो

कौन जला सकता है, झुलसा भी नहीं सकता, लेकिन मीरा के पास बैठने में उसे जरूर कुछ पसीने आए, कम-से-कम गरमी तो लगी। राधा न गरम है, न ठंडी, राधा पूर्ण है। मीरा की कहानी एक और अर्थ में बेजोड़ है। पद्मिनी मीरा की पुरखिन थी, दोनों चित्तौड़ की नायिकाएँ हैं। करीब ढाई सौ वर्ष का अन्तर है। कौन बड़ी है, वह पद्मिनी जो जौहर करती है या वह मीरा जिसे कृष्ण के लिए नाचने से कोई मना न कर सका। पुराने देश की यही प्रतिभा है। बड़ा जमाना देखा है इस हिन्दुस्तान ने। क्या पद्मिनी थकती-थकती सैकड़ों बरस में मीरा बन जाती है? या मीरा ही पद्मिनी का श्रेष्ठ स्वरूप है? अथवा जब प्रताप जाता है, तब मीरा फिर पद्मिनी बनती है। हे त्रिकालदर्शी कृष्ण! क्या तुम एक ही में मीरा और पद्मिनी नहीं बना सकते?

राधा-रस का पूरा मजा तो ब्रज-रज में मिलता है। मैं सरयू और अयोध्या का बेटा हूँ। ब्रजरज में शायद कभी न लौट सकूँगा। लेकिन मन से तो लौट चुका हूँ। श्रीराधा की नगरी बरसाने के पास एक रात रहकर मैंने राधारानी के गीत सुने हैं।

कृष्ण बड़ा छलिया था। कभी श्यामा मालिन बनकर राधा को फूल बेचने आता था। कभी वैद्य बनकर आता था, प्रमाण देने के लिए। राधा अभी ससुराल जाने लायक नहीं है। कभी राधा प्यारी को गोदाने का न्यौता देने के लिए गोदनहारिन बनकर आता था। कभी वृन्दा की साड़ी पहनकर आता था और जब राधा उससे एक बार चिपटकर अलग होती थी, शायद झुँझलाकर, शायद इतराकर, तब श्रीकृष्ण मुरारी को छट्ठी का दूध याद आता था, बैठकर समझाओ राधारानी को कि वृन्दा से आँखें नहीं लड़ाई।

मैं समझता हूँ कि नारी अगर कहीं नर के बराबर हुई है, तो सिर्फ ब्रज में और कान्हा के पास। शायद इसीलिए आज भी हिन्दुस्तान की औरतें वृन्दावन में जमुना किनारे एक पेड़ में रूमाल जितनी चुनरी बाँधने का अभिनय करती हैं। कौन औरत नहीं चाहेगी कन्हैया से अपनी चुनरी हरवाना, क्योंकि कौन औरत नहीं जानती कि दुष्ट जनों के द्वारा चीरहरण के समय कृष्ण ही उनकी चुनरी अनन्त करेगा। शायद जो औरतें पेड़ में चीर बाँधती हैं, उन्हें यह सब बताने पर वे लजाएँगी, लेकिन उनके पुत्र-पुण्य आदि की कामना के पीछे भी कौन सी सुषुप्त याद है?

ब्रज की मुरली लोगों को इतना विह्वल कैसे बना देती है कि वे कुरुक्षेत्र के कृष्ण को भूल जाएँ, और फिर मुझे तो लगता है कि अयोध्या का राम मणिपुर से द्वारिका के कृष्ण को कभी भुलाने न देगा। जहाँ मैंने चीर बाँधने का अभिनय

देखा, उसी के नीचे वृन्दावन के गन्दे पानी का नाला बहते देखा, जो जमुना से मिलता है और राधारानी के बरसाने की रंगोली गली में पैर बचा-बचाकर रखना पड़ता है कि कहीं किसी गन्दगी में न सन जाए। यह वही रंगीली गली है, जहाँ बरसाने की औरतें हर होली पर लाठी लेकर निकलती हैं और जिसके नुक्कड़ पर नन्द गाँव के मर्द मोटे साफे बाँधे और बड़ी ढालों से अपनी रक्षा करते हैं। राधारानी अगर कहीं आ जाए। तो वह इन नालों और गन्दगियों को तो खत्म करे ही, बरसाने की औरतों के हाथ में इत्र, गुलाल और हल्के, भीनी महक वाले, रंग की पिचकारी थमाए और नन्द गाँव के मर्दों को होली खेलने के लिए न्यौता दे। ब्रज में महक नहीं है, कुंज नहीं है, केवल करोल रह गए हैं। शीतलता खतम है। बरसाने में मैंने राधारानी की अहीरिनों को बहुत ढूँढ़ा। पाँच-दस होंगी। वहाँ बनियाइनों और ब्राह्मणियों का जमाव हो गया है। जब किसी जाति में कोई बड़ा आदमी या बड़ी औरत हुई, तीर्थ-स्थान बना और मन्दिर और दूकानें देखते-देखते आईं, तब इन द्विज नारियों के चेहरे भी म्लान थे, गरीब, कृश और रोगी। कुछ लोग मुझे मूर्खतावश द्विज-शत्रु समझने लगे हैं। मैं तो द्विज-मित्र हूँ, इसलिए देख रहा हूँ कि राधारानी की गोपियों, मल्लाहिनों और चमाइनों को हटाकर द्विज-नारियों ने भी अपनी कान्ति खो दी है। मिलाओ ब्रज के रस में पुष्पों की महक, दो हिन्दुस्तान को कृष्ण की बहुरूपी एकता, हटाओ राम का एकरूपी द्विज-शूद्र धर्म, लेकिन चलो राम के मर्यादा वाले रास्ते पर, सच और नियम पालन कर।

सरयू और गंगा कर्तव्य की नदियाँ हैं। कर्तव्य कभी-कभी कठोर होकर अन्यायी हो जाता है, और नुकसान कर बैठता है। जमुना और चम्बल, केन तथा दूसरी जमुनामुखी नदियाँ रस की नदियाँ हैं। रस में मिलन है, कलह मिटाता है। लेकिन लास्य भी है, जो गिरावट में मनुष्य को निकम्मा बना देता है। इसी रसभरी इतराती जमुना के किनारे कृष्ण ने अपनी लीला की, लेकिन कुरु-धुरी का केन्द्र उसने गंगा के किनारे ही बसाया। बाद में, हिन्दुस्तान के कुछ राज्य जमुना के किनारे बने और एक अब भी चल रहा है। जमुना क्या तुम कभी बदलोगी, आखिर गंगा में ही तो गिरती हो। क्या कभी इस भूमि पर रसमय कर्तव्य का उदय होगा? कृष्ण! कौन जाने तुम थे या नहीं? कैसे तुमने राधा-लीला को कुरु-लीला से निभाया। लोग कहते हैं कि युवा कृष्ण का प्रौढ़ कृष्ण से कोई सम्बन्ध नहीं। बताते हैं कि महाभारत में राधा का नाम तक नहीं। बात इतनी सच नहीं, क्योंकि शिशुपाल ने क्रोध में कृष्ण को पुरानी बातें साधारण तौर पर बिना नामकरण के बताई हैं। सभ्य लोग ऐसे

जिक्र असमय नहीं किया करते, जो समझते हैं वे, और जो नहीं समझते हैं वे भी। महाभारत में राधा का जिक्र हो कैसे सकता है। राधा का वर्णन तो वहीं होगा जहाँ तीन लोक का स्वामी उसका दास है। रास का कृष्ण और गीता का कृष्ण एक है। न जाने हजारों वर्ष से अभी तक पलड़ा इधर या उधर क्यों भारी हो जाता है? बताओ कृष्ण!

राम, कृष्ण, शिव

राम और कृष्ण व शिव हिन्दुस्तान की उन तीन चीजों में हैं—मैं उनको आदमी कहूँ या देवता, इसके तो कोई खास मतलब नहीं होंगे—जिनका असर हिन्दुस्तान के दिमाग पर ऐतिहासिक लोगों से भी ज्यादा है। गौतम बुद्ध या अशोक ऐतिहासिक लोग थे। लेकिन उनके काम के किस्से इतने ज्यादा और इतने विस्तार में आपको नहीं मालूम हैं, जितने कि राम और कृष्ण व शिव के किस्से। कोई आदमी वास्तव में हुआ या नहीं, यह इतना बड़ा सवाल नहीं है, जितना यह कि उस आदमी के काम किस हद तक, कितने लोगों को मालूम हैं, और उनका असर है, दिमाग पर। राम और कृष्ण तो इतिहास के लोग माने जाते हैं, हों या न हों, यह दूसरे दर्जे का सवाल है। मान लें थोड़ी देर के लिए, वे सिर्फ उपन्यास के लोग हैं। शिव तो केवल एक किंवदन्ती के रूप में प्रचलित हैं। यह सही है कि कुछ लोगों ने कोशिश की है कि शिव को भी कोई समय और शरीर एवं जगह दी जाए। कुछ लोगों ने कोशिश की है यही साबित करने की कि वे उत्तराखंड के एक इंजीनियर थे जो गंगा को ले आए थे हिन्दुस्तान के मैदानों में।

वह छोटे-मोटे सवाल हैं कि राम और कृष्ण व शिव सचमुच इस दुनिया में कभी हुए या नहीं। असली सवाल तो यह है कि इनकी जिन्दगी के किस्सों के छोटे-छोटे पहलू को भी पाँच-दस, बीस, पचास हजार आदमी नहीं, बल्कि हिन्दुस्तान के करोड़ों लोग जानते हैं। यह हिन्दुस्तान के इतिहास के किसी और आदमी के बारे में नहीं कहा जा सकता। मैं तो समझता हूँ, गौतम बुद्ध का नाम भी हिन्दुस्तान में शायद पच्चीस सैकड़ा से ज्यादा लोगों को मालूम नहीं होगा। उनके किस्से जानने वाले तो मुश्किल से हजार में एक-दो मिल जाएँ तो मिल जाएँ, लेकिन राम और कृष्ण अथवा शिव के नाम और उनके किस्से तो सबको मालूम हैं। दिमाग पर असर—असर इसलिए नहीं है कि उनके साथ धर्म जुड़ा

हुआ है। असर इसलिए है कि वे लोगों के दिमाग में एक मिसाल की तरह आ जाते हैं, और जिन्दगी के हरेक पहलू और हरेक काम-काज के सिलसिले में वे मिसालें आँखों के सामने या दिमाग की आँखों के सामने खड़ी हो जाती हैं। तब, चाहे जान-बूझकर और चाहे अनजान में, आदमी उन मिसालों के मुताबिक खुद भी अपने कदम उठाने लग जाता है। अगर मिसाल सोच-समझकर दिमाग के सामने आए तो उसका इतना असर नहीं पड़ता, जितना बिना सोचे दिमाग में आ जाए। बिना सोचे कोई मिसाल दिमाग में आ जाए, सिर्फ यही नहीं कि वह मिसाल हो, बल्कि छोटे-छोटे किस्से भी याद हैं जैसे कि राम ने परशुराम को क्या कहा और किस वक्त, कब कितना कहा—यह एक-एक किस्सा मालूम है। या जब शूर्पणखा आई थी तो राम और लक्ष्मण तथा शूर्पणखा में क्या-क्या बातचीत हुई, या जब भरत आए राम को वापस ले जाने के लिए तब उनकी आपस में क्या-क्या बातें हुईं—इन सबकी एक-एक तफसील, इसने यह कहा और उसने वह कहा, मालूम हैं। इसी तरह से कृष्ण और अर्जुन की बातचीत और इसी तरह से शिव के किस्से हिन्दुस्तानी के दिमाग की सतह पर खुदे हुए रहते हैं। एक तो हुआ किस्सों का मालूम होना, दूसरे, किस्सों का दिमाग की सतह पर खुद जाना, तो फिर, वह हमेशा मिसाल की तरह दिमाग की आँखों के सामने रहते हैं, और किसी भी काम पर उनका असर पड़ा करता है।

यों, हरेक देश का अपना इतिहास होता है। इतिहास की घटनाएँ हैं, राजनीति, साहित्यिक और दूसरी। इतिहास की घटनाओं की एक लम्बी जंजीर होती है और उनको लेकर कोई सभ्यता और संस्कृति बना करती है। उनका दिमाग पर असर रहता है। लेकिन इससे अलग, एक और जंजीर, और वह किस्से-कहानियों वाली 'हितोपदेश' और 'पंचतंत्र' वाली। मैं समझता हूँ, आपमें से भी करीब-करीब सभी को मालूम होगा कि किस तरह गंगदत्त नाम के मेढक ने प्रियदर्शन नाम के साँप को एक राजपूत के जरिये कहलाया था कि—किस्से बड़े सुहावने और नाम बड़े सुहावने हुआ करते हैं, मेढक का नाम गंगदत्त और साँप का नाम प्रियदर्शन! वे दूत भेजते हैं और दूत से बातचीत हुआ करती है—देखो गंगदत्त इतना बेवकूफ नहीं है कि अब फिर से कुएँ में आए, क्योंकि भूखे लोगों का कोई धर्म नहीं हुआ करता है। 'हितोपदेश' और 'पंचतंत्र' के इन किस्सों से करोड़ों बच्चों के दिमाग पर कुछ चीजें खुद जाया करती हैं और उसी पर नीतिशास्त्र बना करता है।

मैं जिनका जिक्र आज कर रहा हूँ, वे ऐसे किस्से नहीं हैं। उनके साथ नीतिशास्त्र सीधे नहीं जुड़ा हुआ है। ज्यादा-से-ज्यादा आप यह कह सकते हो

कि किसी भी देश की हँसी और सपने ऐसी महान किंवदन्तियों में खुदे रहते हैं। हँसी और सपने, इन दो से और कोई बड़ी चीज दुनिया में नहीं हुआ करती है। जब कोई राष्ट्र हँसा करता है तो वह खुश होता है, उसका दिल चौड़ा होता है। और जब कोई राष्ट्र सपने देखता है, तो वह अपने आदर्शों में रंग भरकर किस्से बना लिया करता है।

राम, कृष्ण और शिव ये कोई एक दिन के बनाए हुए नहीं हैं। इनको आपने बनाया। इन्होंने आपको नहीं बनाया। आमतौर से तो आप वही सुना करते हो कि राम और कृष्ण और शिव ने हिन्दुस्तान या हिन्दुस्तानियों को बनाया। किसी हद तक, शायद, यह बात सही भी हो, लेकिन ज्यादा सही यह बात हो कि करोड़ों हिन्दुस्तानियों ने, युग-युगान्तर के अन्तर में, हजारों बरस में, राम-कृष्ण और शिव को बनाया। उनमें अपनी हँसी और सपने के रंग भरे और तब राम और कृष्ण व शिव जैसी चीजें सामने हैं।

राम और कृष्ण तो विष्णु के रूप हैं, और शिव महेश के। मोटे तौर से लोग यह समझ लिया करते हैं कि राम और कृष्ण तो रक्षा या अच्छी चीजों की हिफाजत के प्रतीक हैं, और शिव विनाश या बुरी चीजों के नाश के प्रतीक हैं। मुझे ऐसे अर्थ में नहीं पड़ना है। कुछ लोग हैं जिन्हें मजा आता है हरेक किस्से में अर्थ ढूँढ़ने में। मैं अर्थ ढूँढ़ूँगा। मुमकिन है सारा कहना बेमतलब हो, और जितना बेमतलब होगा उतना ही मैं उसे अच्छा समझूँगा, क्योंकि हँसी और सपने तो बेमतलब हुआ करते हैं। फिर भी, असर उनका कितना पड़ता है? छाती चौड़ी होती है। अगर कोई कौम अपनी छाती गौके-गौके पर ऐसी किंवदन्तियों को याद करके चौड़ी कर लेती हो तो फिर उससे बढ़कर क्या हो सकता है? कोई यह न सोचे कि इस विषय से मैं कोई अर्थ निकालना चाहता हूँ—राजनीतिक अर्थ या दार्शनिक अर्थ या और कोई समाज के गठन का अर्थ। जहाँ तक बन पड़े, पिछले हजारों बरसों में जो हमारे देश के पुरखों और हमारी कौम ने इन तीनों किंवदन्तियों में अपनी बात डाली है, उसको सामने लाने की कोशिश करूँगा।

राम की सबसे बड़ी महिमा उनके उस नाम से मालूम होती है, जिसमें कि उन्हें मर्यादा पुरुषोत्तम कहकर पुकारा जाता है जो मन में आया सो नहीं कर सकते। राम की ताकत बँधी हुई है, उसका दायरा खिंचा हुआ है। राम की ताकत पर कुछ नीति की या शास्त्र की या धर्म की या व्यवहार की या, अगर आप आज की दुनिया का एक शब्द ढूँढ़े तो, विधान की मर्यादा है। जिस तरह से किसी भी कानून की जगह, जैसे विधान सभा या लोकसभा पर

विधान रोक लगा दिया करता है, उसी तरह से राम के कामों पर रोक लगी हुई है। वह रोक क्यों लगी हुई है और किस तरह की है, इस बात में अभी आप मत पड़िए। लेकिन इतना कह देना काफी होगा कि पुराने दकियानूसी लोग भी जो राम और कृष्ण को विष्णु का अवतार मानते हैं, राम को तो सिर्फ आठ कलाओं का अवतार मानते हैं और कृष्ण को सोलह कलाओं का अवतार। कृष्ण सम्पूर्ण और राम अपूर्ण! अपूर्ण शब्द सही नहीं होगा, लेकिन अपना मतलब बताने के लिए मैं इस शब्द का इस्तेमाल किये लेता हूँ। ऐसे मामलों में, कोई अपूर्ण और सम्पूर्ण नहीं हुआ करता, लेकिन जाहिर है, जब एक में आठ कलाएँ होंगी और दूसरे में सोलह कलाएँ होंगी, तो उससे कुछ नतीजे तो निकल ही जाया करेंगे।

'भागवत' में एक बड़ा दिलचस्प किस्सा है। सीता खोई थी तब राम को दुख हुआ था। दुख जरा ज्यादा हुआ। किसी हद तक मैं समझ भी सकता हूँ, गो कि लक्ष्मण भी वहाँ पर था और देख रहा था। इसलिए राम का पेड़ों से बात करना और रोना वगैरह कुछ ज्यादा समझ में नहीं आता। अकेले अगर राम रो लेते, तो बात दूसरी थी, लेकिन लक्ष्मण के देखते हुए, पेड़ से बात करना और रोना वगैरह, जरा ज्यादा आगे बढ़ गई बात। कौन जाने, शायद, वाल्मीकि और तुलसीदास को यही पसन्द रहा हो। लेकिन याद रखना चाहिए कि वाल्मीकि और तुलसीदास में भी फर्क है। वाल्मीकि की सीता और तुलसीदास की सीता दोनों में बिलकुल दो अलग-अलग दुनिया का फर्क है। अगर कोई इस पर भी एक किताब लिखना शुरू करे कि सीता हिन्दुस्तान में तीन-चार हजार बरस के दौरान में किस तरह बदली, तो वह बहुत ही दिलचस्प किताब होगी। अभी तक ऐसी किताबें लिखी नहीं जा रही हैं, लेकिन लिखी जानी चाहिए। खैर राम रोए, पेड़ों से बोले, दुखी हुए, और उस वक्त चन्द्रमा हँसा था। जाने क्यों चन्द्रमा को ऐसी चीजों में दिलचस्पी रहा करती है कि वह हँसा करता है, ऐसा लोग कहते हैं वह खूब हँसा। कहा, देखो तो सही, पागल कैसे रो रहा है।

राम विष्णु के अवतार तो थे ही, चाहे आठ ही कला वाले। विष्णु को बात याद थी। न जांने कितने बरसों के बाद कुछ लोग कहते हैं, लाखों बरसों के बाद, हजारों बरसों के बाद, लेकिन मेरी समझ में शायद हजार-दो हजार बरस के बाद—जब कृष्ण के रूप में वे आए तो फिर एक दिन, हजारों गोपियों के बीच में कृष्ण ने भी अपनी लीला रचाई। वे 16,000 थीं या 12,000 थीं, इसका मुझे ठीक अन्दाज नहीं। एक-एक गोपी के अलग-अलग से, कृष्ण सामने आए और बार-बार चन्द्रमा की तरफ देखकर ताना मारा, बोलो, अब

हँसो। जो चन्द्रमा राम को देखकर हँसा था जब राम रोए थे, उसी चन्द्रमा को उँगली दिखाकर कृष्ण ने ताना मारा कि अब जरा हँसो, देखो तो सही। सोलह कला और आठ कला का यह फर्क रहा।

राम ने मनुष्य की तरह प्रेम किया। मैं इस समय इस बहस में बिलकुल नहीं पड़ना चाहता कि सचमुच कृष्ण ने ऐसा प्रेम किया या नहीं किया। यह बिलकुल फिजूल बात है। मैं शुरू में ही कह चुका हूँ कि ऐसी कहानियों का असर ढूँढ़ा जाता है, यह देखकर नहीं कि वे सच्ची हैं या झूठी, लेकिन यह देखकर कि उनमें कितना सच भरा हुआ है, और दिमाग पर उनका कितना असर पड़ता है। यह सही है कि कृष्ण ने प्रेम किया, और ऐसा प्रेम किया कि बिलकुल बेरोए रह गए, और तब चन्द्रमा को ताना मारा। राम रोए तो चन्द्रमा ने विष्णु को ताना मारा; कृष्ण 16,000 गोपियों के बीच में बाँसुरी बजाते रहे, तो चन्द्रमा को विष्णु ने ताना मारा। ये किस्से मशहूर हैं। इसी से आप और नतीजे निकालिए।

कृष्ण झूठ बोलते हैं, चोरी करते हैं, धोखा देते हैं, और जितने भी अन्याय के, अधर्म के काम हो सकते हैं, वे सब करते हैं। जो कृष्ण के सच्चे भक्त होंगे, मेरी बात का बिलकुल भी बुरा न मानेंगे। मुमकिन है कि एकाध नकली भक्त गुस्सा कर जाए। एक बार जेल में मेरा साथ पड़ा था मथुरा के एक बहुत बड़े चौबे जी के साथ और मथुरा तो फिर मथुरा ही है। जितना ही हम उनको चिढ़ाना चाहें, वे खुद अपने-आप कह दें कि हाँ, वह तो माखनचोर था। कोई क्या करे ऐसे आदमी को हम कहें कृष्ण चोर था, वह कहें, हाँ, वह तो माखनचोर था। हम कहें कृष्ण धोखेबाज था, तो वे जरूर कृष्ण का कोई-न-कोई किस्सा धोखेबाजी का सुना दें। जो कृष्ण के सच्चे उपासक हैं, उनको तो मजा मिलता है कृष्ण की झूठ, दया और धोखेबाजी और लम्पटपन को याद करके। सो क्यों? 16 कला हैं। मर्यादा नहीं, सीमा नहीं, विधान नहीं है, यह ऐसी लोकसभा है जिसके ऊपर विधान की कोई रुकावट नहीं है, मन में आए सो करे।

धर्म की विजय के लिए अधर्म से अधर्म करने को तैयार रहने का प्रतीक कृष्ण है। मैं यही तो किस्से नहीं बतलाऊँगा, पर आप खुद याद कर सकते हो कि कब सूरज को छुपा दिया जब कि वह सचमुच नहीं छुपा था, कब एक जुमले के आधे हिस्से को जरा जोर से बोलकर और दूसरे हिस्से को धीमे बोलकर कृष्ण झूठ बोल गए। इस तरह की चालबाजियाँ तो कृष्ण हमेशा ही किया करते थे। कृष्ण सोलह कलाओं का अवतार, किसी चीज की मर्यादा

नहीं। राम मर्यादित अवतार, ताकत के ऊपर सीमा जिसे वे उलाँघ नहीं सकते थे। कृष्ण बिना मर्यादा का अवतार। लेकिन इसके यह मानी नहीं कि जो कोई झूठ बोले और धोखा करे वही कृष्ण हो सकता है। अपने किसी लाभ के लिए नहीं, अपने किसी राग के लिए नहीं। राग शब्द बहुत अच्छा शब्द है हिन्दुस्तान का। मन के अन्दर राग हुआ करते हैं, राग चाहे लोभ के हों, चाहे क्रोध के हों, चाहे ईर्ष्या के हों, राग होते हैं। तो यह सब, वीतराग भय, क्रोध, जिसकी चर्चा हमारे कई ग्रन्थों में मिलती है, भय, क्रोध राग से परे। धोखा, झूठ, बदमाशी और लम्पटपन कृष्ण का, एक ऐसे आदमी का था जिसे अपना कोई फायदा नहीं ढूँढ़ना था, जिसे कोई लोभ नहीं था, जिसे ईर्ष्या नहीं थी। जिसे किसी के साथ जलन नहीं थी, जिसे अपना कोई बढ़ावा नहीं करना था। यह चीज मुमकिन है या नहीं, इस सवाल को आप छोड़ दीजिए। असल चीज है, दिमाग पर असर कि यह सम्भव है या नहीं। हम लोग इसे सम्भव मानते भी हैं, और मैं खुद समझता हूँ कि अगर पूरा नहीं तो अधूरा, किसी-न-किसी रूप में यह चीज सम्भव है।

कभी-कभी, आज के जमाने में भी राम और कृष्ण की तसवीरें हिन्दुस्तान के बड़े लोगों को समझते हुए, आपकी आँखों के सामने नाचा करती होंगी। न नाचती हों तो अब आगे से नाचेंगी। एक बार मेरे दोस्त ने कहा था, गांधी जी के मरने पर, कि साबरमती या काठियावाड़ की नदियों का बालक यमुना के किनारे जलाया गया, और जमुना का बालक काठियावाड़ की नदियों के किनारे जलाया गया था। फासला दोनों में हजारों बरस का है। काठियावाड़ की नदियों का बालक और जमुना नदी का बालक, दोनों में शायद, इतना सम्बन्ध न दीख पाता होगा। मुझे भी नहीं दीखता था, कुछ अरसे पहले तक, क्योंकि गांधी जी ने खुद राम को याद किया और हमेशा याद किया। जब कभी गांधी जी ने किसी नाम को लिया, तो राम का लिया। कृष्ण का नाम भी ले सकते थे। और शिव का नाम भी ले सकते थे वे। लेकिन नहीं उन्हें एक मर्यादित तसवीर हिन्दुस्तान के सामने रखनी थी, एक ऐसी ताकत जो अपने ऊपर नीति, धर्म या व्यवहार की रुकावटों को रखे—मर्यादा पुरुषोत्तम का प्रतीक।

मैंने भी सोचा था, बहुत अरसे तक, कि शायद गांधी जी के तरीके कुछ मर्यादा के अन्दर रहकर ही हुए। ज्यादातर यह बात सही भी है लेकिन पूरी सही भी नहीं है। और यह असर दिमाग पर तब पड़ता है, जब आप गांधी जी के लेखों और भाषणों को एक साथ पढ़ें। अंग्रेजों और जर्मनों की लड़ाई के दौरान में हर हफ्ते 'हरिजन' में उनके लेख या भाषण छपा करते थे। हर हफ्ते उनकी

जो बोली निकलती थी, इसमें इतनी ताकत और इतना माधुर्य होता है कि मुझ जैसे आदमी को भी समझ में नहीं आता था कि बोली शायद, बदल रही है हर हफ्ते। बोली तो खैर हमेशा बदला करती है, लेकिन उसकी बुनियादें बदल गईं। ऐसा लगता था कि कृष्ण अपनी बोली की बुनियाद बदल दिया करते थे, राय नहीं बदलते थे। कुछ महीने पहले का किस्सा है कि एकाएक मैंने, लड़ाई के दिनों में गांधी जी ने जो कुछ लिखा था, हर हफ्ते से लगातार, उसमें से छः महीनों की बातें एक साथ जब मैंने पढ़ीं, तब पता चला कि किस तरह बोली बदल जाती थी। जिस चीज को आज अहिंसा कहा, उसी को दो-तीन महीने बाद हिंसा कह डाला और उसका उलट, जिसे हिंसा कहा, उसे अहिंसा कह डाला। वक्ती तौर पर अपने संगठन के नीति-नियमों के मुताबिक जाने के लिए और अपने आदमियों को मदद पहुँचाने के लिए बुनियादी सिद्धान्तों के बारे में भी बदलाव करने के लिए वे तैयार रहते थे। यह किया उन्होंने, लेकिन ज्यादा नहीं किया।

मैं यह नहीं कहना चाहूँगा कि गांधी जी ने कृष्ण का काम बहुत ज्यादा किया, लेकिन काफी किया। इससे कहीं यह न समझना कि गांधी जी मेरी नजरों में गिर गए, कृष्ण मेरी नजरों में कहाँ गिर गए। ये तो ऐसी चीजें हैं जिनका सिर्फ सामना करना पड़ता है। गिरने-गिराने का तो कोई सवाल है नहीं। लेकिन यह कि आदमी को अपनी कसौटियाँ हमेशा पैनी और साफ रखनी चाहिए कि जिससे पता चल सके कि आज जिस किसी चीज को उसने आदर्श बनाया है या जिन सिद्धान्तों को अपनाया है, उन्हें वह सचमुच लागू किया करता है या नहीं। जैसे, साधनों की शुचिता या जिस तरह के मकसद हों, उसी तरह के तरीके हों, इन सिद्धान्त को गांधी जी ने न सिर्फ अपनाया बल्कि बार-बार दुहराया। शायद इसी को उन्होंने अपनी जिन्दगी का सबसे बड़ा मकसद समझा कि अगर मकसद अच्छे बनाने हैं तो तरीके भी अच्छे बनाने पड़ेंगे। लेकिन आपको याद होगा कि किस तरह बिहार के भूकम्प को अछूत-प्रथा का नतीजा बताकर उन्होंने एक अच्छा मकसद हासिल करना चाहा था कि हिन्दुस्तान से अछूत-प्रथा खत्म हो। बहुत बढ़िया मकसद था, इसमें कोई शक नहीं। उन दिनों जब रवीन्द्रनाथ ठाकुर और महात्मा गांधी में बहस हुई थी, तो मुझे एकाएक लगा कि रवीन्द्रनाथ ठाकुर क्यों यह तीन-पाँच कर रहे हैं। आखिर गांधी जी कितना बड़ा मकसद हासिल कर रहे हैं। जाति-प्रथा मिटाना, हरिजन और अछूत-प्रथा मिटाना, इससे बड़ा और क्या मकसद हो सकता है। लेकिन उस मकसद को हासिल करने के

लिए कितना बड़ा झूठ बोल गए कि बिहार का भूकम्प हुआ इसलिए कि हिन्दुस्तानी लोग आपस में अछूत-प्रथा चलाते हैं। भला भूकम्प और तारे एवं आसमान, पानी और सूरज वगैरह को भी इससे क्या पड़ा हुआ है कि हिन्दुस्तान में अछूत-प्रथा चलती है या नहीं चलती है।

मैं, इस समय, बुनियादी तौर से राम और कृष्ण के बीच इस फर्क को सामने रखना चाहता हूँ कि एक तो मर्यादा पुरुषोत्तम है, एक की ताकतों के ऊपर रोक है, और दूसरा बिना रोक का, स्वयंभू है। यह सही है कि वह राग से परे है, राग से परे रहकर सब कुछ कर सकता है और उसके लिए कोई नियम और उपनियम नहीं।

शिव एक निराली अदा वाला है। दुनिया-भर में ऐसी कोई किंवदन्ती नहीं जिसकी न लम्बाई है, न चौड़ाई है और न मोटाई। एक फ्रांसीसी लेखक ने शिव के बारे में एक बार कहा था कि वह तो एक 'नान डाइमेंशनल मिथ' है, (अंग्रेजी शब्द है, फ्रांसीसी नहीं) यानी ऐसी किंवदन्ती जिसकी कोई सीमा नहीं है, जिसकी कोई हदें नहीं हैं—न लम्बाई, न चौड़ाई, न मोटाई। किंवदन्तियाँ दुनिया में और जगह भी हैं, खासतौर से पुराने मुल्कों में, जैसे ग्रीस आदि में बहुत हैं। कहाँ नहीं हैं? बिना किंवदन्तियों के कोई देश रहा ही नहीं, और जितने पुराने देश हैं उनमें किंवदन्तियाँ ज्यादा हैं। मैंने शुरू में कहा था कि एक तरफ 'हितोपदेश' और 'पंचतंत्र' की गंगदत्त और प्रियदर्शन जैसी बच्चों की कहानियाँ हैं, तो दूसरी तरफ, हजारों बरस के काम के नतीजे के स्वरूप कुछ लोगों में कौम की हँसी और सपने भरे हुए हैं, ऐसी किंवदन्तियाँ हैं।

शिव ही एक ऐसी किंवदन्ती है जिसके ना आगा है न पीछा। यहाँ तक कि वह किस्सा मशहूर है कि जब ब्रह्मा और विष्णु आपस में लड़ गए—ये देवी-देवता खूब लड़ा करते हैं, कभी-कभी आपस में—तो शिव ने उनसे कहा, लड़ो मत। जाओ तुममें से एक मेरे सिर का पता और दूसरा मेरे पैर का पता लगाए और फिर लौटकर आकर मुझसे कहो। जो पहले पता लगा लेगा, उसकी जीत हो जाएगी। दोनों पता लगाने निकले। शायद अब तक पता लगा रहे हों। जो ऐसे किस्से-कहानियाँ गढ़ा करते हैं उनके लिए वक्त का कोई मतलब नहीं रहता। उनके लिए एक मिनट के मानी एक करोड़ बरस। कोई हिसाब और गणित वगैरह का सवाल नहीं उठता उनके सामने। खैर, किस्सा यह है कि बहुत अरसे के बाद, न जाने कितने लाखों बरस के बाद ब्रह्मा और विष्णु दोनों लौटकर आए और शिव से बोले कि भई, पता तो नहीं लगा। तब उन्होंने कहा कि फिर क्यों लड़ते हो, फिजूल हो।

यह असीमित किंवदन्ती है। इसके बारे में, बार-बार मेरे दिमाग में एक खयाल उठ आता है कि दुनिया में जितने भी लोग हैं, चाहे ऐतिहासिक और चाहे किंवदन्ती के, उन सबके कर्मों को समझने के लिए कर्म और फल, कारण और फल देखना पड़ता है। उनके जीवन में ऐसी घटनाएँ हैं कि जिन्हें एकाएक नहीं समझा जा सकता। वे अजीब-सी मालूम पड़ती हैं। उन घटनाओं को समझने के लिए पहले का कारण ढूँढ़ना पड़ता है और बाद का फल ढूँढ़ना पड़ता है। तब जा करके वे सही मालूम पड़ती हैं। आप भी अपनी आपस की घटनाओं को सोच लेना। आपके आपस में रिश्ते होंगे। न जाने कितनी बातें होती होंगी। बड़े लोगों के मानो सिर्फ यह है कि जिनका नाम हो जाया करता है, और कोई मतलब नहीं है, चाहे वे बदमाश ही लोग क्यों न हों, और आमतौर से बदमाश लोगों का ही नाम हुआ करता है। खैर, बड़े लोग हों, छोटे लोग हों, कोई हों, उनके आपसी रिश्ते होते हैं। उन आपसी रिश्तों के प्रकाश की एक श्रृंखला होती है—एक कड़ी के बाद एक कड़ी, एक कड़ी के बाद एक कड़ी। अगर कोई चाहे कि उनमें से किसी एक ही कड़ी को पकड़कर पता लगाए कि आदमी अच्छा है या बुरा, तो गलती कर जाएगा क्योंकि उस कड़ी के पहले वाली कड़ी कारण के रूप में है और उसके बाद वाली कड़ी फल के रूप में है। क्यों किया? कई बार ऐसे काम मालूम होते हैं जो बजाते खुद बुरे हैं, गन्दे हैं, या झूठे हैं। उदाहरण मैंने कृष्ण के लिए कहा। वह सबके लिए है। लेकिन वह काम क्यों हुआ, उसका कारण क्या था और उसको करने के बाद परिणाम क्या निकला, यह सब देखना पड़ता है। कारण और परिणाम देखना, हर आदमी और हर किस्से और सीमित किंवदन्ती को समझने के लिए जरूरी होता है।

शिव ही एक ऐसी किंवदन्ती है जिसका हरेक काम, बजाते खुद अपने औचित्य को अपने-आप में रखता है। कोई भी काम आप शिव का ढूँढ़ लो, वह उचित काम होगा। उसके लिए पहले की कोई कड़ी नहीं ढूँढ़नी पड़ेगी और न बाद की कोई कड़ी। क्यों शिव ने ऐसा किया, उसका क्या नतीजा निकला, यह सब देखने की कोई जरूरत नहीं होगी। औरों के लिए इसकी जरूरत पड़ जाएगी। राम के लिए जरूरत पड़ेगी, कृष्ण के लिए जरूरत पड़ेगी, दुनिया में हरेक आदमी के लिए इसकी जरूरत पड़ेगी, और जो दुनिया-भर के किस्से हैं, उनके लिए जरूरत पड़ेगी। क्यों उसने ऐसा किया? पहले की बात याद करनी होगी कि क्या बातें हुईं, क्या कारण था, किसलिए उसका यह काम हुआ और फिर उसके क्या नतीजे निकले। हमेशा दूसरे लोगों के बारे में कर्म

और फल की एक पूरी कड़ी बँधती है। लेकिन मुझे तो, ढूँढ़ने पर भी, शिव का ऐसा कोई काम नहीं मालूम पड़ा कि मैं कह सकूँ कि उन्होंने क्यों ऐसा किया; ढूँढ़ों, बाद में उसका क्या परिणाम निकला। यह चीज बहुत बड़ी है।

आज की दुनिया में प्रायः सभी लोग अपने मौजूदा तरीके को, गन्दे कामों को उचित बताते हैं, यह कहकर कि आगे चलकर उसके परिणाम अच्छे निकलेंगे। वे एक कड़ी बाँधते हैं। आज चाहे वे गन्दे काम हों, लेकिन हमेशा उसकी कड़ी जोड़ेंगे कि भविष्य में कुछ ऐसे नतीजे उसके निकलेंगे कि वह काम अच्छे हो जाएँगे। कारण और फल की ऐसी शृंखला खुद अपने दिमाग में बाँधते हैं, और दुनिया के दिमाग में बाँधते हैं कि किसी भी काम के लिए कोई कसौटी नहीं बना सकती मानवता। आखिर कसौटियाँ होनी चाहिए। काम अच्छा है या बुरा, इसका कैसे पता लगाएँगे। कोई कसौटी होनी ही चाहिए। अगर एक के बाद एक कड़ी बाँध देते हों तो फिर कोई कसौटी नहीं रह जाती। फिर तो मनमानी होने लग जाती है, क्योंकि जितनी लम्बी जंजीर हो जाएगी, उतना ही ज्यादा मौका मिलेगा लोगों को अपनी मनमानी बात उसके अन्दर रखने का। ऐसा दर्शन बनाओ, ऐसा सिद्धान्त बनाओ कि जिसमें मौजूदा घटनाओं को जोड़ दिया जाए, किसी बड़ी, दूर भविष्य की घटना से, तो फिर मौजूदा घटनाओं में कितना ही गन्दापन रहे, लेकिन उस दूर के भविष्य की घटना, जो होने वाली है, जिसके बारे में कोई कसौटी बन नहीं सकती कि वह होगी या नहीं होगी इसके बारे में बहुत हद तक आदमी को मानकर चलना पड़ता है कि वह शायद होगी, उसको लेकर मौजूदा घटनाओं का औचित्य या अनौचित्य ढूँढ़ा जाता है। और यह हमेशा हुआ है। मैं यहाँ मौजूदा दुनिया के किस्से तो बताऊँगा नहीं, लेकिन इतना आपसे कह दूँ कि प्रायः, यह जरा अति बोली है, लेकिन प्रायः हरेक राजनीति की, समाज की, अर्थशास्त्र की घटना ऐसी ही है कि जिसका औचित्य या तो कोई पुरानी बड़ी या कोई आगे आने वाली किसी जंजीर के साथ बाँधा जाता है।

यहाँ मैं सिर्फ कृष्ण का ही किस्सा बता देता हूँ कि अश्वत्थामा के बारे में धीमे से बोलना या जोर से बोलने के औचित्य और अनौचित्य कौन, कौरव-पांडवों की लड़ाई से बहुत पुराना किस्सा, बहुत आगे आने वाली घटना के साथ जोड़ दिया जाता है। यह खुद बुरा काम है, मानकर चलना पड़ता है। लेकिन उस बुरे काम का औचित्य साबित हो जाता है पुराने कारण से और भविष्य में आने वाले परिणाम से। आप शिव का ऐसा कोई किस्सा नहीं पाओगे। शिव का हरेक किस्सा अपने-आप उचित है। उसी के अन्दर सब कारण और सब

फल भरे हुए हैं। जिससे मालूम पड़ता है कि वह सही है, ठीक है, उसमें कोई गलती हो नहीं सकती।

मुझे शिव के किस्से यहाँ नहीं सुनाने हैं। मशहूर तो बहुत हैं। शायद, पार्वती को अपने कन्धे पर लादे फिरने वाला किस्सा, इतनी तफसील में कि पार्वती के शरीर का कौन सा अंग कहाँ गिरा और कौन सा मन्दिर कहाँ बना, सबको मालूम है। गौतम बुद्ध और अशोक के बारे में या अकबर के बारे में ऐसे किस्से नहीं मशहूर हैं। शिव के वे सब किस्से बहुत मशहूर हैं और अच्छी तरह से लोगों को मालूम हैं। अगर नहीं मालूम हों तो जरा ये किस्से सुन लिया करो, अभी आपकी दादी जिन्दा होंगी तो उससे। दादी जिन्दा न हों तो नानी जिन्दा होगी, कोई-न-कोई होगी, और अगर वह भी न हो, तो अपनी बीबी से सुन लिया करो।

शिव का कोई भी किस्सा अपने-आप उचित है। ऐसा लगता है कि जैसे किसी आदमी की जिन्दगी में चाहे हजारों घटनाएँ हुई हों और उनमें से एक-एक घटना खुद एक जिन्दगी है। उसके लिए पहले की दूसरी घटना और आगे की दूसरी घटना की कोई जरूरत नहीं रहती। शिव बिना सीमा की किंवदन्ती है और बहुत से मामलों में छाती को बहुत चौड़ा करने वाली, और उसके साथ-साथ आदमी को एक उँगली की तरह रास्ता दिखाने वाली कि जहाँ तक बन पड़े, तुम अपने हरेक काम को बिना पहले के कारण और बिना आगे के परिणाम को देखे हुए भी उचित बनाओ।

हो सकता है, राम और कृष्ण एवं शिव, इन तीनों को लेकर कइयों के दिमाग में अलगाव की बातें भी उठती हों। मैं आपके सामने अभी एक विचार रख रहा हूँ। जरूरी नहीं है कि इसको आप मान ही लें। हरेक चीज को मान लेने से ही दिमाग नहीं बढ़ा करता। उसको सुनना, उसको समझने की कोशिश करना और फिर उसको छोड़ देने से भी, कई दफे, दिमाग आगे बढ़ा करता है। मैं खुद भी इस बात को पूरी तरह से अपनाता हूँ सो नहीं। एकाएक एक बार मैंने जब 1951-52 के आम चुनावों के नतीजों पर सोचना शुरू किया तो मेरे दिमाग में एक अजीब-सी बात आई। आपको याद होगा कि 1951-52 में हिन्दुस्तान में आम चुनावों में एक इलाका ऐसा था कि जहाँ कम्युनिस्ट जीते थे दूसरा इलाका ऐसा था जहाँ सोशलिस्ट जीते थे, तीसरा इलाका ऐसा था जहाँ धर्म के नाम पर कोई-न-कोई संस्था जीती थी। यों, सब जगह कांग्रेस जीती थी और सरकार उसी की रही। मैं इस वक्त सबसे बड़ी पार्टी की बात नहीं कर रहा हूँ—नम्बर दो पार्टी की बात कह रहा हूँ। सारे देश में नम्बर एक पार्टी तो

कांग्रेस पार्टी रही। लेकिन हिन्दुस्तान के इलाके कुछ ऐसे साफ-से थे जहाँ पर ये तीनों पार्टियाँ जीतीं, अलग-अलग, यानी कहीं पर कम्युनिस्ट नम्बर दो पर रहे, कहीं पर सोशलिस्ट नम्बर दो पर रहे और कहीं पर ये जनसंघ, रामराज्य परिषद वगैरह मिल-मिलाकर—इन सबको तो एक ही समझना चाहिए—नम्बर दो रहे। मैं यह नहीं कहता कि जो कुछ मैं कह रहा हूँ वह सही है। मुमकिन है, इसके ऊपर अगर हिन्दुस्तान के कालेज और विश्वविद्यालय जरा दिमाग कुछ चौड़ा करके देखते—कुछ तफरीही दिमाग से, क्योंकि तफरीह में भी कई चीजें की जाती हैं, चाहे वे सही निकलें, न निकलें—तो हिन्दुस्तान के नक्शे के तीन हिस्से बनाते। एक नक्शा वह, जहाँ राम सबसे ज्यादा चला हुआ है, दूसरा वह, जहाँ कृष्ण सबसे ज्यादा चला हुआ है। तीसरा वह जहाँ शिव सबसे ज्यादा चला हुआ है। मैं जब राम, कृष्ण और शिव कहता हूँ तो जाहिर है, उनकी बीवियों को शामिल कर लेता हूँ। उनके नौकरों को भी शामिल कर लेना चाहिए। क्योंकि ऐसे भी इलाके हैं जहाँ हनुमान चलता है जिसके साफ माने हैं कि वहाँ राम चलता है; ऐसे इलाके हैं जहाँ काली और दुर्गा चलती हैं, इसके साफ माने हैं कि वहाँ शिव चलता है। हिन्दुस्तान के इलाके हैं जहाँ पर इन तीनों ने अपना दिमागी साम्राज्य बना रखा है। दिमागी साम्राज्य भी रहा करता है। विचारों का, किंवदन्तियों का।

मोटे तौर पर शिव का इलाका वह इलाका था जहाँ कम्युनिस्ट नम्बर दो हुए थे, मोटे तौर पर। उसी तरह कृष्ण का इलाका वह था जहाँ संघ और रामराज्य परिषद वाले नम्बर दो हुए थे। मोटे तौर पर राम का इलाका वह था जहाँ सोशलिस्ट नम्बर दो हुए थे। मैं जानता हूँ कि मैं खुद चाहूँ तो इस विचार को एक मिनट में तोड़ सकता हूँ, क्योंकि ऐसे बहुत से इलाके मिलेंगे जो जरा दुविधा के रहते हैं। किसी बड़े खयाल को तोड़ने के लिए छोटे-छोटे अपवाद निकाल देना कौन सी बड़ी बात है। खैर, मोटे तौर पर मुझे ऐसे लगता है कि हिन्दुस्तान की किंवदन्तियों के इन तीन साम्राज्यों के मुताबिक ही हिन्दुस्तान की जनता ने अपनी विरोधी शक्तियों को चुनने की कोशिश की। आप कह सकते हैं कि अभी तो तुमने शिव की बड़ी तारीफ की थी। तुम्हारा यह शिव कैसा निकला। वहाँ पर शिव की किंवदन्ती का साम्राज्य है वहाँ तो कम्युनिस्ट जीत गए। तो, फिर, मुझे यह भी कहना पड़ता है कि जरूरी नहीं है कि इन किंवदन्तियों के अच्छे ही असर पड़ते हैं, सब तरह के असर पड़ सकते हैं।

शिव अगर नीलकंठ हैं और दुनिया के लिए अकेले जहर को अपने गले में बाँध सकते हैं, तो, उसके साथ-साथ धतूरा खाने और पीने वाले भी हैं।

शिव की दोनों तसवीरें साथ-साथ जुड़ी हुई हैं। मान लो, थोड़ी देर के लिए, वे धतूरा न भी खाते रहे हों। फिर से मैं बता दूँ कि ये सवाल सच्चाई और झुठाई के नहीं हैं। यह तो सिर्फ किसी आदमी के दिमाग का एक नक्शा है। हिन्दुस्तान में करोड़ों लोग समझते हैं कि शिव धतूरा पीते हैं, शिव की पलटन में लूले-लँगड़े हैं, उसमें तो जानवर भी हैं, भूत-प्रेत भी हैं, और सब तरह की बातें जुड़ी हुई हैं। लूले-लँगड़े, भूखे के मानी क्या हुए? गरीबी का आदमी।

शिव का वह किस्सा भी आपको याद होगा कि शिव ने सती को मना किया था कि देखो तुम अपने बाप के यहाँ मत जाओ, क्योंकि उसने तुमको बुलाया नहीं। बहुत बढ़िया किस्सा है यह। शिव ने कहा था कि जहाँ पर विरोध हो गया हो वहाँ पर बिना बुलाए मत जाओ, उसमें कल्याण नहीं हुआ करता है पर फिर भी सती गई। यह सही है कि उसके बाद शिव ने अपना, वक्ती तौर पर—जैसा मैंने कहा, वही काम खुद अपने-आप में उचित है—बहुत जबरदस्त गुस्सा दिखाया था। और उसकी पलटन कैसी थी! धगद्धगज्ज्वलल्ल्लाट पट्टावके किशोर चन्द्र शेखरे...शिव की जो तसवीरें अक्सर आँख के सामने आती हैं वह किस तरह की हैं। जटा में चन्द्रमा है, लेकिन लपटें ज्वाला की निकल रही हैं, धगद्धगद हो रहा है। सब तरह की, एक बिना सीमा की किंवदन्ती सामने खड़ी हो जाती है—शक्ति की, फैलाव की, सब तरह के लोगों को साथ समेटने की।

इसी तरह, जाहिर है, कृष्ण और राम की किंवदन्तियों के भी दूसरे स्वरूप हैं। राम चाहे जितने ही मर्यादा पुरुषोत्तम रहे हों, लेकिन, अगर उनके किस्से का मामला बैलगाड़ी की पुरानी लीक तक ही फँसकर रह जाए तो फिर उनके उपासक कभी आगे बढ़ नहीं सकते। वे लकीर में बँधे रह जाएँगे। यह सही है कि राम के उपासक, शायद, बहुत बुरा काम नहीं करेंगे, क्योंकि बुराई करने में भी वे मर्यादा से बँधे हैं, अगर अच्छाई करने में मर्यादा से बँधे हुए हैं तो, वे दोनों तरफ बँधे हुए हैं। शिव या कृष्ण में इस तरह बन्धन का कोई मामला नहीं है। कृष्ण में तो किसी भी नीति के बन्धन का मामला नहीं है। और शिव में हर एक घटना खुद इतने महत्त्व की हो जाती है कि अपनी सम्पूर्ण शक्ति उसमें लगाकर, उस वक्त भी पूरी हद तक पहुँच सकते हैं या उससे बाहर, और उसके बाद जैसा कि दक्षिणवालों को तो यह कहीं ज्यादा मालूम होगा, उत्तरवालों के मुकाबले में। तांडव की भी कोई बुनियाद होती है—एक गाढ़ निद्रा—एकाएक आँखें खुलीं, लीला देखी, लीला के साथ-साथ आँखें इधर-उधर मटकाई और देखकर फिर आँखें बन्द हो गईं। फिर, मुमकिन है, एक

दूसरी सतह पर आँखें बन्द हुईं और एक लीला हुई और चली गई, आँखें खुलीं और बन्द हुईं।

इससे एक तामस भी जुड़ा हुआ है। शान्ति सतोगुण का प्रतीक है। लेकिन अगर शान्ति कहीं बिगड़ना शुरू हो जाए तो फिर वह तामस का रूप ले लिया करती है। चुप बैठो, कुछ करो मत, धगद्धगद होता रहे, धतूरा या धतूरे के प्रतीक कोई-न-कोई चीज चलती रहे। और हमारे देश में अकर्मण्यता का तो बहुत जबरदस्त दार्शनिक आधार है, कर्म नहीं करने का। यह सही है कि अलग-अलग मौकों पर हिन्दुस्तान के इतिहास में अलग-अलग दार्शनिकों ने कर्म के सिद्धान्त को अपने हिसाब से समझने की कोशिश की है। लेकिन बुनियादी तौर पर हिन्दुस्तान का असली कर्म-सिद्धान्त यही है कि जहाँ तक बन पड़े अपने-आपको कर्म की फाँस से रिहा करो। यह सही है कि जो पुराने संचित कर्म हैं, उनसे तो छूट सकते नहीं, उनको तो भुगतना पड़ेगा, वे तो और नये कर्मों में आएँगे ही, लेकिन कोशिश यह करो कि नये कर्म न आएँ। हिन्दुस्तान की सभ्यता का यह मूलभूत आधार कभी नहीं भूलना चाहिए, कि नये काम मत करो, पुराने कामों को भुगतना ही पड़ेगा और जब कामों की शृंखला टूट जाएगी तभी मोक्ष मिलेगा। और शिव जैसी किंवदन्ती और इस तरह के विचार के मिल जाने के बाद, कई बार तामस भी आ जाता है—उसके साथ-साथ एकाएक कोई विस्फोट हो जाया करता है यानी जिसके आगे और पीछे कुछ है नहीं, नतीजा निकले या न निकले, क्योंकि, जहाँ हर एक कर्म अपने औचित्य को अपने-आप में रखता है और न आगे है न पीछे है, वहाँ, अगर किंवदन्ती कहीं बिगड़ गई तो यह सम्भावना हो जाया करती है कि विस्फोट हो जाए। उसका आगे है न पीछे है और न ही कोई तात्पर्य है। फिर, जब किंवदन्तियाँ बिगड़ती हैं, तो वे, चाहे राम का इलाका हो, चाहे कृष्ण का इलाका हो, चाहे शिव का इलाका हो, बिगड़ती ही चली जाती हैं।

मैं समझता हूँ, किसी हद तक, मैंने इन तीन किंवदन्तियों के स्वरूप आपके सामने रखे—बड़े स्वरूप। इनके किस्से किसी भी कौम के लिए मनोहर हैं और छाती को चौड़ा करने वाले हैं। जरूरी नहीं है कि कोई उन किस्सों को माने। झूठे हैं तो इससे मुझे क्या मतलब? किस्से तो हैं न। हम उपन्यास पढ़ते हैं कि नहीं पढ़ते। 'हितोपदेश' और 'पंचतंत्र' के गंगदत्त और प्रियदर्शन को याद रखते हैं। ये किस्से ऐसे हैं जिन्हें हर एक कौम, अपनी हँसी और अपने सपने को दिमाग की सतह पर, जो बहुत बुनियादी और गहरी सतह है, उस पर खोदकर रखा करती है। इन किस्सों के बारे में सावधान होकर रहना चाहिए।

वह नीलकंठ शिव, जिसके हर एक काम का औचित्य उसके अन्दर बना हुआ है। वह मर्यादा पुरुषोत्तम राम और वह योगेश्वर कृष्ण जो लीला करके चन्द्रमा को ताना मारा करता है। ये सब किसी भी आदमी के दिल को बड़ा करने वाले किस्से हैं। पुराने देश ने इस बात का भी कुछ थोड़ा-बहुत इन्तजाम किया है कि ये किंवदन्तियाँ आपस में न टकराएँ। अगर वे कहीं टकराती हैं, शायद मुमकिन है भी, तो, बोल-चाल में कहीं लोगों में गरम बोलचाल हो गई हो आपस में। ज्यादा-से-ज्यादा, मारपीट इस हद तक हुई होगी कि लोगों ने मूर्तियाँ तोड़ी हों। मूर्तियाँ तो आज भी टूटती हैं और पहले के जमाने में भी टूटी होंगी। इसमें आदमी को बहुत ज्यादा सोच-विचार नहीं करना चाहिए। यह सब तो लीला की तरह चलता रहता है, आँखें खोलो और बन्द करो। कहीं पर मूर्ति टूट गई या बन गई, यह सब तो चला करता है। खैर। ये इन्तजाम किये गए हैं कि तीनों आपस में टकराएँ नहीं।

और सिर्फ जमुना और सरयू में ही एका करने की कोशिश नहीं की गई। जब तुलसीदास गए जमुना के किनारे, तो उन्होंने सिर नवाने से इनकार किया, यह जानते हुए कि सब एक ही माया है। लेकिन उन्होंने कहा कि भई हाथ में धनुष-बाण लो, अपनी मुरली अलग रखो, तब मैं अपना सिर नवाऊँगा। तो फिर, मुरली अलग हुई, धनुष-बाण हाथ में आया, जमुना और सरयू एक हो गईं। और, हमारे यहाँ के जो गाने-बजाने वाले लोग हैं, उनसे बढ़कर इन मामलों में कोई और नहीं हो सकते, जो राम को हमेशा जमुना के तट पर होली खिलवाकर छोड़ दिया करते हैं। जमुना के तट पर राम होली खेलें! तो अब कहो कि वह कौन सी बात है। सरयू के तट पर कृष्ण जाकर कौन सी अपनी रासलीला रचाएँ। ये सब चीजें हमारे लेखक कर दिया करते हैं। और लेखक कोई मामूली आदमी थोड़े ही होते हैं, पर हर लेखक नहीं। बड़ा लेखक बहुत बड़ा आदमी होता है। वह राम को भेज देता है जमुना-किनारे और कृष्ण को भेज देता है, सरयू-किनारे। फिर यह क्यों न सम्भव हो कि हिन्दुस्तानी लोग भी ऐसे किंवदन्ती को अपनी आँखों के सामने लाएँ कि जिसमें शिव अपनी जटा में सिर्फ चन्द्रमा ही नहीं, मुरली वाले कृष्ण को लिये हों, और मर्यादा पुरुषोत्तम राम के साथ तांडव कर रहे हों। लाने को ऐसी तसवीरें लोग अपनी आँखों में ला ही सकते हैं, शायद आ जाए हिन्दुस्तान में।

मेरा बिलकुल यह मतलब नहीं था कि कोई उपदेश करूँ। उपदेश मैं कर भी क्या सकता हूँ। उपदेश करना बेवकूफी होगी। इसका सिर्फ एक मकसद था कि इन तीन किंवदन्तियों के कुछ पहलुओं को आपके सामने लाना कि

जिसमें कुछ किस्से-कहानियों को याद करके आपकी तबीयत कुछ खुश हो, आप कुछ हँसें और कुछ सपने देखें।

छ: महीने तक मरी हुई पार्वती को अपने कन्धों पर लादकर ले चलना, यह भी एक अनोखा प्रेम है। लड़ाई के मैदान में दुनिया के शायद सबसे बड़े दर्शन को गीत के रूप में कह देना, यह भी एक अनोखा दर्शन है। यों, हिन्दुस्तान में एक अजीब खूबी पाई गई है कि अपने दर्शन को उसने गीत के रूप में कहा। और कौमों ने भी इसकी कोशिश की, लेकिन जिस किसी सबब से हो, उतनी सफलता नहीं मिली। उसी तरह से, राम ने भी अपनी ताकत को मर्यादा के अन्दर रखकर अपना काम किया। जब रावण मरा था तो राम ने लक्ष्मण को रावण से राजनीति सीखने के लिए कहा कि जाओ, सीखकर आओ। पहले नहीं भेजा था। हर एक चीज का अपना वक्त होता है। कई लोग कहते हैं कि राम बड़ा चतुर था। हो सकता है वह चतुर रहा हो। लक्ष्मण और परशुराम के संवाद में अक्सर ऐसा मालूम होता है कि जैसे बड़े भाई मजे में उकसा रहे हों छोटे भाई को, कि तुम ताना मारो मैं तो हूँ ही, अगर मामला बिगड़ेगा तो बचा ही लूँगा। तुम जरा मामला बढ़ाते रहो। उसी तरह से, शूर्पणखा के मामले में, मालूम पड़ता है कि बड़े भाई साहब छोटे भाई साहब को अगर उकसा नहीं रहे हैं तो कम-से-कम मजा तो जरूर ले रहे हैं। आप देखते होंगे कि जिन्दगी में भी, जब कभी किसी दल के दो-तीन लोग होते हैं तो वे आपस में, चाहे पहले बातचीत हुई हो या न हुई हो, एक ऐसा इन्तजाम-सा कर लिया करते हैं कि एक तो दुश्मन को जरा शान्त करेगा और अपने आदमी को जरा डाँटेगा-डूँटेगा, तब दूसरा जरा गुस्से में बोलेगा, और फिर दोनों मिलकर उसके ऊपर हावी हो जाएँगे। खैर। राम ने लक्ष्मण को कभी भी रावण के पास लड़ाई के दौरान में नहीं भेजा। जब रावण मर गया, तब भेजा। लक्ष्मण लौटकर आया, बोला—रावण तो कुछ बोलने को ही तैयार नहीं। तब राम ने उससे पूछा—तुमने किया क्या था? लक्ष्मण ने कहा, मैं वहाँ गया और मैंने रावण से कहा कि मुझे राजनीति-शास्त्र बताओ। तब राम ने पूछा—तुम कहाँ खड़े हुए थे? लक्ष्मण ने कहा कि रावण लेटा पड़ा था, मर रहा था और मैं उसके सिर के बगल में खड़ा हुआ। तो राम बोले—इस तरह से सीखा करते हो, जाओ, पैर के पास खड़े रहो, फिर सवाल पूछो और तब जवाब माँगो। लक्ष्मण फिर गया, पैर के पास खड़ा रहा तो उसे जवाब मिला। ऐसे बढ़िया-बढ़िया किस्से हैं।

छोटा-सा किस्सा है कि दुश्मन है, बहुत बड़ी लड़ाई लड़ी गई और जब दुश्मन मर गया तब उसके पास अपना आदमी जाता है; मर गया तब। पहले

नहीं। मुमकिन है, मेरे किस्से को मेरे ही खिलाफ कुछ लोग इस्तेमाल कर दें और कहें कि तुम इस किस्से को बता रहे हो, तुम्हें जाना चाहिए, लेकिन रावण मरे तब लक्ष्मण जाता है, मरने के पहले नहीं। और जाकर सिरहाने नहीं खड़ा होना चाहिए, पैंताने खड़ा होना चाहिए। जब बैठो कहीं मेज पर तो देखकर बैठो कि बगल वाले को कोई तकलीफ तो नहीं हो रही है। कहीं अपनी जगह से तो ज्यादा नहीं ले रहे हो वगैरह, वगैरह। खैर। यहाँ मुझे सिर्फ इतना ही बताना है कि इन किस्सों की एक-एक तफसील में, एक-एक संवाद में, एक-एक बात में मजा भरा हुआ है। जरूरी नहीं है कि इन किस्सों को आप सही समझें। जरूरी नहीं है कि आप उनको धर्म मानें। उनको आप सिर्फ उपन्यास की तरह लें, एक ऐसा उपन्यास जो दस-बीस-पचास हजार आदमियों तक नहीं, बल्कि करोड़ों लोगों तक पाँच हजार बरसों से चला आया है, और पता नहीं, कब तक चला जाता रहेगा।

दुनिया के देशों में हिन्दुस्तान किंवदन्तियों के मामले में सबसे धनी है। हिन्दुस्तान की किंवदन्तियों ने सदियों से लोगों के दिमाग पर निरन्तर असर डाला है। इतिहास के बड़े लोगों के बारे में, चाहे वे बुद्ध हों या अशोक, देश के चौथाई से अधिक लोग अनभिज्ञ हैं। दस में एक को उनके काम के बारे में थोड़ी-बहुत जानकारी होगी और सौ में एक या हजार में एक उनके कर्म और विचार के बारे में कुछ विस्तार से जानता हो तो अचरज की बात होगी। देश के तीन सबसे बड़े पौराणिक नाम—राम, कृष्ण और शिव, सबको मालूम हैं। उनके काम के बारे में थोड़ी-बहुत जानकारी प्राय: सभी को, कम-से-कम दो में एक को तो होगी ही। उनके विचार व कर्म, या उन्होंने कौन से शब्द कब कहे, उसे विस्तारपूर्वक दस में एक जानता होगा। भारतीय आत्मा के लिए तो बेशक और कम-से-कम अब तक के भारतीय इतिहास की आत्मा के लिए और देश के सांस्कृतिक इतिहास के लिए, यह अपेक्षाकृत निरर्थक बात है कि भारतीय पुराण के ये महान लोग धरती पर पैदा हुए भी या नहीं।

राम-कृष्ण शायद इतिहास के व्यक्ति थे और शिव भी गंगा की धारा के लिए रास्ता बनाने वाले इंजीनियर रहे हों और साथ-साथ एक अद्वितीय प्रेमी भी। इनको इतिहास के परदे पर उतारने की कोशिश करना और ऐसी कोशिश होती है, एक हास्यास्पद चीज होगी। सम्भावनाओं की साधारण कसौटी पर इनकी जीवन कहानी को कसना उचित नहीं। सत्य का इससे अधिक आभास क्या मिल सकता है कि पचास या शायद सौ शताब्दियों से भारत की हर पीढ़ी

के दिमाग पर इनकी कहानी लिखी हुई है। इनकी कहानियाँ लगातार दुहराई गई हैं। बड़े कवियों ने अपनी प्रतिभा से इनका परिष्कार किया है और निखारा है, तथा लाखों-करोड़ों लोगों के सुख और दुख इनमें घुले हुए हैं।

किसी कौम की किंवदन्ती उसके दुख और सपने के साथ उसकी चाह, इच्छा और आकांक्षाओं की प्रतीक है, तथा साथ-साथ जीवन के तत्त्व उदासीनता और स्थानीय व संसारी इतिहास का भी। राम और कृष्ण तथा शिव भारत की उदासी और साथ-साथ रंगीन सपने हैं। उनकी कहानियों में एकसूत्रता ढूँढ़ना या उनके जीवन में अटूट नैतिकता का ताना-बाना बुनना या असम्भव व गलत लगने वाली चीजें अलग करना उनके जीवन का सब कुछ नष्ट करने जैसा होगा। केवल तर्क बचेगा। हमें बिना हिचक के मान लेना चाहिए कि राम और कृष्ण तथा शिव कभी पैदा नहीं हुए, कम-से-कम उस रूप में, जिसमें कहा जाता है। उनकी किंवदन्तियाँ गलत और असम्भव हैं। उनकी श्रृंखला भी कुछ मामले में बिखरी है जिसके फलस्वरूप कोई तार्किक अर्थ नहीं निकाला जा सकता। लेकिन यह स्वीकारोक्ति बिलकुल अनावश्यक है। भारतीय आत्मा के इतिहास के लिए ये तीन नाम सबसे सच्चे हैं और पूरे कारवाँ में महानतम हैं, इतने ऊँचे और इतने अपूर्व हैं कि दूसरों के मुकाबले में गलत और असम्भव दीखते हैं। जैसे पत्थरों और धातुओं पर इतिहास लिखा मिलता है, वैसे ही इनकी कहानियाँ लोगों के दिमागों पर अंकित हैं जो मिटाई नहीं जा सकतीं।

भारत की पहाड़ियों में देवी-देवताओं का निवास माना जाता है, जिन्होंने कभी-कभी मनुष्य रूप में धरती पर आकर बड़ी नदियों के साँपों को मारा है या पालतू बनाया है। और भक्त गिलहरियों ने समुद्र बाँधा है।

रेगिस्तानी इलाकों के दैवी-विश्वास—यहूदी, ईसाई और इस्लाम से हर देवता मिट चुके हैं, सिवा एक के, जो ऊपर और पहुँच के बाहर है, तथा उनके पहाड़, मैदान और नदियाँ किंवदन्तियों से शून्य हैं। केवल पढ़े-लिखे लोग या पुरानी गाथाओं की जानकारी रखने वाले लोग माउंट ओलिम्पस के देवताओं के बारे में जानते हैं। भारत में जंगलों पर अटूट विश्वास और चन्द्रमा का जड़ी-बूटी, पहाड़, जल और जमीन के साथ हमेशा चलने वाला खिलवाड़ देवताओं और उनके मानवीय रूपों को सजीव रखता है व इनमें निखार लाता है। किंवदन्तियाँ कथा नहीं हैं। कथा शिक्षक होती है। कथा का कलाकृति होना या मनोरंजक होना उसका मुख्य गुण नहीं, उनका मुख्य काम तो सीख देना है। किंवदन्तियाँ सीख दे सकती हैं, मनोरंजन भी कर सकती हैं, लेकिन इनका मुख्य काम दोनों में से एक भी नहीं है। कहानी मनोरंजन करती है। बालजाक

और मोपांसा व ओ-हेनरी ने अपनी कहानियों द्वारा लोगों का इतना मनोरंजन किया है कि उनकी कौमों के दस में से एक आदमी उनके बारे में अच्छी तरह जानता है। इससे उनके जीवन में बेशक गहराई और बड़प्पन आता है। बड़ा उपन्यास भी मनोरंजन करता है। यद्यपि उसका असर उतना जाहिर तो नहीं, लेकिन शायद गहरा अधिक होता है।

किंवदन्ती असंख्य चमत्कारी कहानियों से भरी प्राय: अनन्त उपन्यास की तरह हैं। इनसे अगर सीख मिलती है तो केवल अपरोक्ष रूप से। ये सूरज, पहाड़ या फल-फूल जैसी हैं और हमारे जीवन का प्रमुख अंश हैं। आम और सतालू हमारे शरीर-जन्तु बनाते हैं। वे हमारे रक्त और मांस में घुले हैं। किंवदन्तियाँ लोगों के शरीर-तन्तु की अवयव हैं, ये उनके रक्त-मांस में घुली-मिली होती हैं। इन किंवदन्तियों को महान लोगों के जीवन के पवित्र नमूने के रूप में देखना एक हास्यास्पद मूर्खता होगी। लोग अगर इनको अपने आचार-विचार के नमूने के रूप में देखेंगे तो राम-कृष्ण और शिव की प्रतिष्ठा को नीचे गिरावेंगे। वे पूरे ही भारत के तन्तु और रक्त-मांस के हिस्से हैं। उनके संवाद और उक्तियाँ उनके आचार और कर्म, उनके भिन्न-भिन्न मौकों पर किये काम और उसके साथ उनकी भू-भंगिमा और उनके ठीक वही शब्द जो उन्होंने किसी खास मौके पर कहे थे, ये सब भारतीय लोगों की जानी-पहचानी चीजें हैं। सचमुच एक भारतीय की आस्था और कसौटी हैं, न केवल सचेत दिमागी कोशिश के रूप में, बल्कि उस रूप में भी जैसे रक्त की शुद्धता पर स्वस्थ या रुग्ण होना या न होना निर्भर होता है।

किंवदन्तियाँ एक तरह से महाकाव्य और कथा, कहानी और उपन्यास, नाटक और कविता की मिली-जुली उपज हैं। किंवदन्तियों में अपरिमित शक्ति है और यह अपनी कौम के दिमाग का अंश बन जाती हैं। इन किंवदन्तियों में अशिक्षित लोगों को भी सुसंस्कृत करने की ताकत होती है। लेकिन उनमें सड़ा देने की क्षमता भी होती है। थोड़ा अफसोस होता है कि ये किंवदन्तियाँ बुनियाद में विश्ववादी होते हुए भी स्थानीय रंग में रँगी होती हैं। इससे लगभग वैसा ही अफसोस होता है, जैसा हर काल के, हर मनुष्य को एक साथ और एक स्थान पर न रहने से होता है। मनुष्य जाति को अलग-अलग जगहों पर बिखरकर रहना होता है और इन जगहों की नदियाँ और पहाड़, लाल या मोती देने वाले समुद्र अलग हैं। विश्ववाद की जीभ स्थानीय ही होगी। यह समस्या स्त्री-पुरुष और उनके बच्चों की शिक्षा के लिए बराबर बनी रहेगी।

अगर विश्ववाणी से स्थानीय रंग दूर किया जाए तो इस प्रक्रिया में भावनाओं का चढ़ाव-उतार खतम हो जाएगा, उसका रक्त सूख जाएगा और वह एक

पीले साये के समान रह जाएगी। पिता राइनगंगा मैया और पुनीत अमेजन सब एक चीजें हैं, लेकिन उनकी कहानी अलग-अलग है। शब्द के मतलब कुछ और भी होते हैं, सिवाय उनके नाम या जिसके लिए उसका इस्तेमाल होता है। इनका पूरा मतलब और मजा उस स्थान और उसके इतिहास से लगातार रिश्ता होने पर ही मिल सकता है। गंगा एक ऐसी नदी है जो पहाड़ियों और घाटियों में भटकती फिरती है, कल-कल निनाद करती है, लेकिन उसकी गति एक भारी-भरकम शरीर वाली औरत के समान मन्दगामिनी है। गंगा का नाम गम् धातु से बना है, जिससे गम-गम संगीत बनता है, जिसकी ध्वनि सितार की थिरकन के समान मधुर है। भारतीय शिल्प-कला के लिए, घड़ियाल पर गंगा और कछुए पर उसकी छोटी बहन जमुना, एक रुचिकर विषय है। यदि अनामी मूर्तियों को शामिल न किया जाए, तो वे भारतीय महिलाओं के प्रस्तर रूप की सर्वश्रेष्ठ सुन्दरियाँ हैं। गंगा और यमुना के बीच आदमी मंत्र-मुग्ध-सा खड़ा रह जाता है कि ये कितनी समान हैं, फिर भी कितनी अलग। उनमें से किसी एक को चुनना बहुत मुश्किल है। ऐसी स्थानीय आभा से विश्ववाणी निकलती है। इनसे उबरने का एक रास्ता हो सकता है। दुनिया-भर की कौमों की किंवदन्तियाँ और कहानियाँ इकट्ठी की जाएँ, उसी खूबी और सच्चाई के साथ, और उनमें प्रयोजन या सीख डालने की कोशिश न की जाए। जो कि दुनिया का चक्कर लगाते हैं उनकी मनुष्य जाति के प्रति जिम्मेदारी होती है कि वे इनके बारे में जहाँ जाएँ, चर्चा करें। मिसाल के लिए हवाई द्वीप की मैडम पिलू की, जो अपनी उपस्थिति से दो-तीन दिन तक आदमी को मुग्ध कर लेती है, जो छूने की कोशिश करने पर अन्तर्धान हो जाती है, जो चाहती है कि उसके क्रेटर में सिगरेट का धुआँ फेंका जाए और जो बदले में गन्धक का धुआँ फेंकती है।

राम, कृष्ण और शिव भारत में पूर्णता के तीन महान स्वप्न हैं। सबका रास्ता अलग-अलग है। राम की पूर्णता मर्यादित व्यक्तित्व में है, कृष्ण की उन्मुक्त या सम्पूर्ण व्यक्तित्व में और शिव की असीमित व्यक्तित्व में, लेकिन हर एक पूर्ण है। किसी एक का एक या दूसरे से अधिक या कम पूर्ण होने का कोई सवाल नहीं उठता। पूर्णता में विभेद कैसे हो सकता है? पूर्णता में केवल गुण और किस्म का विभेद होता है। हर आदमी अपनी पसन्द कर सकता है या अपने जीवन के किसी विशेष क्षण से सम्बन्धित गुण या पूर्णता चुन सकता है। कुछ लोगों के लिए यह भी सम्भव है कि पूर्णता की तीनों किस्में साथ-साथ चलें—मर्यादित, उन्मुक्त और असीमित व्यक्तित्व साथ-साथ रह सकते हैं।

हिन्दुस्तान के महान ऋषियों ने सचमुच इसकी कोशिश की है। वे शिव को राम के पास और कृष्ण को शिव के पास ले आए हैं और उन्होंने यमुना के तीर पर राम को होली खेलते बताया है। लोगों के पूर्णता के ये स्वप्न अलग किस्मों के होते हुए भी एक-दूसरे में घुल-मिल गए हैं, लेकिन अपना रूप भी अक्षुण्ण बनाए रखे हैं। राम और कृष्ण, विष्णु के दो मनुष्य रूप हैं जिनका अवतार धरती पर धर्म का नाश और अधर्म के बढ़ने पर होता है। राम धरती पर त्रेता में आए, जब धर्म का रूप इतना अधिक नष्ट नहीं हुआ था। वह आठ कलाओं से बने थे, इसलिए मर्यादित पुरुष थे। कृष्ण द्वापर में आए, जब अधर्म बढ़ती पर था। वे सोलह कलाओं से बने हुए थे। और इसलिए एक सम्पूर्ण पुरुष थे। जब विष्णु ने कृष्ण के रूप में अवतार लिया तो स्वर्ग में उनका सिंहासन बिलकुल सूना था। लेकिन जब राम के रूप में आए तो विष्णु अंशतः स्वर्ग में थे और अंशतः धरती पर।

इन मर्यादित और उन्मुक्त पुरुषों के बारे में दो बहुमूल्य कहानियाँ कही जाती हैं। राम ने अपनी दृष्टि केवल एक महिला तक सीमित रखी, उस निगाह से किसी अन्य महिला की ओर कभी नहीं देखा। यह महिला सीता थीं। उनकी कहानी बहुलांश राम की कहानी है, जिनके काम सीता को शादी, अपहरण और कैद-मुक्ति और धरती (जिसकी वे पुत्री थीं) की गोद में समा जाने के चारों ओर चलते हैं। जब सीता का अपहरण हुआ तो राम व्याकुल थे। वे रो-रो कर कंकड़, पत्थर और पेड़ों से पूछते थे कि क्या उन्होंने सीता को देखा है। चन्द्रमा उन पर हँसता था। विष्णु को हजारों वर्ष तक चन्द्रमा का हँसना याद रहा होगा। जब बाद में वे धरती पर कृष्ण के रूप में आए तो उनकी प्रेमिकाएँ असंख्य थीं। एक आधी रात को उन्होंने वृन्दावन की सोलह हजार गोपियों के साथ रास-नृत्य किया। यह महत्त्व की बात नहीं कि नृत्य में साठ या छः सौ गोपिकाएँ थीं और रास-लीला में हर गोपी के साथ कृष्ण अलग-अलग नाचे। सबको थिरकाने वाला स्वयं अचल था। आनन्द अटूट और अभेद्य था, उसमें तृष्णा नहीं थी। कृष्ण ने चन्द्रमा को ताना दिया कि हँसो। चन्द्रमा गम्भीर था। इन बहुमूल्य कहानियों में मर्यादित और उन्मुक्त व्यक्तियों का रूप उभरा है और वे सम्पूर्ण हैं। सीता का अपहरण अपने में मनुष्य जाति की कहानियों की महानतम घटनाओं में से एक है। इसके बारे में छोटी-से-छोटी बात लिखी गई है। यह मर्यादित, नियंत्रित और वैधानिक अस्तित्व की कहानी है। निर्वासन-काल के परिभ्रमण में एक मौके पर जब सीता अकेली छूट गई थी तो राम के छोटे भाई लक्ष्मण ने एक घेरा खींचकर सीता को उसके बाहर पैर न रखने के लिए कहा।

राम का दुश्मन रावण उस समय तक अशक्त था जब तक कि एक विनम्र भिखमंगे के छद्मवेश में सीता को उसने उस घेरे के बाहर आने के लिए राजी नहीं कर लिया। मर्यादित पुरुष हमेशा नियमों के दायरे में रहता है।

उन्मुक्त पुरुष नियम और कानून को तभी तक मानता है जब तक उसकी इच्छा होती है और प्रशासन में कठिनाई पैदा होते ही उनका उल्लंघन करता है। राम के मर्यादित व्यक्तित्व के बारे में एक और बहुमूल्य कहानी है। उनके अधिकार के बारे में, जो नियम और कानून से बँधे थे, जिनका उल्लंघन उन्होंने कभी नहीं किया और जिनके पूर्ण पालन के कारण उनके जीवन में तीन या चार धब्बे भी आए। राम और सीता अयोध्या वापस आकर राजा और रानी की तरह रह रहे थे। एक धोबी ने कैद में सीता के बारे में शिकायत की। शिकायती केवल एक व्यक्ति था और शिकायत गन्दी होने के साथ-साथ बेदम भी थी। लेकिन नियम था कि हर शिकायत के पीछे कोई-न-कोई दुख होता है। और उसकी उचित दवा या सजा होनी चाहिए। इस मामले में सीता का निर्वासन ही एकमात्र इलाज था। नियम अविवेकपूर्ण था, सजा क्रूर थी और पूरी घटना का एक कलंक थी जिसने राम को जीवन के शेष दिनों में दुखी बनाया। लेकिन उन्होंने नियम का पालन किया, उसे बदला नहीं। वे पूर्ण मर्यादा पुरुष थे। नियम और कानून से बँधे हुए। और अपने बेदाग जीवन में धब्बे लगने पर भी उसका पालन किया।

मर्यादा-पुरुष होते हुए भी एक दूसरा रास्ता उनके लिए खुला था। सिंहासन त्याग कर वे सीता के साथ फिर प्रवास कर सकते थे। शायद उन्होंने यह सुझाव रखा भी हो, लेकिन उनकी प्रजा अनिच्छुक थी। उन्हें अपने आग्रह पर कायम रहना चाहिए था। प्रजा शायद नियम में ढिलाई करती या उसे खत्म कर देती। लेकिन कोई मर्यादित पुरुष नियमों का खत्म किया जाना पसन्द नहीं करेगा, जो विशेष फल में या किसी संकट से छुटकारा पाने के लिए किया जाता है। विशेषकर जब स्वयं उस व्यक्ति का उससे कुछ-न-कुछ सम्बन्ध हो। इतिहास और किंवदन्ती दोनों में अटकलबाजियाँ या क्या हुआ होता, इस सोच में समय नष्ट करना निरर्थक और नीरस है। राम ने क्या किया था, क्या कर सकते थे, यह एक मामूली अटकलबाजी है। इस बात की अपेक्षा कि उन्होंने नियम का यथावत पालन किया जो मर्यादित पुरुष की एक बड़ी निशानी है। आजकल व्यक्ति-नेतृत्व और सामूहिक-नेतृत्व के बारे में एक दिलचस्प बहस छिड़ी हुई है। बहस सतही है। व्यक्ति और सामूहिक नेतृत्व दोनों बुनियादी तौर पर उन्मुक्त व्यक्तित्व के वर्ग के हो सकते हैं, जो नियम-कानून नहीं मानते। सारा फर्क इसमें पड़ता है कि एक व्यक्ति या नौ या पन्द्रह व्यक्तियों का समूह

अपने अधिकार के चारों ओर खींचे गए नियम के दायरे में रहता है या नहीं। एक व्यक्ति की अपेक्षा नौ व्यक्तियों के समूह के लिए मर्यादा तोड़ना अधिक कठिन होता है लेकिन जीवन एक निरन्तर चाल है और हर तरह की परस्पर विरोधी शक्तियों की बदलती मात्रा के धुँधलकों में चलता रहता है।

इस क्रम में व्यक्ति और समूह की उन्मुक्तता में बराबर अदला-बदली चल रही है। सम्पूर्ण व्यक्ति सम्पूर्ण समूह के लिए जगह छोड़ता है और इसका उलटा भी होता है। लेकिन एक बड़ी अदला-बदली भी चलती रहती है, जिसके चौखटे में व्यक्ति और समूह का आगे-पीछे होना लगा रहता है मर्यादित और उन्मुक्त पुरुष के बीच अदला-बदली। राम मर्यादित पुरुष थे, जैसे कि वास्तविक वैधानिक प्रजातंत्र कृष्ण एक उन्मुक्त पुरुष थे। लगभग वैसे ही जैसे नेताओं की उच्चस्तरीय समिति जो अपनी बुद्धि से हर नियम का अतिक्रमण करती है। यह एक उन्मुक्त समूह है। इन दो सवालों में, कि व्यक्ति या समूह के पास शक्ति है या कि अधिकार, एक सीमा और दायरे में या खुला और छूट वाला है, दूसरा सवाल अधिक महत्त्वपूर्ण है, क्या अधिकार नियम और कानून के ऊपर चल सकता है, जब इस बड़े सवाल का हल मिल जाएगा तब छोटा सवाल उठेगा कि मर्यादित अधिकार व्यक्ति है या समूह है।

राम मर्यादा पुरुष थे। ऐसा रहना उन्होंने जान-बूझकर और चेतन रूप से चुना था, बेशक नियम और कानून आदेश पालन के लिए एक कसौटी थे। लेकिन यह बाहरी दबाव निरर्थक हो जाता यदि उसके साथ-साथ अन्दरूनी प्रेरणा भी न होती। विधान के बाहरी नियंत्रण और मन की अन्दरूनी मर्यादा एक-दूसरे को पुष्ट और मजबूत करती है। किसी भी प्रेरक का प्राथमिकता का तर्क देना निरर्थक होगा।

किसी मर्यादित पुरुष से लिए विधान की बाहरी जंजीरें मन की अन्दरूनी प्रेरणा का दूसरा नाम होंगी। मर्यादित पुरुष का काम दोनों में मेल-जोल और समानान्तर का निर्णय करना है। मर्यादाएँ बाहरी नियंत्रण तो हैं ही, लेकिन अन्दरूनी सीमाओं को भी वे छूती हैं। मर्यादित नेतृत्व वास्तव में नियंत्रित नेतृत्व है, लेकिन साथ-साथ वह मन के क्षेत्र में भी पहुँचता है। राम सचमुच एक नियंत्रित व्यक्ति थे, लेकिन उनका केवल इतना ही वर्णन करना गलत होगा। क्योंकि वे साथ-साथ मर्यादित पुरुष थे और नियम के दायरे में चलते थे।

रावण के आखिरी क्षणों के बारे में एक कहानी कही जाती है। अपने जमाने का निस्सन्देह वह सर्वश्रेष्ठ विद्वान था। हालाँकि उसने अपनी विद्या का गलत प्रयोग किया, फिर भी बुरे उद्‌देश्य को परे रखकर मनुष्य जाति के

लिए उस विद्या का संचय आवश्यक था। इसलिए राम ने लक्ष्मण को रावण के पास अन्तिम शिक्षा माँगने के लिए भेजा। रावण मौन रहा। लक्ष्मण वापस आए। उन्होंने अपने भाई से असफलता का बयान किया और इसे रावण का अहंकार बताया। राम ने उनसे जो हुआ था उसका पूरा ब्योरा पूछा। तब पता लगा कि लक्ष्मण रावण के सिरहाने खड़े थे। लक्ष्मण पुन: भेजे गए कि रावण के पैंताने खड़े होकर निवेदन करें। फिर रावण ने राजनीति की शिक्षा दी।

शिष्टाचार की यह सुन्दर कहानी अद्वितीय और अब तक की कहानियों में सर्वश्रेष्ठ है। शिष्टाचार निश्चय ही उतना महत्त्वपूर्ण है जितनी नैतिकता। क्योंकि व्यक्ति कैसे खाता है या चलता है, या उठता-बैठता है या कैसा दीख पड़ता है, कैसे कपड़े पहनता है, अपने लोगों से कैसे बातें करता है या उनके साथ कैसे रहता है, दूसरों की सुविधा का हमेशा खयाल रखता है या नहीं, या हर प्राणी से कैसे बरताव करता है, यह शिष्टाचार का सवाल जरूर है, लेकिन किसी दूसरी चीज से कम महत्त्वपूर्ण नहीं। कृष्ण शिष्टाचार के उतने बड़े नमूने थे जितना कोई मर्यादित पुरुष हो सकता है। उन्होंने सद्व्यवहारी पुरुष या स्थितप्रज्ञ व्यक्ति की परिभाषा दी है। ऐसा व्यक्ति अपने ऊपर वैसा नियंत्रण रखता है, जैसे कछुआ अपने शरीर पर नियंत्रण के कारण जब चाहे अपने अंगों को समेट सकता है। असावधानी में कोई हरकत नहीं हो सकती। अन्य क्षेत्रों में चाहे जो भी भेद हो, लेकिन शिष्टाचार के क्षेत्र में सचमुच अपने निखरे रूप में उन्मुक्त पुरुष होता है। जो भी हो, मरणासन्न और श्रेष्ठ विद्वान के साथ शिष्टाचार की श्रेष्ठतम कहानी के रचयिता राम हैं।

राम अक्सर श्रोता रहते थे। न केवल उस व्यक्ति के साथ जिससे वे बातचीत करते थे, जैसा बड़ा आदमी करता है, बल्कि दूसरे लोगों की बातचीत के समय भी। एक बार तो परशुराम ने उन पर आरोप लगाया कि वह अपने छोटे भाई को बेरोक और बढ़-चढ़कर बात करने देने के लिए जान-बूझकर चुप लगाए थे। यह आरोप थोड़ा सही भी है। अपने लोगों और अनेक दुश्मनों के बीच होने वाले वाद-विवाद में वे प्राय: एक दिलचस्पी लेने वाले श्रोता के रूप में रहते थे। इसका परिणाम कभी-कभी बहुत भद्दा और दोषपूर्ण भी हो जाता था, जैसे लक्ष्मण और रावण की बहन शूर्पणखा के बीच हुआ। ऐसे मौकों पर राम दृढ़ हुए एकाध शब्द बोल देते थे। यह एक चतुर नीति भी कही जा सकती है, लेकिन निश्चय ही यह मर्यादित व्यक्ति की भी निशानी है जो अपनी बारी आए बिना नहीं बोलता और परिस्थिति के अनुसार दूसरों को बातचीत का अधिक-से-अधिक मौका देता है। कृष्ण बहुत वाचाल थे। वे सुनते भी थे।

लेकिन वे सुनते इसलिए थे कि वे और दिलचस्प बात कर सकें। उनके रास्ते पर चलनेवालों को उनके शब्द आज भी जादू जैसे खींचते हैं। राम चुप्पी का जादू जानते थे, दूसरों को बोलने देते थे, जब तक कि उनके लिए जरूरी नहीं हो जाता था कि बात या काम के द्वारा हस्तक्षेप करें। राम मर्यादा-पुरुष थे इसलिए अपनी चुप्पी और वाणी दोनों के लिए समान रूप से याद किये जाते हैं।

राम का जीवन बिना हड़पे हुए फैलने की एक कहानी है। उनका निर्वासन देश को एक शक्तिकेन्द्र के अन्दर बाँधने का एक मौका था। इसके पहले प्रभुत्व के दो प्रतिस्पर्धी केन्द्र थे। अयोध्या और लंका। अपने प्रवास में राम अयोध्या से दूर लंका की ओर गए। रास्ते में अनेक राज्य और राजधानियाँ पड़ीं जो एक अथवा दूसरे केन्द्र के मातहत थीं। मर्यादित पुरुष को नीति-निपुणता की सबसे अच्छी अभिव्यक्ति तब हुई जब राम ने रावण के राज्यों में एक बड़े राज्य को जीता। उसका राजा बालि था। बालि से उसके भाई सुग्रीव और उसके महान सेनापति हनुमान दोनों अप्रसन्न थे। वे रावण के मेल-जोल से बाहर निकलकर राम की मित्रता और सेवा में आना चाहते थे। आगे चलकर हनुमान राम के अनन्य भक्त हुए। यहाँ तक कि एक बार उन्होंने अपना हृदय चीरकर दिखाया कि वहाँ राम के सिवा और कोई भी नहीं। राम ने पहली जीत शालीनता और मर्यादित पुरुष की तरह निभाया। राज्य हड़पा नहीं, जैसे का तैसा रहने दिया। वहाँ के ऊँचे या छोटे पदों पर बाहरी लोग नहीं बैठाए गए। कुल इतना ही हुआ कि एक द्वन्द्व में बालि की मृत्यु के बाद सुग्रीव राजा बनाए गए। बालि की मृत्यु भी राम के जीवन के कुछ धब्बों में एक है। राम एक पेड़ के पीछे छिपे खड़े थे और जब उनके मित्र सुग्रीव की हालत खराब हुई तो छिपे तौर पर उन्होंने बालि पर बाण चलाया। यह कानून का उल्लंघन था। कोई संस्कारी और मर्यादा पुरुष ऐसा कभी नहीं करता। लेकिन राम कह सकते थे कि उनके सामने मजबूरी थी।

प्रशा के फ्रेडरिक महान की तरह, जो बहुत सफाई के साथ व्यक्ति और राज्य नैतिकता में भेद करते थे और इस भेद के आधार पर एक झूठ अथवा वादाखिलाफी के जरिए आम हत्याकांड या गुलामी रोकने के पक्षपाती थे, और इसलिए उन्होंने राजाओं को क्षमा किया जो सन्धियों के प्रति वफादार तो थे, लेकिन जीवन में जिन्होंने एक बार कभी सन्धि तोड़ी। राम भी तर्क कर सकते थे कि उन्होंने एक व्यक्ति को, यद्यपि थोड़ा-बहुत गलत तरीके से मारकर आम हत्याएँ रोकी और उन्होंने अपने जीवन के केवल एक दुष्टतापूर्ण काम के जरिये एक समूचे राज्य को अच्छाई के रास्ते पर लगाया और अपने सिवाय

किसी और क्रम में विघ्न नहीं डाला। स्वाभाविक था कि सुग्रीव अच्छाई के मेल-जोल में आए और लंका विजय करने के लिए बाद में अपनी सारी सेना आदि दिया। यह सही है कि यह सब कुछ बालि की मृत्यु से हासिल हुआ। राज्य पूर्ण रूप से स्वतंत्र रहा और राम से दोस्ती सम्भवत: वहाँ के नागरिकों की स्वतंत्र इच्छा से की गई। फिर भी तबीयत यह होती है कि कोई मर्यादा पुरुष, छोटा या बड़ा, नियम न तोड़े, अपने जीवन में एक बार भी नहीं।

बड़े और अच्छे शासन के लिए राम की बिना हड़पे हुए फैलाव की कहानी में, बिना साम्राज्यशाही के एकीकरण, और राजनीति की भाग-दौड़ में मर्यादित रूप से काम करने आदि के साथ-साथ दुश्मन के खेमे में अच्छे दोस्तों की खोज चलती रही। उन्होंने लंका में इस क्रम को दोहराया। रावण के छोटे भाई विभीषण राम के दोस्त बने। लेकिन किष्किन्धा की कहानी दोहराई नहीं जा सकी। लंका में काम कठिन था। घनघोर युद्ध हुआ, और बहुत से लोग मारे गए। आगे चलकर विभीषण राजा बना और उसने रावण की पत्नी मन्दोदरी को अपनी रानी बनाया। लंका में भी अच्छाई का राज्य स्थापित हुआ। आज तक भी विभीषण का नाम जासूस, द्रोही, पंचमाँगी, और देश अथवा दल से गद्दारी करने वाले का दूसरा रूप माना जाता है। विशेषकर राम के शक्ति-केन्द्र अवध के चारों ओर। यह एक प्रशंसनीय और दिशाबोधक बात है कि कोई कवि विभीषण के दोष को नहीं भूल सका। मर्यादा पुरुषोत्तम राम अपने मित्र को आम लोगों की नजर में स्वीकार्य बनाने का चमत्कार नहीं कर सके। यह शायद मर्यादा-पुरुष की निशानी हो कि अच्छाई जीती तो जरूर लेकिन एक ऐसे व्यक्ति के जरिए जीती जिसने द्रोह भी किया और इसलिए उसके नाम पर गद्दारी का दाग बराबर लगा रहा।

कृष्ण सम्पूर्ण पुरुष थे। उनके चेहरे पर मुसकान और आनन्द की छाप बराबर बनी रही और खराब-से-खराब हालत में भी उनकी आँखें मुस्कुराती रहीं। चाहे दुख कितना ही बड़ा क्यों न हो, कोई भी ईमानदार आदमी वयस्क होने के बाद अपने पूरे जीवन में एक या दो बार से अधिक नहीं रोता। राम अपने पूरे वयस्क जीवन में दो या शायद एक बार रोए। राम और कृष्ण के देश में ऐसे लोगों की भरमार है, जिनकी आँखों में बराबर आँसू डबडबाए रहते हैं और अज्ञानी लोग उन्हें बहुत ही भावुक आदमी मान बैठते हैं। एक हद तक इसमें कृष्ण का दोष है। वे कभी नहीं रोए। लेकिन लाखों को आज तक रुलाते रहे हैं। जब वे जिन्दा थे, वृन्दावन की गोपियाँ इतनी दुखी थीं कि आज तक गीत गाए जाते हैं :

निशि दिन बरसत नैन हमारे,
कंचुकि पट सूखत नहिं कबहूँ, उर बिच बहत पनारे।

उनके रुदन में कामना की ललक भी झलकती है, लेकिन साथ-ही-साथ इतना सम्पूर्ण आत्मसमर्पण है कि 'स्व' का कोई अस्तित्व नहीं रह गया हो। कृष्ण एक महान प्रेमी थे, जिन्हें अद्‌भुत आत्समर्पण मिलता रहा और आज तक लाखों स्त्री-पुरूष और स्त्री वेश में पुरुष जो अपने प्रेमी को रिझाने के लिए स्त्रियों जैसा व्यवहार करते हैं, उनके नाम पर आँसू बहाते हैं और उनमें लीन होते हैं। यह अनुभव कभी-कभी राजनीति में आता है और नपुंसकता के साथ-साथ जाल-फरेब शुरू हो जाता है।

जन्म से मृत्यु तक कृष्ण असाधारण, असम्भव और अपूर्व थे। उनका जन्म अपने मामा की कैद में हुआ, जहाँ उनके माता व पिता जो एक मुखिया थे, बन्द थे। उनसे पहले जन्मे भाई और बहन पैदा होते ही मार डाले गए थे। एक झोली में छिपाकर वे कैद से बाहर ले जाए गए। उन्हें जमुना के पार ले जाकर सुरक्षित स्थान में रखना था। गहराई ने गहराई को खींचा, जमुना बढ़ी और जैसे-जैसे उनके पिता ने झोली ऊपर उठाई, जमुना बढ़ती गई, जब तक कि कृष्ण ने अपने चरण कमल से नदी को छू नहीं लिया। कई दशकों के बाद उन्होंने अपना काम पूरा किया। उनके सभी परिचित मित्र या तो मारे गए या बिखर गए। कुछ हिमालय और स्वर्ग की ओर महाप्रयाण कर चुके थे। उनके कुनबे की औरतें डाकुओं द्वारा भगाई जा रही थीं। कृष्ण द्वारिका का रास्ता अकेले तय कर रहे थे। विश्राम करने वह थोड़ी देर के लिए, एक पेड़ की छाँह में रुके। एक शिकारी ने उनके पैर को हिरन समझकर बाण चलाया और कृष्ण का अन्त हो गया। उन्होंने उस क्षण क्या किया? क्या उनकी अन्तिम दृष्टि करुणमयी मुस्कान के साथ, जो समझ से आती है, शिकारी पर पड़ी? क्या उन्होंने अपना हाथ बाँसुरी की ओर बढ़ाया जो अवश्य ही पास में रही होगी, और क्या उन्होंने बाँसुरी पर अन्तिम दैवी आलाप छेड़ा? या मुस्कान के साथ हाथ में बाँसुरी लेकर ही सन्तुष्ट रहे? उनके दिमाग में क्या-क्या विचार आए? जीवन के खेल जो बड़े सुखमय, यद्यपि केवल लीला-मात्र थे, या स्वर्ग से देवताओं की पुकार जो अपने विष्णु के बिना अभाव महसूस कर रहे थे।

कृष्ण चोर, झूठे, मक्कार और खूनी थे। और वे एक पाप के बाद दूसरे पाप बिना रत्ती-भर हिचक के करते थे। उन्होंने अपनी पोषक माँ का मक्खन चुराने से लेकर दूसरे की बीवी चुराने तक का काम किया। उन्होंने महाभारत के

समय में एक ऐसे आदमी से आधा झूठ बुलवाया जो अपने जीवन में कभी झूठ नहीं बोला था। उसके अपने झूठ अनेक हैं। उन्होंने सूर्य को छिपाकर नकली सूर्यास्त किया ताकि उस गोधूलि में एक बड़ा शत्रु मारा जा सके। उसके बाद फिर सूरज निकला। वीर भीष्म पितामह के सामने उन्होंने नपुंसक शिखंडी को खड़ा कर दिया ताकि वे बाण न चला सकें। और खुद सुरक्षित आड़ में रहे। उन्होंने अपने मित्र की मदद स्वयं अपनी बहन को भगाने में किया।

लड़ाई के समय पाप और अनुचित काम के सिलसिले में कर्ण का रथ एक उदाहरण है। निश्चय ही कर्ण अपने समय में सेनाओं के बीच सबसे उदार आदमी था, शायद युद्ध-कौशल में भी सबसे निपुण था, और अकेले अर्जुन को परास्त कर देता। उनका रथ युद्ध क्षेत्र में फँस गया। कृष्ण ने अर्जुन से बाण चलाने को कहा। कर्ण ने अनुचित व्यवहार की शिकायत की। इस समय महाभारत में एक अपूर्व वक्तृता हुई जिसका कहीं कोई जोड़ नहीं, न पहले, न बाद में। कृष्ण ने कई घटनाओं की याद दिलाई और हर घटना के कवितामय वर्णन के अन्त में पूछा, "तब तुम्हारा विवेक कहाँ था?" विवेक की इस धारा में कम-से-कम उस दौरान में विवेक और आलोचना का दिमाग मन्द पड़ जाता है। द्रौपदी का स्मरण हो आता है कि दुर्योधन के भरे दरबार में कैसे उसकी साड़ी उतारने की कोशिश की गई। वहाँ कर्ण बैठे थे और भीष्म भी, लेकिन उन्होंने दुर्योधन का नमक खाया था। यह कहा जाता है कि कुछ हद तक तो नमक खाने का जरूर असर होता है और नमक का हक अदा करने की जरूरत होती है। कृष्ण ने साड़ी का छोर अनन्त बना दिया, क्योंकि द्रौपदी ने उन्हें याद किया। उनके रिश्ते में कोमलता है, यद्यपि उसका वर्णन नहीं मिलता है।

कृष्ण के भक्त उनके हर काम के दूसरे पहलू पेश करके सफाई करने की कोशिश करते हैं। उन्होंने मक्खन की चोरी अपने मित्रों में बाँटने के लिए की, उन्होंने चोरी अपनी माँ की की, पहले तो खिझाने और फिर रिझाने के लिए। उन्होंने मक्खन बाल-लीला के रूप को दिखाने के लिए चुराया, ताकि आगे आने वाली पीढ़ियों के बच्चे उस आदर्श-स्वप्न में पलें। उन्होंने अपने लिए कुछ भी नहीं किया, या माना भी जाए तो केवल इस हद तक कि जिनके लिए उन्होंने सब कुछ किया वे उनके अंश भी थे। उन्होंने राधा को चुराया, न तो अपने लिए और न राधा की खुशी के लिए, बल्कि इसलिए कि हर पीढ़ी की अनगिनत महिलाएँ अपनी सीमाएँ और बन्धन तोड़कर विश्व से रिश्ता जोड़ सकें। इस तरह की हर सफाई गैरजरूरी है। दुनिया के महानतम गीत भगवद्गीता

के रचयिता कृष्ण को कौन नहीं जानता। दुनिया में हिन्दुस्तान एक अकेला देश है जहाँ दर्शन को संगीत के माध्यम से पेश किया गया है, जहाँ विचार बिना कहानी या कविता के रूप में परिवर्तित हुए गाए गए हैं। भारत के ऋषियों के अनुभव उपनिषदों में गाए गए हैं। कृष्ण ने उन्हें शुद्ध रूप में निखारा। यद्यपि बाद के विद्वानों ने एक और दूसरे निखार के बीच विभेद करने की कितनी ही कोशिश की है। कृष्ण ने अपना विचार गीता के माध्यम से ध्वनित किया।

उन्होंने आत्मा के गीत गाए। आत्मा को मानने वाले भी अनेक शब्द—चमत्कार में बह जाते हैं, जब वह आत्मा को अनश्वर जल और समीर की पहुँच के बाहर तथा शरीर बदले जाने वाले परिधान के रूप में वर्णन करते हैं। उन्होंने कर्म के गीत गाए और मनुष्य को, फल की अपेक्षा किये बिना और उसका माध्यम या कारण बने बिना, निर्लिप्तता से कर्म में जुटे रहने के लिए कहा। उन्होंने समत्वम सुख और दुख, जीत या हार, गर्मी और सर्दी, लाभ या हानि और जीवन के अन्य उद्वेलन के बीच स्थिर रहने के गीत गाए। हिन्दुस्तान की भाषाएँ एक शब्द 'समत्वम' के कारण बेजाड़ हैं, जिससे समता की भौतिक परिस्थितियों और आन्तरिक समता दोनों का बोध होता है। इच्छा होती है कि कृष्ण ने इसका विस्तार से बयान किया होता। ये एक सिक्के के दो पहलू हैं—समता समाज में लागू हो और समता व्यक्ति का गुण हो, जो अनेक में एक देख सके। भारत का कौन बच्चा विचार और संगीत की जादुई धुन में नहीं पला है, उनका औचित्य स्थापित करने की कोशिश करना उनके पूरे लालन-पालन की असलियत से इनकार करना है। एक मानी में कृष्ण आदमी को उदास करते हैं। उनकी हालत बिचारे हृदय की तरह है जो बिना थके अपने लिए नहीं बल्कि निरन्तर दूसरे अंगों के लिए धड़कता रहता है। हृदय क्यों धड़के या दूसरे अंगों की आवश्यकता पर क्यों मजबूती या साहस पैदा करे? कृष्ण हृदय की तरह थे, लेकिन उन्होंने आगे आने वाली हर सन्तान में अपनी तरह होने की इच्छा पैदा की है। वे उस तरह के बन न सके लेकिन इस प्रक्रिया में हत्या और छल करना सीख जाते हैं।

राम और कृष्ण पर तुलनात्मक दृष्टि डालने पर विचित्र बात देखने में आती है। कृष्ण हर मिनट में चमत्कार दिखाते थे। बाढ़ और सूर्यास्त आदि उनकी इच्छा के गुलाम थे। उन्होंने सम्भव और असम्भव के बीच की रेखा को मिटा दिया था। राम ने कोई चमत्कार नहीं किया। यहाँ तक की भारत और लंका के बीच का पुल भी एक-एक पत्थर जोड़कर बनाया। भले ही उसके पहले समुद्र-पूजा की विधि करना और बाद में धमकी देनी पड़ी। लेकिन दोनों के जीवन

की सम्पूर्ण कृतियों की जाँच करने और लेखा मिलाने पर पता चलेगा कि राम ने अपूर्व चमत्कार किया और कृष्ण ने कुछ भी नहीं। एक महिला के साथ दो भाइयों ने अयोध्या और लंका के बीच 2000 मील की दूरी तय की। जब वे चले तो केवल तीन थे। जिनमें दो लड़ाई और एक व्यवस्था कर सकते थे। जब वे लौटे, एक साम्राज्य बना चुके थे। कृष्ण ने, सिवा शासक वंश की एक शाखा से दूसरी शाखा को गद्दी दिलाने के और कोई परिवर्तन नहीं किया। यह एक पहेली है कि कम-से-कम राजनीति के दायरे में मर्यादा-पुरुष महत्त्वपूर्ण और सार्थक, और उन्मुक्त या सम्पूर्ण पुरुष छोटा और निरर्थक साबित हुआ। यह काल की पहेली के समान ही है। घटनाहीन जीवन में हर क्षण भार बन जाता है और बर्दाश्त के बाहर लम्बा लगता है। लेकिन एक दशक या एक जीवन में उसका संकलित विचार करने से सहज और जल्दी बीता हुआ लगता है। उत्तेजना के जीवन में एक क्षण मोहक लगता है और समय इच्छा के विपरीत तेजी से बीतता लगता है। पर साल-दो साल बाद पुनर्विचार करने पर भारी और धीरे-धीरे बीता हुआ लगता है। मर्यादा के सर्वोच्च पुरुष, मर्यादा पुरुषोत्तम राम ने राजनीतिक चमत्कार हासिल किया। पूर्णता के देव कृष्ण ने अपनी कृतियों से विश्व को चकाचौंध किया, जीवन के नियम सिखाए, जो किसी और ने नहीं किया था, लेकिन उनके सम्पूर्ण व्यक्तित्व की राजनीतिक सफलता ठोस होने के बजाय बुलबुले जैसी है।

गांधी राम के महान वंशज थे। आखिरी क्षण में उनकी जबान पर राम का नाम था। उन्होंने मर्यादा पुरुषोत्तम के ढाँचे में अपने जीवन को ढाला और देशवासियों का भी आह्वान किया। लेकिन उनमें कृष्ण की एक बड़ी और प्रभावशाली छाप दीखती है। उनके पत्र और भाषण जब रोज या साप्ताहिक तौर पर सामने आते थे, तो एक सूत्रता में पिरोए लगते थे। लेकिन उनकी मृत्यु के बाद उन्हें पढ़ने पर विभिन्न परिस्थितियों में अर्थ और रुख परिवर्तन की नीति-कुशलता और चतुराई का पता चलता है। द्वारिका ने मथुरा का बदला चुकाया। द्वारिका का पूत जमुना के किनारे मारा और जलाया गया। हजारों साल पहले जमुना का पूत द्वारिका के किनारे मारा और जलाया गया था। लेकिन द्वारिका के यह पुत्र मर्यादा पुरुषोत्तम की ओर अभिमुख थे, जो अपने जीवन को अयोध्या के ढाँचे में ढालने में बहुलांश सफल भी हुए। फिर भी वह दोनों के विचित्र और बेजोड़ मिश्रण थे।

राम और कृष्ण ने मानवीय जीवन बिताया। लेकिन शिव बिना जन्म और बिना अन्त के हैं। ईश्वर की तरह अनन्त हैं लेकिन ईश्वर के विपरीत उसके

जीवन की घटनाएँ समय-क्रम में चलती हैं और विशेषताओं के साथ, इसलिए वे ईश्वर से भी अधिक असीमित हैं। शायद केवल उनकी ही एकमात्र किंवदन्ती है जिसकी कोई सीमा नहीं है। इस मामले में उनका मुकाबला कोई और नहीं कर सकता। जब उन्होंने प्रेम के देवता काम के ऊपर तृतीय नेत्र खोला और उसे राख कर दिया तब कामदेव की धर्म-पत्नी और प्रेम की देवी रति, रोती हुई उनके पास गई और अपने पति के पुनर्जीवन की याचना की। निःसन्देह कामदेव ने एक गम्भीर अपराध किया था। क्योंकि उसने महादेव शिव को उद्विग्न करने की कोशिश की जो बिना नाम और रूप तथा तृष्णा के ही मन से ध्यानावस्थित होते हैं। कामदेव ने अपनी सीमा के बाहर प्रयास किया और उसका अन्त हुआ। लेकिन हमेशा चहकने वाली रति पहली बार विधवा रूप में होने के कारण उदास दीख पड़ी। दुनिया का भाग्य अधर में लटका था। रति-क्रीड़ा अब के बाद बिना प्रेम के होने वाली थी। शिव माफ नहीं कर सकते थे। उन्होंने सजा उचित दी, लेकिन रति परेशान थी। दुनिया के भाग्य के ऊपर करुण या रति की उदासी ने शिव को डिगा दिया। उन्होंने कामदेव को जीवन तो दिया, लेकिन बिना शरीर के। तब से कामदेव निराकार है। बिना शरीर के काम हर जगह पहुँचकर प्रभाव डाल सकता है और घुल-मिल सकता है। ऐसा लगता है कि यह खेल शिव के ऊँचे पहाड़ी वासस्थान कैलाश पर हुआ होगा। मानसरोवर झील, जिसके पारदर्शी और निर्मल जल में हंस मोती चुगते हैं, और उतने ही महत्त्वपूर्ण अथाह गहराई और अपूर्व छवि वाले राक्षसताल से लगा अजेय कैलाश, जहाँ बारहों महीने बर्फ जमी रहती है और जहाँ अखंड शान्ति का साम्राज्य छाया रहता है, हिन्दू कथाओं के अनुसार धरती का सबसे रमणीक स्थल और केन्द्र-बिन्दु है।

धर्म और राजनीति, ईश्वर और राष्ट्र या कौम हर जमाने में और हर जगह मिलकर चलते हैं। हिन्दुस्तान में यह अधिक होता है। शिव के सबसे बड़े कारनामों में एक उनका पार्वती की मृत्यु पर शोक प्रकट करना है। मृत पार्वती को अपने कन्धे पर लादकर वे देश-भर में भटकते फिरे। पार्वती का अंग-अंग गिरता रहा, फिर भी शिव ने अन्तिम अंग गिरने तक नहीं छोड़ा। किसी प्रेमी, देवता, असुर या किसी को भी साहचर्य निभाने की ऐसी पूर्ण और अनूठी कहानी नहीं मिलती। केवल इतना ही नहीं, शिव की यह कहानी हिन्दुस्तान की अटूट और विलक्षण एकता की भी कहानी है। जहाँ पार्वती का एक अंग गिरा, वहाँ एक तीर्थ-स्थान बना। बनारस में मणिकर्णिका घाट पर मणि-कुन्तल के साथ कान गिरा, जहाँ आज तक मृत व्यक्तियों को जलाए जाने पर निश्चित

रूप से मुक्ति मिलने का विश्वास किया जाता है। हिन्दुस्तान के पूर्वी किनारे पर कामरूप में एक हिस्सा गिरा जिसका पवित्र आकर्षण सैकड़ों पीढ़ियों तक चला आ रहा है, और आज भी देश के भीतरी हिस्सों में बूढ़ी दादियाँ अपने बच्चों को पूरब की महिलाओं से बचने की चेतावनी देती हैं क्योंकि वे पुरुषों को मोहकर भेड़-बकरी बना देती हैं।

सर्जक ब्रह्मा और पालक विष्णु में एक बार बड़ाई-छोटाई पर झगड़ा हुआ। वे संहारक शिव के पास फैसले के लिए गए। उन्होंने दोनों को अपने छोर का पता लगाने के लिए कहा, एक को अपने सर और दूसरे को पैर का, और कहा कि पता लगाकर पहले लौटने वाला विजेता माना जाएगा। यह खोज सदियों तक चलती रही और दोनों निराश लौटे। शिव ने दोनों को अहंकार से बचने के लिए कहा। त्रिमूर्ति इस पर निर्णय कर खूब हँसे होंगे, और शायद दूसरे मौकों पर भी हँसते होंगे। विष्णु के बारे में यह बता देना जरूरी है, जैसा कई दूसरी कहानियों से पता चलता है कि वह भी अनन्त निद्रा और अनन्त आकार के माने जाते हैं। जब तक शिव की लम्बाई-चौड़ाई अनन्त में तय न कर उसकी परिभाषा न दी जाए। एक दूसरी कहानी उनके दो पुत्रों के बीच की है जो एक खूबसूरत औरत के लिए झगड़ रहे थे। इस बार भी इनाम उसको मिलने वाला था जो सारी दुनिया को पहले नाप लेगा। कार्तिकेय स्वास्थ्य और सौन्दर्य की प्रतिमूर्ति थे और एक पल नष्ट किये बिना दौड़ पर निकल पड़े। हाथी की सूँड़ वाले गणेश, लम्बोदर, बैठे सोचते रहे और बहुत देर तक मुँह बनाए बैठे रहे। कुछ देर में उनको रास्ता सूझा और उनकी आँखों में शरारत चमकी। गणेश उठे और धीमे-धीमे अपने पिता के चारों ओर घूमें और निर्णय उनके पक्ष में रहा। कथा के रूप में तो यह बिना सोचे और जल्दबाजी के बदले चिन्तन, धीमे-धीमे सोच-विचार कर काम करने की सीख देती है। लेकिन मूलरूप से यह शिव की कथा है जो असीम है और साथ-साथ सात पगों में नापी जा सकती है। निस्सन्देह, शरीर से भी शिव असीम हैं।

हाथी की सूँड़ वाले गणेश का अपूर्व चरित्र है, पिता के हस्त-कौशल के अलावा अपनी मन्द, यद्यपि तीक्ष्ण बुद्धिमानी के कारण। जब वह छोटे थे, उनकी माता ने उन्हें स्नानगृह के दरवाजे पर देख-रेख करने और किसी को अन्दर न आने के लिए कहा। प्रत्युत्पन्न क्रिया वाले शंकर उन्हें ढकेलकर अन्दर जाने लगे, लेकिन आदेश से बँधे गणेश ने उन्हें रोका। पिता ने पुत्र का गला काट दिया। पार्वती को असीम वेदना हुई। उस रास्ते जो पहला जीव निकला वह एक हाथी था। शिव ने हाथी का सिर उड़ा दिया और गणेश के धड़ पर

रख दिया। उस जमाने से आज तक गहरी बुद्धि वाले, मनुष्य की बुद्धि के साथ गज की स्वामी भक्ति रखने वाले गणेश, हिन्दू घरों में हर काम के शुरू में पूजे जाते हैं। उनकी पूजा से सफलता निश्चित हो जाती है। मुझे कभी-कभी विस्मय होता है कि क्या शिव ने इस मामले में अपने चरित्र के खिलाफ काम नहीं किया? क्या यह काम उचित था? हालाँकि उन्होंने गणेश को पुनर्जीवित किया और इस तरह व्याकुल पार्वती को दुख से छुटकारा दिया। लेकिन उस हाथी के बच्चे की माँ का क्या हाल हुआ होगा, जिसकी जान गई? लेकिन सवाल का जवाब खुद सवाल में ही मिल जाता है। नये गणेश से हाथी और पुराने गणेश दोनों में से कोई नहीं मरा। शाश्वत आनन्द और बुद्धि का यह मेल कितना विचित्र है तथा हाथी और मनुष्य का मिश्रण कितना हास्यास्पद!

शिव का एक दूसरा भी काम है। जिसका औचित्य साबित करना कठिन है। उन्होंने पार्वती के साथ नृत्य किया। एक-एक ताल पर पार्वती ने शिव को मात किया। तब उत्कर्ष आया। शिव ने एक थिरकन किया और अपना पैर ऊपर उठाया। पार्वती स्तब्ध और विस्मयचकित खड़ी रहीं और नारी की मर्यादा के खिलाफ भंगिमा नहीं दर्शा सकीं। अपने पति के इस अनुचित काम पर आश्चर्य प्रकट करती खड़ी रहीं। लेकिन जीवन का नृत्य ऐसे उतार-चढ़ाव से बनता है जिसे दुनिया के नाक-भौं चढ़ाने वाले लोग अभद्र कहते हैं और जिससे नारी की मर्यादा बचाने की बात कहते हैं। पता नहीं शिव ने शक्ति की वह भंगिमा एक मुकाबले में, जिसमें वह कमजोर पड़ रहे थे, जीत हासिल करने के लिए प्रदर्शित की या सचमुच जीवन के नृत्य के चढ़ाव में कदम-कदम बढ़ते हुए वे उद्वेलित हो उठे थे।

शिव ने कोई भी ऐसा काम नहीं किया जिसका औचित्य उस काम से ही न ठहराया जा सके। आदमी की जानकारी में वह इस तरह के अकेले प्राणी हैं जिनके हर काम का औचित्य अपने-आप में था। किसी को भी उस काम के पहले कारण और न बाद में किसी काम का नतीजा ढूँढ़ने की आवश्यकता पड़ी और न औचित्य ढूँढ़ने की। जीवन कारण और कार्य की ऐसी लम्बी श्रृंखला है कि देवता और मनुष्य दोनों को अपने कामों का औचित्य दूर तक जाकर ढूँढ़ना होता है। यह एक खतरनाक बात है। अनुचित कामों को ठीक ठहराने के लिए चतुराई से भरे, खीझ पैदा करने वाले तर्क पेश किये जाते हैं। इस तरह झूठ को सच, गुलामी को आजादी और हत्या को जीवन करार दिया जाता है। इस तरह के दुष्टतापूर्ण तर्कों का एकमात्र इलाज है शिव का विचार, क्योंकि वह तात्कालिकता के सिद्धान्त का प्रतीक

है। उनका हर काम स्वयं में तात्कालिक औचित्य से भरा होता है और उसके लिए किसी पहले या बाद के काम को देखने की जरूरत नहीं होती है।

असीम तात्कालिकता की इस महान किंवदन्ती ने बड़प्पन के दो और स्वप्न दुनिया की दिये हैं। जब देवों और असुरों ने समुद्र मथा तो अमृत के पहले विष निकला। किसी को यह विष पीना था। शिव ने उस देवासुर संग्राम में कोई हिस्सा नहीं लिया और न तो समुद्र मन्थन के सम्मिलित प्रयास में ही। लेकिन कहानी बढ़ाने के लिए वे विषपान कर गए। उन्होंने अपनी गर्दन में विष को रोके रखा और तब से वे नीलकंठ के नाम से जाने जाते हैं। दूसरा स्वप्न हर जमाने में हर जगह पूजने योग्य है। जब एक भक्त ने उनकी बगल में पार्वती की पूजा करने से इनकार किया तो शिव ने आधा पुरुष-आधा नारी, अर्द्धनारीश्वर रूप ग्रहण किया। मैंने आपादमस्तक इस रूप को अपने दिमाग में उतार पाने में दिक्कत महसूस की है, लेकिन उसमें बहुत आनन्द मिलता है।

मेरा इरादा इन किंवदन्तियों के क्रमशः ह्रास को दिखाने का नहीं है। शताब्दियों के बीच वे गिरावट की शिकार होती रही हैं। कभी-कभी ऐसा बीज जो समय पर निखरता है, वह विपरीत हालतों में सड़ भी जाता है। राम के भक्त समय-समय पर पत्नी निर्वासक, कृष्ण के भक्त दूसरों की बीवियों को चुराने वाले, शिव के भक्त अघोरपन्थी हुए हैं। गिरावट और क्षतरूप की इस प्रक्रिया में मर्यादित पुरुष संकीर्ण हो जाता है उन्मुक्त पुरुष दुराचारी हो जाता है, असीमित पुरुष प्रासंगिक और स्वरूपहीन हो जाता है। राम का गिरा हुआ रूप स्वरूपहीन व्यक्तित्व बन जाता है। राम के दो अस्तित्व हो जाते हैं, मर्यादित और संकीर्ण, कृष्ण के उन्मुक्त और क्षुद्र-प्रेमी, शिव के असीमित और प्रासंगिक। मैं कोई इलाज सुझाने की धृष्टता नहीं करूँगा और केवल इतना कहूँगा : ए भारतमाता, हमें शिव का मस्तिष्क दो, कृष्ण का हृदय दो तथा राम का कर्म और वचन दो। हमें असीम मस्तिष्क और उन्मुक्त हृदय के साथ-साथ जीवन की मर्यादा से रचो।

पवित्रता और नर-नारी सम्बन्ध

अक्सर लोग पूछते हैं कि देश के पतन का मुख्य कारण क्या है। उनका मतलब अल्पकाल के नहीं बल्कि लम्बान के कारणों से होता है। जैसे पेड़ की शाखा-परिशाखाएँ फूटती हैं, वैसे कारण अनेक हैं। लेकिन पेड़ की जड़ कहीं तो है ही, और दृष्टि से वह जड़ है, जाति और औरत। जाति और औरत का जो ढाँचा इस समय देश में बना हुआ है, उससे पतन के अलावा और कोई परिणाम नहीं निकल सकता। आत्मा के पतन के लिए जाति और औरत के दोनों कटघरे मुख्यत: जिम्मेदार हैं। इन कटघरों में इतनी शक्ति है कि साहसिकता और आनन्द की समूची क्षमता को ये खत्म कर देते हैं। जो लोग यह सोचते हैं कि आधुनिक अर्थतंत्र के द्वारा गरीबी मिटाने के साथ-ही-साथ ये कटघरे अपने-आप खत्म हो जाएँगे, बड़ी भारी भूल करते हैं। गरीबी और ये दो कटघरे एक-दूसरे के कीटाणुओं पर पनपते हैं।

देश की सारी राजनीति में, चाहे जान-बूझकर अथवा परम्परा के द्वारा राष्ट्रीय सहमति का एक बहुत बड़ा क्षेत्र है और वह यह कि शूद्र और औरत का, जो कि पूरी आबादी की तीन-चौथाई हैं—दबाकर और राजनीति से अलग रखो।

यों ऊपरी तर्क के लिए औरत का स्थान भारत में छोटा नहीं है। कहीं किसी आधुनिक देश में औरत प्रधानमंत्री अथवा राष्ट्रपति फिलहाल अचिन्त्य है। कई मंत्री अथवा राजदूत भी रही हैं। लेकिन उससे आधी आबादी होने वाली औरतों की भारतीय समाज की स्थिति में कोई परिवर्तन नहीं है। ये ऊपरी तर्क और बातें असलियत को छुपा देती हैं। असलियत यह है कि हिन्दुस्तान की नारी घर में देवी और बाहर नगण्य है। साधारण तौर पर पैरों के तले और कभी-कभी सिर पर बैठती है। वह व्यक्ति नहीं है, करीब-करीब उसी तरह से जिस तरह से पश्चिम एशिया की नारी अथवा इतिहास के कुछ युगों में चीन की।

पश्चिम एशिया में औरत एक सुन्दर खिलौना रही है। तफरीह के क्षणों में कदर और प्रेम, फिर अवस्तु। कई सौ या हजार बरस में हिन्दू नर का दिमाग अपने हित को लेकर गैर-बराबरी के आधार पर बहुत ज्यादा गठित हो चुका है। उस दिमाग को ठोकर मार-मार करके बदलना है। नर-नारी के बीच में बराबरी कायम करना है। नर-नारी की गैर-बराबरी शायद आधार है और सब गैर-बराबरियों के लिए या अगर आधार नहीं है तो, जितने भी आधार हैं, बुनियाद की चट्टानें समाज में गैर-बराबरी की और नाइंसाफी की, उनमें यह चट्टान शायद नर-नारी की गैर-बराबरी।

यूरोप में नारी कभी भी किसी युग में असमानता की वैसी शिकार नहीं रही जैसी एशिया में। बहुत ढूँढ़ा लेकिन बड़े युद्धों के अलावा कहीं और; एक मर्द के एक से अधिक से विवाह की घटना न मिली। मध्य युग में शालमन ने अपने सरदारों की विधवाओं से एक साथ विवाह किया। ऐसी कुछ और भी घटनाएँ रही हैं। किन्तु पुराने-से-पुराने युग से लेकर आज तक बहुपत्नी-प्रथा यूरोप के कानून में सर्वथा त्याज्य है। जहाँ तक हम जानते हैं, इस प्रश्न को लेकर अभी तक शोध नहीं हुआ है। हो तो मजेदार नतीजे निकल सकते हैं।

हमारे यहाँ यह तो बड़ी विचित्र सामाजिक घटना है और समाज रचना है। मैंने कई लोगों से कहा, इस पर अध्ययन करो। यह तो पी-एच.डी. का विषय है। क्या बात है कि हिन्दुस्तान में मर्द को तो अधिकार मिल गया और खाली हिन्दुस्तान ही नहीं, अरबिस्तान, चीन में शादी करने का या रखैल रखने का। प्रेमिका की बात अलग है। यहाँ शादी की बात है। शादी तो आखिर एक सामाजिक घटना है और बहुत जबरदस्त घटना है।

गोरी दुनिया में तो कोई मर्द एक साथ एक से ज्यादा औरत से, साधारण जमाने में, शादी नहीं कर पाया, लेकिन हमारी रंगीन दुनिया में उसको यह अधिकार परम्परागत रहा है। यह एक ऐसा विषय है कि जिसके ऊपर अगर कोई बड़ा कठिन विषय है, 5-10 बरस लग सकते हैं, अध्ययन करके कोई किताब लिखे तो बहुत बढ़िया चीज होगी।

यह न समझना कि नर-नारी को बराबरी के मामले में यूरोप वाले बिलकुल सब अंगों में, सर्वांगीण तौर पर हमसे अच्छे हैं या अच्छे हो चुके हैं। जो भी हो, यूरोप की संस्कृति में नर और नारी को अगल-बगल बैठाने की कोशिश हुई है। यह सही है कि यह कोशिश अभी तक अपूर्ण है, जीवन के कई कोनों तक अभी बिलकुल पहुँची नहीं है, और कहीं-न-कहीं बड़ी खराबी है कि जिससे औरत ऊँची-से-ऊँची जगह पर पहुँच नहीं पाती।

अमरीका के एक सम्मेलन में मैं गया था। उसमें बहस को चलाने वाले नेतृत्व मंडल के करीब 30 लोगों में एक औरत भी नहीं थी। एकाध दफे शायद बहस में औरत ने हिस्सा ले लिया, या अनुवाद करने में हिस्सा लिया हो। वहाँ औरतें थीं। पढ़ी-लिखी औरतें थीं, बहुत मशहूर कवि, बहुत मशहूर उपन्यास लिखने वाली, बहुत मशहूर विद्वान थीं। मैंने इस सवाल को उठा दिया कि तुम और सब जहाँ अन्याय और नाइंसाफी को सोचते हो, इसको भी जरा सोच लेना और फिर बताया कि मैं जानता हूँ कि अमरीकी औरत मेरे विचार को नहीं समझेगी, क्योंकि वह तो जानती है कि वह तो बराबर है, वह तो समझती है कि मर्द से वह आगे बढ़ जाती है, कहीं किसी तरह से वह पीछे नहीं रहती है। तो ऐसी सूरत में जब मैं कहता हूँ कि नहीं मर्द उससे बढ़ा हुआ है, तो उसके दिमाग में यह बात धँसेगी नहीं। वह समझेगी कि यह तो बिलकुल नाजानकारी में कह रहे हैं। लेकिन मैंने कहा कि यह उदाहरण देख लो, यह 30 जो थे, वाद-विवाद चलाने वाले नेता, उनमें एक भी औरत नहीं थी। इसके मानी, दिमागी जीवन में तो वह अमरीका में मर्दों के मुकाबले में अलग-सी है। हो सकता है कि यह सम्मेलन कोई विचित्र रहा हो, लेकिन ऐसा सम्मेलन तो अभी यूरोप में और अमरीका में भी नहीं होता जहाँ पर कि बराबर का हिस्सा मिलता हो, बराबर की-सी उनकी हैसियत हो। जितने भी ऊँचे ओहदे हैं, वे ज्यादातर मर्दों को मिलते हैं। दिमागी मामलों में तो कहीं भी, संसार-भर में, औरत को बराबरी की जगह नहीं है।

यह बात अलग है कि औरत खुद न समझ पाती हो कि वह कितनी दबी हुई है, यूरोप और अमरीका की औरतें और खासतौर से अमरीका की औरतें। बात सही भी है। अमरीका की 55 फीसदी दौलत की मालिक अभी भी, एक जमाने में 60 तक चला गया था, अब कुछ घटा है—औरतें हैं, मर्द नहीं। एक जमाना ऐसा था, जब बाप दौलत छोड़कर जाता था, तो बेटा यह समझता था कि मैं किसी की कमाई हुई दौलत क्यों लूँ और अपनी बहन के नाम सब लिख देता था और नये सिरे से दौलत कमाने की इच्छा करता था। लेकिन अब वह जमाना तो कुछ बीत-सा रहा है। उसके अलावा औरतों की इज्जत है। मान लो, कहीं चल रहे हैं तो उनको आगे कर दिया। जहाँ देखो वहाँ उनके लिए लोग खड़े हो जाते हैं। घर के काम में भी काफी बराबरी रहती है। अगर मर्द रसोई बना रहा है तो औरत बर्तन माँज रही है। एक रसोई बना रही है तो दूसरा बर्तन माँज रहा है। ये सब चीजें हैं। जिनको देखकर अमरीकी औरत समझती है कि वह बराबर है।

खैर, सम्मेलन में मेरा भाषण हुआ तो उसके बाद कुछ औरतें आईं। हमारे सबसे अच्छे दोस्त ने—अमरीका वाला—कहा, तुम्हारे—दिमाग में यह चीज। तो हमने कहा, ठीक है, हमारे दिमाग में धँसी हुई है लेकिन तुम इस अंग को नहीं देख रहे हो। उसके दिमाग में यही धँसा हुआ है कि दुनिया में किस तरह से एक सरकार बनाई जाए। लेकिन एक सरकार बनाने भी जाओगे तो गैर-बराबरी के जितने अंग हैं, उनको साफ भी तो करोगे।

हिन्दुस्तान आज विकृत हो गया है, यौन पवित्रता की लम्बी-चौड़ी बातों के बावजूद, आमतौर पर विवाह और यौन के सम्बन्ध में लोगों के विचार सड़े हुए हैं। सारे संसार में कभी-कभी मर्द ने नारी के सम्बन्ध में शुचिता, शुद्धता, पवित्रता के बड़े लम्बे-चौड़े आदर्श बनाए हैं। घूम-फिरकर इन आदर्शों का सम्बन्ध शरीर तक सिमट जाता है, और शरीर के भी छोटे से हिस्से पर। नारी का पर-पुरुष से स्पर्श न हो। शादी के पहले हरगिज न हो। बाद में अपने पति से हो। एक बार जो पति बने, तो दूसरा किसी हालत में न आए। भले ही ऐसे विचार मर्द के लिए सारे संसार में कभी-न-कभी स्वाभाविक रहे हैं, किन्तु भारत भूमि पर इन विचारों की जो जड़ें और प्रस्फुटन मिले वे अनिर्वचनीय हैं। अष्टवर्षा भवेत गौरी। यह सूत्र किसी बड़े ऋषि ने चाहे न बनाया हो लेकिन बड़ा प्रचलित है आज तक। इसे जकड़कर रखो, मन से, धर्म से, सूत्र से, समाज संगठन से और अन्ततोगत्वा शरीर की प्रणालियों से कि जल्दी-से-जल्दी लड़की का विवाह करके औरत को शुच-शुद्ध और पवित्र बनाकर रखो। विवाह से कन्या पवित्र नहीं होती तब तक उसको असीम अकेलेपन में जिन्दगी काटनी पड़ती है।

और देशों में भी औरत को जकड़ने की कोशिश की गई है, लेकिन यहाँ गजब तरीकों से। उसे शुद्ध रखने के लिए उसे कितना लांक्षित और अपमानित किया गया है, यह आज तक एक भारतीय मर्द की बोली से अनायास टपकता है। ऐसे लगता है मानो उसकी कभी माँ न रही हो। अब तक ऐसी जातियाँ हैं जो अपनी माँ के हाथ की बनाई रसोई अशुद्ध समझती हैं। और बाप अथवा भाई का बनाया भोजन खाते हैं। और महाभारत का वह अजीब श्लोक क्षेपक है या नहीं सो पता नहीं, लेकिन दूर तक इसी उद्गम से प्रचलित है। 'सुन्दर पुरुष दृष्टवा भ्रातरं पतरं, योनिद्रवति नारीणा' वगैरह पता नहीं बात सत्य है या झूठ, अगर सच है तो जितनी औरत के लिए उतनी ही मर्द के लिए, और सिर्फ कला अथवा मजाक की सामग्री हो सकती है। लेकिन समाज के गठन की गम्भीर चर्चा के समय ऐसा श्लोक भारत के मर्द के असीम पाजीपन का नमूना है।

शक्ति मौका आने पर प्रकट होती है और प्रकट होते-होते बढ़ती है। शक्ति दबाने से दबती चली जाती है और फिर ऐसे लगता है कि मानो हो ही न, और कभी न रही हो। भारत की नारी अथवा लड़की दबाकर रखी जाती है। बहुत ऊँचे वर्गों के कुछ अपवादों को छोड़कर उसे किसी तरह से सार्वजनिक मौके नहीं मिलते। इन अपवादों को भी कुटुम्बजनक अथवा दिखावटी मौके ज्यादा मिलते हैं। यह सही है कि भारत की नारी जैसी एक अर्थ की संज्ञा व्याजक रूप में नहीं है। कई प्रकार की और वर्गों की नारियाँ हैं। एक तरफ खेत-मजदूरिनें हैं। राम को सीता के मुँह से पापी कहलवाने वाली सोहरें गाती हैं और जिनमें तलाक हमेशा चालू रहा है। दूसरी तरफ ऐसी मध्यम वर्ग की और सनातनी नारियाँ हैं जो दिमाग और वचन से, कर्म चाहे भले ही अन्य दिशाओं में फूट पड़ता हो, राम को ही अपना आराध्य मानती हैं, चाहे वह अग्नि-परीक्षा लेने के बाद भी वनवास दे दें। वह तो जंगलीपन था। राम ने जिस तरह से सीता के साथ व्यवहार किया है, हिन्दुस्तान की कोई भी औरत राम के प्रति कैसे कोई बड़ा स्नेह कर सकती है, इसमें मुझे कई बार बड़ा ताज्जुब होता है। यह कहना कि राम जनतंत्र का कितना उपासक था कि एक धोबी के कह देने से उसने अपनी औरत को निकाल दिया। मान लो कि धोबी के कहने से उसको निकाल दिया। लेकिन अग्नि-परीक्षा वाला कौन सा मौका था! उस वक्त क्या माँग थी! अगर मान भी लो, थोड़ी देर के लिए कि जनता में से किसी एक ने यह माँग की थी तो जनतंत्र यह है कि कोई एक कह दे! सवाल यह उठता है कि अगर वे जनतंत्र के इतने बड़े उपासक थे तो क्या राम के पास कोई और रास्ता नहीं था। वे सीता को लेकर, गद्दी छोड़कर वनवास फिर से नहीं जा सकते थे? यदि गांधी जी आज जिन्दा होते तो मैं उनसे कहता कि आप रामराज की बात न कहें। यह अच्छा नहीं है। इसलिए मैं सीतारामराज की बात कहता हूँ। यदि सीतारामराज कायम करने की बात देश के घर-घर में पहुँच जाए, तो औरत-मर्द के आपसी झगड़े हमेशा के लिए खत्म हो जाएँगे और तब उनके आपसी रिश्ते भी अच्छे होंगे।

खैर, फिर ऐसी उच्चवर्गीय औरतें हैं जिन्हें न तो राम और सीता के बारे में ज्यादा पता होगा और न आधुनिक संसार के बारे में। लेकिन जो अपने कुटुम्ब, अथवा हाव-भाव या और किसी ऐसे ऊपरी गुणों के कारण आधुनिकतम चालू रिवाजों की उस्ताद हैं। फिर भी एक बात सबके लिए लागू होती है। ऐसा लगता है कि उन्हें जकड़ लिया गया है। उन्हें परम्परा की सैकड़ों रस्सियों और बेड़ियों में बाँध दिया गया है। उनमें शक्ति ही नहीं, चाहे वे जिस किसी

वर्ग और प्रकार की नारियाँ हों। भारत की औरत सचमुच बँधी है। नाम के लिए दुर्गा और भगवती है, जिसका एक स्वरूप काली है, लेकिन दरअसल एक शक्तिहीन पदार्थ है। इसलिए तो पार्वती की शादी के मौके पर पार्वती की माँ ने कहा—

कत विधि सृजों नारि जग माहीं। पराधीन सपनेहुँ सुख नाहीं।

जैसी ही बच्चे से लड़की होना शुरू होती है, वैसे ही लोग उसे धीमे बोलना सिखाते हैं, अकड़ अथवा फैलकर चलने से रोकते हैं, एक शब्द में दुबकना सिखाते हैं। वे निस्तेज हो जाती हैं, चाहे निस्तेज सात्त्विक हो अथवा निस्तेज सामंती हो।

रजस्वला के बारे में कुछ पुरानी सोच इसी विकृति की परिणाम हैं। तब तो हर मर्द और औरत को चौबीसों घंटे अशौच अवस्था में अलग पड़े रहना चाहिए क्योंकि उसके पेट में हर समय थोड़ा मल-मूत्र रहता है। कौन नहीं योनि की भी शुचिता चाहेगी? प्रश्न केवल इतना है कि उसे किस तरह हासिल किया जाए। अगर औरत के जीवन के नियमों और उपनियमों में योनिशुचिता को ही केन्द्र बना लिया जाता है तो निस्सन्देह वह और गन्दी, बेजान होकर रहेगी और ठीक उल्टे परिणाम निकलते रहेंगे। केन्द्र बिन्दु न बनाकर बाकी और सभी नियमों और उपनियमों के साथ-साथ यह भी एक नियम रहे। नियम कभी-कभी टूट जाया करते हैं, चाहे भूल से अथवा और किसी बड़े सिद्धान्त के कारण। जहाँ भूल से कोई नियम टूटे वहाँ साधारण उपचार से काम निकालना चाहिए। जब पैर किसी गन्दगी में पड़ जाए उसे धो लेने से काम हो जाता है। अगर गन्दगी कुछ ज्यादा बड़े पैमाने की हो तो धुलाई उसके उपयुक्त हो सकती है, लेकिन एक भूल का नतीजा हो, सदा-सर्वदा के लिए आत्मग्लानि अथवा समाज का तिरस्कार—तब औरत जकड़ी रहेगी और गन्दी बनेगी। थोड़ी-बहुत ग्लानि हर भूल के साथ आया करती है, लेकिन सात्त्विक दिमाग संसार पर और अपने ऊपर हँसकर इस ग्लानि को कालान्तर में पचा लेता है।

नर चाहता है कि नारी अच्छी भी हो, बुद्धिमान हो, चतुर हो, तेज हो, उसकी हो, और उसके कब्जे में हो। ये दोनों भावनाएँ परस्पर विरोधी हैं। अपनी किसको बना सकते हो? उस मानी में अपनी, जो हमारे कब्जे में रहे। मेज को अपनी बना सकते हो, कमरे को बना सकते हो, शायद कुत्ते को भी बना सकते हो, किसी हद तक। बिल्ली भी मुश्किल होगी। बिल्ली कुछ और है। यानी निर्जीव या अगर सजीव भी है, तो किसी ऐसे को ही बना सकते

हो, जिसकी सजीवता सम्पूर्ण नहीं। जिसकी सजीवता सम्पूर्ण है, उसको अगर अपने अधीनस्थ बना देना चाहते हो, तो फिर वह चपल, चतुर, सचेत, सजीव—सजीव उस अर्थ में, जीव वाले अर्थ में नहीं—जिन्दादिल जिन्दा शरीर, तेज और बुद्धिमान नहीं हो सकती। या तो औरत को बनाओ परतंत्र, तब मोह छोड़ दो औरतों को बढ़िया बनाने का। या फिर बनाओ उसको स्वतंत्र। तब वह बढ़िया होगी; इसलिए एक या दूसरी भावना को अपनाना पड़ेगा। किस भावना को आप अपनाओ, यह आपका काम है, लेकिन मैं खाली इतना ही कह देता हूँ कि उस कब्जे वाली, लेकिन मुर्दा चीज से तो कोई खास मतलब होता नहीं। चुलबुला कब्जा असम्भव है। निर्जीव कब्जा बेमजा है। नर और नारी का स्नेहमय सम्बन्ध बराबरी की नींव पर ही हो सकता है। ऐसा सम्बन्ध कोई भी समाज अब तक नहीं जान पाया।

भारतीय हिन्दुओं और मुसलमानों को स्वस्थ और खिलाड़ी औरतें पसन्द हैं। मैदान में खेलते समय की उनकी खूबसूरती उन्हें आकर्षित भी करती है। लेकिन निजी परिवार की औरतें जाहिर रूप में खेलें, यह बात उन्हें पसन्द नहीं होती। इस कारण तो भारत की हॉकी टीम में मेरी, डिसोजा और वायलट दिखती है, सीता अथवा हमीदा नहीं दिखाई देती। औरतों के मामलों में हम बड़े दकियानूस और क्रूर हो गए हैं। इस देश में मातृहन्ता परशुराम से राष्ट्रहन्ता नेहरू तक कट्टर न्याय की वशिष्ठ-परम्परा है। विश्वामित्र से विश्वेश्वरैय्या तक उदारता की वाल्मीकि-परम्परा है। पाँच हजार वर्ष पहले का वशिष्ठ सीता को इतना जकड़कर रखना चाहता है कि बेचारी अग्नि-परीक्षा ही करती रहे। आज का वशिष्ठ सीता को खोल देना चाहता है। किन्तु वासन्ती और कुशिका तब के और अब के वशिष्ठ के लिए उपभोग की सामग्री हो सकती है, उदारता और समता के लिए नहीं, तत्त्वमसि के लिए नहीं। मौजूदा वशिष्ठ की उदारता तो ऊपरी और दिखाऊ है। औरतों के विवाह और सम्पत्ति सम्बन्धी कानूनों पर प्रधानमंत्री कुछ अड़े। देखने में यह अड़ उदार थी। लेकिन वास्तव में इसके पीछे कई सौ बरस की पश्चिमी परम्परा है, जिसको आधुनिकता की परम्परा भी कहते हैं। मेरा मतलब यह नहीं कि यह खराब थी। औरतों को तो मर्दों के समान हक मिलना ही चाहिए। सच पूछो तो ज्यादा। तभी समानता आ सकेगी। लेकिन मर्द-औरत समानता की दिशा में प्रधानमंत्री का यह कोई बड़ा और उदार कदम तो था नहीं। हिन्दुस्तान की अस्सी फीसदी औरतों को इन कानूनों का क्या प्रयोजन? ये तो उनके हैं ही, जिस हद तक वर्तमान सामाजिक और आर्थिक ढाँचे में हो सकते हैं। प्रयोजन तो है द्विज नारियों से,

ब्राह्मणियों, सेठानियों और ठकुराइनों से। वही गिरोह-स्वार्थ। वही आधुनिकता की पिटी-पिटाई परम्परा।

औरतों की समस्या निःसन्देह कठिन है। उसकी रसोई की गुलामी तो वीभत्स है, किन्तु उसकी समस्या इससे भी आगे है।

पुण्य क्या है और पाप क्या है, अब इस सवाल से बचा नहीं जा सकता। मैं मानता हूँ कि आध्यात्मिकता निरपेक्ष है किन्तु नैतिकता सापेक्ष है, और हरेक युग और आदमी तक को अपनी-अपनी नैतिकता खोजनी चाहिए।

एक औरत जिसने अपनी सारी जिन्दगी में सिर्फ एक ही बच्चे को जन्म दिया हो, चाहे वह अवैध ही क्यों न हो, और दूसरी ने आधे दर्जन या ज्यादा वैध बच्चे जने हों, तो इन दोनों में कौन ज्यादा शिष्ट और ज्यादा नैतिक है? एक औरत जिसने तीन बार तलाक दिया और चौथी बार वह फिर शादी करती है, और एक मर्द चौथी बार इसलिए शादी करता है कि एक के बाद एक उसकी पत्नियाँ मर गई हैं, तो इन दोनों में कौन ज्यादा शिष्ट और ज्यादा नैतिक है?

तलाक और अवैध बच्चे इत्यादि एक मानी में असफलता है। किन्तु पारस्परिक विश्वास शायद वह आदर्श है जो नर-नारी सम्बन्धों में प्राप्त हो। किन्तु जैसे कि अन्य मानवी क्षेत्रों में, इसमें भी प्रायः आदर्श से चूक जाते हैं, जब मर्द या औरत सम्पूर्णता का प्रयास करते हैं।

तब? मेरे मन में कोई शक नहीं है कि सिर्फ एक अवैध बच्चा होना आधे दर्जन वैध बच्चे होने से कई गुना अच्छा है। उसी तरह इसमें कोई शक नहीं कि तीन पत्नियों में सभी की मृत्यु आकस्मिक नहीं हो सकती, उपेक्षा और गरीबी जरूर ही रही होगी, और इस तरह की अपेक्षा उन झगड़ों से कहीं ज्यादा बुरी है, जिनकी वजह से तीन बार या और ज्यादा तलाक हुए हों।

इन निर्णयों का अब छुटपुट महत्त्व नहीं है। इनका व्यापक प्रभाव हो गया है, क्योंकि आज विवाह और उसके बाद से सम्बन्धित परिस्थितियाँ, अगर किसी को पाप कहा जा सकता है, तो वे सम्पूर्ण हैं।

हिन्दुस्तान की प्रतीक नारी कौन? द्रौपदी या सावित्री? अगर दिमाग का पुनर्गठन करो तो सावित्री और द्रौपदी वाला किस्सा लेकर आप बहस छेड़ो। बहुत सम्भव है कि दोनों औरतें काल्पनिक हैं। यह भी हो सकता है कि हुई हों। ऐसा भी हो सकता है कि किसी एक रूप से हुई; लेकिन समय जैसे-जैसे बढ़ता गया वैसे-वैसे किस्से उनके साथ जुड़ते गए।

द्रौपदी महाभारत की सबसे बड़ी औरत है, इसमें कोई शक नहीं है। महाभारत के नायक का नाम कृष्ण है, उसी तरह से महाभारत की नायिका

का नाम कृष्णा है—कृष्ण-कृष्णा। आज के हिन्दुस्तान में द्रौपदी की उसी विशिष्टता को मर्द और औरत ज्यादा याद रखे हुए हैं कि उसके पाँच पति थे। द्रौपदी की जो खास बातें हैं, उनकी तरफ ध्यान नहीं जाता। यह आज के सड़े-गले हिन्दुस्तान के दिमाग की पहचान है कि इस तरह के सवाल पर दिमाग बड़ी जल्दी चला जाता है कि किस औरत के कितने पति या प्रेमी हैं या इस अंग में वह किस तरह से चरित्रवादी रही है, और दूसरी बातों की तरफ ध्यान नहीं जाता।

सावित्री के लिए हिन्दू नर और हिन्दू नारी दोनों का दिल एकदम से आलोड़ित हो उठता है कि वह क्या गजब की औरत थी! अगर हिन्दू किंवदन्ती में ऐसी पतिव्रता का किस्सा मौजूद है कि जो यम के हाथों से अपने पति को छुड़ा लाई, तो कोई किस्सा हमको ऐसा भी तो बताओ, किसी पत्नीव्रत का, कि जो अपनी औरत को, मर जाने पर यम के हाथों से छुड़ाकर लाया हो और फिर से उसको जिलाया हो। आखिर मजा तो तभी आता है जब ऐसा किस्सा दोतरफा होता है। पतिव्रत की तरह पत्नीव्रत का किस्सा नहीं है। तो फिर इतना साफ साबित हो जाता है कि जब कभी ये किस्से बने या हुए भी हों, तब से लेकर अब तक हिन्दुस्तानी दिमाग में उस औरत की कितनी जबरदस्त कदर है कि जो अपने पति के साथ शरीर, मन, आत्मा से जुड़ी हुई है और वह पतिव्रता या पतिव्रत धर्म का प्रतीक बन सकती है। इसके विपरीत मर्द का औरत के प्रति उसी तरह का कोई श्रद्धा या भक्ति या प्रेम या अटूट प्रेम का किस्सा नहीं है। हिन्दुस्तानी औरत की यही तबीयत रहती है कि इस जन्म में तो ख़ैर यह पति मिला ही है, लेकिन अगले जन्म में भी वही मिले। पिछले जन्म में भी वही मिला होगा, अगर सचमुच वह पतिव्रता रही होगी। यह मत समझना कि मेरा विश्वास है कि पुनर्जन्म हुआ करता है। यह तो खाली किस्सेबाजी है। पर इस किस्सेबाजी में कहीं-कहीं बड़ी बढ़िया चीजें मिल जाती हैं। लेकिन यह चीज बड़ी घटिया है कि वह औरत जब से सृष्टि चली है, और जब से मर्द औरत हुए हैं, उसी एक मर्द के साथ, अगर वह पतिव्रता है तो, बँधी हुई है और आगे भी जब तक प्रलय आएगा तब तक बँधी हुई रहेगी। इस विषय को मैं नहीं छेड़ता कि इस हद तक किसी एक मर्द के साथ किसी औरत का जुड़ जाना कितना अच्छा या बुरा है। अगर पलड़ा बराबर रखना, समाज का निर्माण ठीक तरह से चलाना है, तो फिर जिस तरह से औरत किसी मर्द के साथ जन्म-जन्मान्तर में जुड़ जाती है, उसी तरह से एक ही औरत के साथ एक मर्द को जन्म-जन्मान्तर तक जुड़ जाना जरूरी होता है।

पिछले कई हजार वर्ष में भारतीय इतिहास या किंवदन्ती या इस तरह के जितने भी किस्से गढ़े गए हैं या घटनाएँ हुई हैं, जिन पर कवियों ने, लेखकों ने अपनी छाप लगाई है, उसमें मर्द और औरत के बीच में अजीब तरह की गैर-बराबरी रही है। कहीं आप ऐसा मत समझ लेना कि मैं उस औरत को पसन्द करता हूँ जो एक से ज्यादा प्रेमी करे, या एक साथ या एक के बाद। मेरी मुसीबत यह है कि बराबरी चाहिए। दुनिया अच्छी बनाना चाहते हो तो अगर मर्द एक के बाद एक प्रेम कर सकता है, तो फिर औरत को भी वही गुंजाइश होनी चाहिए। गैर-बराबरी के आधार पर यह सावित्री वाली सुन्दर रचना की गई है और वह दिमाग तक ही सीमित रह गई है, क्योंकि दरअसल समाज में तो उसका नतीजा नहीं निकला। एक-एक करके मुझे गिनाना है कि औरत कितनी गठरी बन गई है, बेमतलब हो गई है, समाज के लिए कुछ करने के बजाय वह एक बोझा बन गई है।

प्रेम के दायरे में भी शायद हिन्दू नर-नारी बहुत ही पिछड़ गए हैं।

द्रौपदी बड़ी गजब की औरत थी। सारे संसार के इतिहास में, साहित्य में, वाङ्मय में, किंवदन्ती में कृष्ण-कृष्णा जैसा सखा सम्बन्ध नहीं मिलेगा। इसमें भाई-बहन, प्रेमी-प्रेमिका, बाप-बेटी, माँ-बेटे जितने भी सम्बन्ध हैं, सबका समावेश है। लेकिन इस किस्से को पढ़कर लगता है कि बहुत अच्छा है। वह दिल को, दुनिया को और समाज को बहुत ही एक बनाने वाला सम्बन्ध है।

दुनिया की कोई औरत, किसी भी देश की, किसी भी काल की ज्ञान, हाजिर-जवाबी, समझ, हिम्मत की प्रतीक उतनी नहीं बन पाई जितनी कि द्रौपदी। अपने जमाने के हरेक मर्द को द्रौपदी ने बातचीत में हतप्रभ किया। उतनी ज्ञानी थी, दिमाग की इतनी तेज थी कि उसके सामने उसके जमाने का कोई मर्द टिक नहीं पाता था। खाली कृष्ण से, तो खैर, उसके साथ होड़ का सवाल ही नहीं था। कृष्ण और कृष्णा से तो कभी कोई होड़ नहीं हुई है। मैं समझता हूँ कि नारी अगर कहीं नर के बराबर हुई है तो सिर्फ ब्रज में और कान्हा के पास।

भीष्म पितामह की मौत के वक्त का किस्सा द्रौपदी की प्रखरता को या मुखरता को गजब का बताता है। भीष्म पितामह जब मर रहे थे, राजनीति सिखा रहे थे। दुनिया में राजनीतिशास्त्र की वह पहली पुस्तक है—शान्तिपर्व। कौरव-पांडव मिलकर सीख रहे थे उनसे। ऐसे मौके पर द्रौपदी हँस पड़ी। अर्जुन को इतना गुस्सा आ गया है कि वह दौड़ पड़ा। कृष्ण ने अर्जुन को रोका। ठहरो, पूछो तो सही, द्रौपदी क्यों हँस रही है? तब द्रौपदी से पूछा। द्रौपदी ने जवाब दिया कि सारे जीवन तो अपनी सीख के खिलाफ ये चलते रहे हैं और

अब आखिरी मौके पर चले हैं नीति बघारने। भीष्म का जवाब भी गजब का है। उसने कहा, "ठीक, द्रौपदी को पूरा हक हँसने का है और इस हँसी पर मैं एक और सीख देना चाहता हूँ। किसी भी बुद्धिमान आदमी को कभी सत्ता के पद पर नहीं बैठना चाहिए।"

इस तरह से द्रौपदी के जीवन में न जाने कितनी घटनाएँ आईं। उसके लिए दरबार, मैदान, जंगल सब बराबर होते थे। हर समय द्रौपदी ने हिम्मत से काम लिया है।

महाभारत का, उसकी मौत वाला किस्सा, आखिर में जिस किसी ने यह सब किस्से गढ़े वह मर्द ही था—द्रौपदी को तो आखिर में गलना चाहिए था, शुरू में नहीं। वह किस्सा बताता है कि द्रौपदी सबसे पहले क्यों गली। इसलिए नहों कि उसके कई प्रेमी थे, या कई पति थे, लेकिन उन सबमें समता न रख करके अर्जुन के प्रति ज्यादा प्रेम दिखाया, इसलिए वह पहले गल गई। जिस किसी ने यह किस्सा गढ़ा, कम-से-कम वह इतना अच्छा तो था कि उसने द्रौपदी के कई प्रेमियों और पतियों की बात न छेड़ करके, सबमें समानता वाली छेड़ी।

दरबार बैठा था। दरबार में उसने इस बात को साबित किया कि युधिष्ठिर को कोई हक नहीं था, जो हारा हुआ है, उसे हक नहीं किसी दूसरे को बाजी पर चढ़ाकर हरा देने का। जब मैं कहा करता हूँ कि द्रौपदी हिन्दुस्तान की सच्चे माने में प्रतीक है, सावित्री उसके जितनी नहीं, तब इसी अंग को देखकर कहता हूँ कि वह ज्ञानी-समझदार, बहादुर, हिम्मत वाली, हाजिर-जवाब थी। केवल एक पतिव्रत धर्म के कारण सावित्री को इतना सिर पर उठाना अनुचित चीज़ है। वह दिखाता है कि हम लोगों का दिमाग कितना कूढ़मगज हो गया है, मूढ़ हो गया है, मर्द के हितों की रक्षा करने वाला हो गया है।

यह जरूरी नहीं है कि किसी औरत के एक से ज्यादा पति या प्रेमी हों, जिस तरह से यह जरूरी नहीं है कि एक मर्द की एक से ज्यादा कई प्रेमिका या पत्नी हों। अगर एक-एक हो तो शायद यह दुनिया अच्छी होगी।

बिना दहेज के लड़की किसी मसरफ की नहीं होती, जैसे बिन बछड़े वाली गाय। नाई या ब्राह्मण के द्वारा पहले जो शादियाँ तय की जाती थीं उसकी बनिस्बत फोटू देखकर या सकुचाती-शरमाती लड़की द्वारा चाय की प्याली लाने के दमघोंटू वातावरण में शादी तय करना हर हालत में बेहूदा है। आधे रास्ते में कुछ आना-जाना नहीं। हिन्दुस्तान को अपना पुराना पौरुष पुनः प्राप्त करना होगा, यानी दूसरे शब्दों में यह कहना हुआ कि उसे आधुनिक बनना चाहिए। लड़की की शादी करना माँ-बाप की जिम्मेदारी नहीं, अच्छा

स्वास्थ्य और अच्छी शिक्षा दे देने पर उनकी जिम्मेवारी खतम हो जाती है। अगर कोई लड़की इधर-उधर घूमती है और किसी के साथ भाग जाती है और दुर्घटनावश उसके अवैध बच्चा होता है, तो यह और—और मर्द के बीच स्वाभाविक सम्बन्ध हासिल करने के सौदे का एक अंग है और उसके चरित्र पर किसी तरह का कलंक नहीं।

लेकिन समाज क्रूर है। और औरतें तो बेहद क्रूर बन सकती हैं।

उन औरतों के बारे में विशेषत: अगर वे अविवाहित हों और अलग-अलग आदमियों के साथ घूमती-फिरती हैं, तो विवाहित स्त्रियाँ उनके बारे में जैसा व्यवहार करती हैं और कानाफूसी करती हैं, उसे देखकर चिढ़ होती है। इस तरह के क्रूर मन के रहते मर्द का औरत से अलगाव कभी नहीं खत्म होगा। भारत का दिमाग बड़ा क्रूर हो गया है। जानवरों पर जैसी क्रूरता इस देश में होती है अन्य कहीं वैसी नहीं। मनुष्य एक-दूसरे के प्रति क्रूर है। गाँव क्रूर है, मुहल्ला क्रूर है। लेकिन ऐसे कितने कुटुम्ब और लड़कियाँ हैं जो गाँव अथवा मुहल्ले की क्रूरता से बच सकें? इसलिए उन्हें परम्परा की रस्सियों और बेड़ियों में जकड़कर रखना पड़ता है।

समय आ गया है कि जवान औरतें और मर्द ऐसे बचकानेपन के विरुद्ध विद्रोह करें। उन्हें यह हमेशा याद रखना चाहिए कि यौन आचरण में केवल दो ही अक्षम्य अपराध हैं, बलात्कार और झूठ बोलना या वादों को तोड़ना। दूसरे को तकलीफ पहुँचाना या मारना एक और तीसरा जुर्म है, जिससे जहाँ तक हो सके बचना चाहिए। जब जवान मर्द-औरतें अपनी ईमानदारी के लिए बदनामी झेलते हैं, तो उन्हें याद रखना चाहिए कि पानी फिर से निर्बन्ध बह सके, इसलिए कीचड़ साफ करने की उन्हें यह कीमत चुकानी पड़ती है।

हालाँकि भारत में हमेशा औरतों के बारे में ऐसी संकुचित दृष्टि नहीं रही है। पूर्व इतिहास काल का एक सुन्दरतम सूत्र अब एक मिलता है कि किसी एक ऋषि ने कहा है कि औरत हर महीने नई हो जाती है, पवित्र बनती है। कितना सत्य है यह। इसमें कितनी उदारता और महानता है। इस सन्दर्भ में तीन हजार साल पूर्व की एक घटना भी उल्लेखनीय है। जबाला को उसके लड़के ने पूछा, "मेरा पिता कौन है?" उसने जवाब दिया, "मैं निश्चित नहीं कह सकती।" प्राचीन वाङ्मय की सत्यनिष्ठ स्त्री, ऐसी ही जबाला का उल्लेख करना पड़ेगा। इसका मतलब ऐसा है कि एक से अधिक प्रेमी स्त्री के होने चाहिए। मेरा कहना इतना ही है कि नर-नारी को समान न्याय होना चाहिए। औरत बोझ न बने। प्रसंगवश मर्द का भार सँभाल कर अपना अलग रास्ता तय करे।

दूसरी तरफ योनि शुचिता को लेकर कैसे-कैसे गन्दे विचार हैं, जिनके फलस्वरूप औरत बँधे न तो हो क्या? जो साधु लोग नीची धोती करते हैं और अपने नाक, पेट, मुँह को सम्पूर्णतया साफ रखना चाहते हैं, गन्धाने लगते हैं। अतिशुचिता का ऐसा परिणाम अवश्यम्भावी है। योनि की सम्पूर्णतया अतिशुचि रखने के उद्देश्य से कितने गन्दे मानसिक और शारीरिक परिणाम निकलते हैं, उसको कभी वह औरत लिख सकती है जिसने इस आदर्श को जाना नहीं है? क्या यही एक इतना मर्म का विषय है कि जिस पर सोच का इतना अधिक हिस्सा लगा रहे। भारतीयों की बुद्धि विकृत बनी है। यहाँ औरतों को सिर पर बैठाते हैं, नहीं तो पैरों तले। देवी या दासी। औरत को न तो सिर पर बैठाने से और न पैरों तले बैठाने से हाथ कुछ लगेगा। अगर कभी मानव-संस्कृति ने सचमुच विकास किया तो नर और नारी अगल-बगल बराबर रहकर ही कुछ हासिल कर सकते हैं। भारतीय नारी अभी ऐसी बराबरी से बहुत दूर है। इसलिए भारत की क्रान्ति सोई हुई है। अगर कहीं औरत चल निकली, समाज के असमान और जालिम ढाँचे को तोड़ने और फलस्वरूप शुचिता के सही अर्थ को ढूँढ़ने लगे तो देश के जीवन में शक्ति का प्रादुर्भाव है।

मिथ्याभिमान और गलत प्रतीकों के कारण भारत का मन छिन्न-विच्छिन्न हुआ है। चित्तौड़ के पतन के बाद पद्मिनी ने अन्य औरतों के साथ जौहर किया। उलटे पिछले महायुद्ध के समय की रूसो जासूस नटाली ने युक्रेन में जर्मन पलटन को धराशायी किया। जर्मन अफसर के घर में रसोई बनाने की नौकरी करते-करते उसने वहाँ से जर्मन पलटन की हलचलों की गुप्त खबरें बिना तारयंत्र के द्वारा अपनी मातृभूमि से रूस में भेजीं। उससे नटाली ने करीबन साठ-सत्तर हजार जर्मन फौज की कतल करवाई। नटाली की हलचल जर्मनों के ध्यान में आते ही उन्होंने उसको फाँसी दे दी। आज भारत में पद्मिनी नहीं, नटाली चाहिए।

अभी कुछ दिन पहले एक किस्सा मैंने पढ़ा। अमरीका के एक पति और पत्नी हवाई जहाज पर उड़ रहे थे, वे अमीर रहे होंगे, उनका अपना हवाई जहाज था। श्री ब्लेक और श्रीमती ब्लेक, उनका नाम भी छपा था अखबार में। हवा में उड़ते-उड़ते पति को, मालूम होता है, हृदय का कोई आघात हुआ और वह मर गया। अब जरा अन्दाजा लगाओ। हवाई जहाज पर ये दोनों हैं, और कोई नहीं है। पति मर जाता है, बगल में औरत बैठी हुई है, उसे हवाई जहाज उड़ाना नहीं आता। साधारण तौर पर हमारे देश की स्त्री क्या करेगी? एक तो उसके मन पर इतना आघात होगा कि वह खाली रोना ही सोचेगी, दूसरी उसको भूत वगैरह के पचास झंझट दीखने लग जाएँगे। लेकिन श्रीमती ब्लेक ने हवाई

जहाज में बोलने और सुनने की जो मशीन होती है, उसके जरिये हवाई अड्डे से बातचीत करना शुरू किया कि देखो, मैं और मेरे पति इस हवाई जहाज से उड़ रहे थे, मेरा पति मर गया है और मैं बिलकुल नहीं जानती कि हवाई जहाज कैसे चलाया जाए। तो तुम मुझे अब बताओ कि किस मशीन को, किस यंत्र को किस तरह मोड़ूँ। तब नीचे उसको हवाई रेडियो आता है कि यह यंत्र अब इस तरह से घुमाओ, तब वह घुमा देती है और करते-करते वह हवाई जहाज को नीचे से उतार लेती है। किसको पसन्द करोगे? ऐसी को पसन्द करोगे जो आपके प्रति अपना प्रेम, अपनी भक्ति, अपना आदर, आपके मरने के बाद आपके शरीर के साथ या शरीर के बिना जलकर दिखाए या ऐसी औरत को करोगे जो आप ही के साथ-साथ या आपके आगे-पीछे देश की रक्षा करते हुए खुद अलग से मरे।

हिन्दुस्तान में कई जातियाँ ऐसी हैं कि उनके माता-पिता को लड़की जनमते दुख होता है और पैदा हुई कन्या की वे हत्या करते हैं। इस तरह की कन्या-हत्याएँ होती रहेंगी तो इस देश में न्याय-प्रवृत्ति बढ़ना महज असम्भव है।

भारतीय मर्द इतना पाजी है कि अपनी घर की औरतों को वह पीटता है। सारी दुनिया में शायद औरतें पिटती हैं, लेकिन जितनी हिन्दुस्तान में पिटती हैं, इतनी और कहीं नहीं। हिन्दुस्तान का मर्द इतना ज्यादा दिन-भर सड़क पर, खेत पर, दुकान पर, जिल्लत उठाता है, और तू-तड़ाक सुनता है जिसकी सीमा नहीं। उसका नतीजा है कि वह पलटा जवाब दे नहीं पाता, दिल में भरे रहता है और शाम को जब घर लौटता है तो घर की औरतों पर सारा गुस्सा उतारता है। फिर जब औरतों को गुस्सा चढ़ता है तो औरतें बच्चों पर उतरती हैं। और ऐसे ही देश पर चीन जैसा बलवान देश आक्रमण करता है। जुल्म का चक्र चलता है। इस चक्कर को तोड़ना है।

आज हिन्दुस्तान में मर्द और औरत दोनों को खाना नहीं मिल रहा है। पूरा न खाना, लेकिन अच्छे खाने के अर्थ में 10 में से 9 भूखे रह जाते हैं, बिलकुल भूखे रह जाते हैं, पेट नहीं भरता। 10 में से 5 या 6 तो मर्द हैं जिनका पेट बिलकुल खाली रह जाता है और 8 या 7 औरतें। मर्द के मुकाबले में औरतों का पेट ज्यादा खाली रहता है। उसका कारण यह है कि हिन्दुस्तान की औरतें मर्द के बाद खाती हैं, पहले खिलाती हैं। पहले उमर वाले मर्दों को बच्चों को, कहीं घर में मेहमान आ जाएँ तो उनको खिलाओ, और फिर ज्यादातर घरों में खाने के लिए पूरी तरह से बचता ही नहीं है। कई जगह पर तो औरतें पानी पीकर पेट बाँध करके सो जाती है।

मुसलमानों में बहुपत्नी-प्रथा अब भी है। मुसलमान औरतें जब बुर्का पहनकर चलती हैं तो कई दफे तबीयत होती है कि कुछ करें।

पानी और पाखाना। हिन्दुस्तान की औरतों की यातना तो यह है कि सूर्योदय के पहले या सूरज के डूबे बाद पाखाना फिरने जाएँ। पानी भी दूर से लाएँ, अक्सर गन्दा और सड़ा पानी, दूर से और मेहनत से खींचकर या भरकर।

विधवा औरत क्रूरता का अवशेष, दुनिया-भर में, खास करके हिन्दुस्तान में रही है। 1951 की जनसंख्या के मुताबिक कुल 61,18,000 विधवाओं में से 1,24,000 पाँच और चौदह वर्ष की उमर के बीच की विधवाएँ थीं। बरसात के बिना और बादल भरे हुए दिन के समान और ओक वृक्ष की चाँदनी के बिना बाल-विधवा रहती हैं।

वैसे ही अकेली औरत का विचार किसी को भी आर्द्र बनाने वाला है। सूरज के बिना दिन जिस तरह बारिश के किनारे पर रहता है अथवा ओक वृक्ष के पत्रों में से चाँदनी जैसी छानी जाती है वैसी शायद दोनों अवस्थाओं के बीच झूलने वाली अकेली औरत होती है।

मेरी व्यक्तिगत राय है कि सभी औरत खूबसूरत होती हैं। कुछ दूसरों की अपेक्षा ज्यादा सुन्दर होती हैं, इतना ही।

औरत और मर्द सबके लिए श्री रखो। श्रीमती कहना बन्द करो। चाहे मर्द हो चाहे औरत हो, चाहे लड़का हो चाहे लड़की। सबके लिए श्री रखो। दुनिया में मर्दों का राज्य रखना चाहते हो, इसलिए श्रीमती को रखना चाहते हो।

मैं आधा मर्द और आधा नारी हूँ। जब तक शूद्रों, हरिजनों और औरतों की खोई हुई आत्मा नहीं जागती और उसी तरह जतन तथा मेहनत से उसे फूलने-फलने और बढ़ाने की कोशिश न होगी, तब तक हिन्दुस्तान में कोई भी वाद, किसी तरह की नई जान लाई न जा सकेगी।

मैं यह नहीं कहूँगा कि चमार, मादिगा और कापू औरतें ही सबसे अच्छी होती हैं, लेकिन यह जरूर कहना चाहूँगा कि उनसे ज्यादा अच्छी और कोई नहीं होतीं। यह अगर कोई देखना चाहे तो नागार्जुन सागर में 10-20 हजार मर्द और औरत, जो पत्थर काटने या तोड़ने या जोड़ने में लगे हुए हैं, उनको जाकर देखे। उनकी चाल को देख लो। उनकी बनावट को देख लो। उनके कपड़े को देख लो। युगोस्लाविया के सबसे पहले राजदूत अर्जा ने एक दफा बातचीत में जो कहा, वह बार-बार याद आता है। उसने कहा था कि भई तुम्हारा देश विचित्र है। यहाँ तो मैं जिस औरत को देखता हूँ, वह रानी दिखाई पड़ती है।

शुरू में मैंने सोचा कि यह चापलूसी कर रहा है। लेकिन नहीं। आप यह समझ रखना कि यूरोप के मर्द और औरत झूठ कम बोलते हैं। हमारी औरतें गहरी होती हैं, उनकी खूबसूरती गहरी है, भीतर तक जाती है। कल के अखबार में एक सबसे बड़ी खबर थी। किसने भाषण दिया, कितने प्रस्ताव पास हुए, यह तो बहुत छपता है। लोग वही पढ़ते हैं जो खूब बड़े-बड़े हरफों में छापा जाता है। इन चीजों को कौन याद रखेगा 10 बरस के बाद। यही बड़ी खबर थी कि हिन्दुस्तान में सबसे पहली औरत छतरी लगाकर कूदी थी। और वह कूदी थी 19 जुलाई, 1959 को। उसका नाम था गीता चन्दा। वह 24-25 वर्ष की थी। यह बात रह जाएगी, क्योंकि यह हिन्दुस्तान की औरत का, मर्द के साथ बराबरी का एक कदम हुआ।

जो झाँसी की रानी के पुतले बने हैं, उन पर भी ध्यान देने से बहुत कुछ सीखने को मिलेगा। झाँसी और पूना के पुतले, दोनों ही ठाठ के और बड़े पैमाने पर बने हैं। लेकिन दोनों में एक समान दोष है। रानी घोड़े पर है और उसकी पीठ पर उसका नन्हा बच्चा है। मैंने उस बच्चे को सब तरफ से और बहुत सहानुभूतिपूर्वक देखने की कोशिश की। एक तो वह रानी को, कम-से-कम कुछ कोनों से देखने पर, बदशक्ल बना देता है और दूसरे बच्चा जिस जगह पर है और जिस तरह दो-ढाई बरस का होते हुए पगड़ी बाँधे हुए है, खुद भी मुरझाया हुआ अथवा बन्दर जैसा दीखता है। किसी भी कलाकार को मानना पड़ेगा कि बच्चे के बिना रानी का पुतला बहुत बढ़िया और ओजस्वी बन सकता है। क्या जरूरत है उस बच्चे की? अगर यह कहा जाए कि किले से भागते समय रानी का बच्चा उसके साथ बँधा हुआ था, तो उसी घटना को कलाकार क्यों पत्थर अथवा धातु में ढाले। और सैकड़ों मौकों पर भी तो रानी घोड़े पर चढ़ी थी। 'खूब लड़ी मरदानी वह तो झाँसी वाली रानी' इस मशहूर पद से ही मालूम होता है कि किस तरह कला और विचार, दोनों ही जकड़ जाते हैं। अगर वे मरदानी आधार पर रचे जाएँ। मरदानी मन, खासतौर से हिन्दुस्तान के मर्द का मन, रानी को बच्चे के साथ देखना चाहता है। उसे मर्द और उसके फल से बाँधकर रखना चाहता है। झाँसी के पुतले पर जो लेख है, वह तो और भी असभ्य है। लक्ष्मीबाई ने, ऐसा लिखा गया है, भारतीय नारी का गौरव बढ़ाया है। मैंने तो यही सीखा था कि लक्ष्मी ने भारत का गौरव बढ़ाया, भारत के सभी जन-गण का। इस तरह से तो शिवाजी और सुभाष बोस के पुतलों पर लिखा जाना चाहिए कि उन्होंने भारत के मर्द का गौरव बढ़ाया, लेकिन उन्होंने भारतीय नारी का भी गौरव बढ़ाया है, और उसी तरह लक्ष्मी

ने भारत के मर्द का भी गौरव बढ़ाया है। क्या कोई समितियाँ नहीं रहतीं जो पुतलों के लेखों अथवा घटना-चयन पर अपनी राय दें, और अगर हैं, तो क्या उनके सभी सदस्य मूढ़ होते हैं।

आज के यूरोप, अमरीका में कुछ वैज्ञानिक औरतें निकल रही हैं जो कि मर्दों से मुकाबला करती हैं, जैसे मादाम क्यूरी। लेकिन वह विज्ञान का दर्जा है। दर्शन, जो संसार और जीवन की सभी बातों को सम्यक दृष्टि से देखने वाला शास्त्र है, ब्रह्मदर्शन वाले मामले में, पुराने हिन्दुस्तान को छोड़कर मुझे और कहीं कोई औरत नहीं मिलती। यूरोप में तरह-तरह की विलक्षण औरतें हुई हैं। लेकिन देश इतना पुराना है कि झट से कोई इसी पंक्ति में सती अनुसूया का नाम जोड़ देगा। वैसी सतियाँ तो सब देशों में सब युगों में अनगिनत हुई हैं। लेकिन गार्गी, मैत्रेयी जैसी द्रष्टा अथवा द्रौपदी जैसी तेजस्वी अन्य देशों के इतिहास या किंवदन्तियों तक में नहीं मिलतीं। आखिर गार्गी, मैत्रेयी इसी देश की अनोखी प्रतिभाएँ हैं। लीलावती गणित वाली है। आध्यात्मिक बराबरी में एक और औरत है बड़ी जबरदस्त। वह कर्नाटक में हुई 400-500 बरस पहले, जो नंगी घूमती थी, जिसने कपड़े बिलकुल छोड़ दिये थे। जिस तरह से नागा साधु होते हैं हरिद्वार वगैरह में, उसी तरह से यह महादेवी हुई। महादेवी ने कहा कि अगर साधुता और गुण और दर्शन एवं ध्यान वगैरह में मर्द आखिरी हद तक पहुँच करके इतना निर्मोही हो गया है, तो फिर औरत क्यों नहीं हो सकती। वह काफी विद्वान औरत थी और पूरे इसी इलाके में 'शैव' लिंगायत धर्म का प्रचार करती हुई नंगे साधु के रूप में घूमा करती थी। हिन्दुस्तान का मर्द कुछ बड़ा गन्दा है और वह औरत की इज्जत करना नहीं जानता। महादेवी का नाम इतना ज्यादा नहीं है। मध्ययुगीन युग में वह औरत आई।

दुनिया में सबसे अधिक उदास हैं हिन्दुस्तानी लोग। आत्मा के पतन के लिए, जाति और औरत के दोनों कटघरे मुख्यतः जिम्मेदार हैं। इन कटघरों में इतनी शक्ति है कि साहसिकता और आनन्द की समूची क्षमता को ये खतम कर देते हैं। ये दो कटघरे परस्पर सम्बन्धित हैं और एक-दूसरे को पालते-पोसते हैं। बातचीत और जीवन में से सारी ताजगी खतम हो जाती है और प्राणवान रस-संचार खुलकर नहीं होता।

काफी हाउस में बैठकर बातें करने वालों में जब किसी ने कहा कि काफी के प्यालों पर होने वाली ऐसी बातचीत ने ही फ्रांस की क्रान्ति को जन्म दिया था। मैं गुस्से में उबल पड़ा। हमारे बीच एक भी शूद्र नहीं था। हमारे बीच एक भी औरत न थी।

एक नया सिद्धान्त मानना चाहिए कि अवसर मिलने पर योग्यता आती है। देश में सभी 60 सैकड़े ऊँचे अवसर हिन्दुस्तान की 90 सैकड़े आबादी यानी शूद्र, हरिजन, धार्मिक अल्पसंख्यकों की पिछड़ी जातियाँ, औरत और आदिवासी को मिलनी चाहिए। इनकी कुल तादाद 38 करोड़ के आसपास है। कई हज़ार वर्षों से जाति के श्रम-विभाजन के कारण योग्यता, गुण और संस्कार के अटूट जैसे विभाग बन गए हैं। समान अवसर नहीं, बल्कि विशेष अवसर ही इन दीवारों को तोड़ सकते हैं। जिस देश में जाति है वहाँ अवसर व योग्यता की निरन्तर सिमटन और सिकुड़न होगी। इसलिए औरत, शूद्र, हरिजन, मुसलमान और आदिवासी, समाज के इन 5 दबे हुए समुदायों को उनकी योग्यता आज जैसी भी हो, उसका लिहाज किये बिना, उन्हें नेतृत्व के स्थानों पर बैठाना है।

समाज के दबे हुए समुदायों में सभी औरतों को शामिल कर लेने पर पूरी आबादी में इनका अनुपात 70 सैकड़ा हो जाता है। दबी हुई मानवता का इतना बड़ा समुद्र, हिन्दुस्तान के हर 10 में 9 मर्द और औरतें चुप्पी में ऊँघ रही हैं या बहुत हुआ तो जीवन्त प्रतीत होने वाली चिहुँक सुनाई पड़ जाती है।

दहेज की आग में भले ही अनेक तरह से जल जाएँ, चौतरफा के प्रचलित मन्तव्यों को इतना मानकर चलना है कि कभी मुश्किल से सुना जाता है कि किसी और ने समाज के वर्तमान संगठन को व्यापक रूप से तोड़ने का प्रयास किया है। अपने लिए भले ही तोड़ दे। छुपकर सैकड़ों तरह से तोड़ दे। लेकिन समाज का मौजूदा संगठन तोड़ने के लिए, उसकी तरफ से सामूहिक चोट मारने का प्रयास नहीं होता। गुजरात में दो-तीन औरतें रोज आत्मदाह करती हैं, वे समाजदाह क्यों नहीं करतीं? क्योंकि वे सर्वथा जकड़ दी गई हैं।

कहीं हमारी संस्कृति में कोई ऐसा बीज पड़ा है जो अपनी प्रकृति में ही दो-फटा है। अब समय आ गया है कि इस बीज के एक फाँट को बिलकुल खत्म किया जाए। कोई मोह अथवा संकोच करने से यह दो-फटा बीज हमेशा निस्तेज बनाता रहेगा।

हिमालय

हिमालय में जैसा मौसम है, हवा भी है, ठंड भी है, और एक माने में यह ठीक भी है, जब हम लोग हिमालय पर कुछ सोच-विचार करें।

सबसे पहले तो हमें अपने दिमाग से यह बात दूर कर देनी चाहिए कि हिमालय किसी तरह का सन्तरी है, पहरेदार। बहुत से हिन्दुस्तानियों के दिमाग में यह बात घुसी हुई है कि वह दुनिया का सबसे ऊँचा पर्वत है इसलिए वह हमारा पहरेदार है। लेकिन यह विचार हमेशा उसी जमाने में हिन्दुस्तानियों के मन में आया है जब वे लोग बेखबर रहे हैं। ताकत के दिनों में हिमालय कभी किसी चीज का पहरेदार नहीं रहा। दोनों तरफ की ताकत, हिमालय के उस पार के देशों में अगर ताकत रही है, और हिमालय के इस पार हिन्दुस्तान में अगर ताकत रही है, तो हिमालय सन्तरी और पहरेदार की शकल में नहीं सोचा गया। आना-जाना बहुत रहता था। न जाने कितने दर्रे हैं। उनकी गिनती करें तो सैकड़ों की तादाद में निकलें, पूर्व से पश्चिम तक, खैबर से लगाकर वह जोजिला, नाथूला वगैरह। और सिर्फ ऐसे दर्रे नहीं कि जिनसे सौ-पचास हजार यात्री आते-जाते रहे हों, धर्म वाले या सौदागर, बल्कि लाखों की तादाद में लोग। पलटन कितनी आई-गई है, इसे मुझे बताने की ज्यादा जरूरत नहीं, आखिर खैबर दर्रा तो मशहूर है। हिन्दुस्तान न जाने कितनी बार गुलाम हुआ है, इसी हिमालय के रास्ते से ही ताकत के दिनों में हिन्दुस्तान कितनी बार उस तरफ गया है, चाहे हमला करने न गया हो, यह भी किसी से छिपा नहीं है।

आज भी अगर पूरा हिमालय पार करके न सही, लेकिन मध्य हिमालय के कुछ इलाकों तक लाखों की तादाद में हिन्दुस्तानी हर साल सफर किया करते हैं। हजारों की तादाद में नहीं, लाखों की तादाद में। क्योंकि बद्रीनाथ निचले हिमालय का हिस्सा नहीं, बल्कि मध्य हिमालय का, गंगोत्री, केदारनाथ आदि। हर साल 4 लाख, 5 लाख, 6 लाख लोग यात्रा करते हैं, चाहे जिस लिए करते हों।

बहुतों के मन में धर्म ही रहता है, लेकिन जाते तो हैं उतनी ऊँचाई पर चढ़ करके।

जब से पहाड़ों पर चढ़ाई आदमी का एक बड़ा खेल और बड़ा पराक्रम बन चुका है, तब से सरगामाथा की शकल, रास्ते, उसकी गलियाँ, जिस किसी को भी पहाड़ों से दिलचस्पी रही है, उसके लिए एक दूर के शहर की सड़कों से ज्यादा पहचानी हुई हैं। जो कोई भी चढ़ाई करता था, वह किताबें लिखता था—उत्तरी रास्ता, दक्षिणी रास्ता, फिर बर्फ की गलियाँ जिनके अलग-अलग नाम भी हैं।

ऐसी सूरत में, हिमालय के बारे में पहला खयाल हमें यह बनाना है कि वह हमारा सन्तरी नहीं है। दुनिया का सबसे ऊँचा पर्वत है जरूर, बर्फ भी इसमें बहुत है, इतनी बर्फ जितनी और किसी पर्वत में नहीं, लेकिन आने-जाने के रास्ते इसमें बहुत हैं, और कभी इस पार से उस पार आना-जाना रुका नहीं। ताकत के जमाने में यह आना-जाना, अगर इधर वाले लोग ताकत के रहे, तो उधर तक उन्होंने अपना असर जमाया है, इधर कुछ वर्षों से जो कुछ हमें भुगतना पड़ा है, उसका मैं समझता हूँ सबसे बड़ा सबब है, दिमाग की कमी। दिमाग के अन्दर इतिहास के बारे में गलत खयाल है—यह खयाल कि वह तो हिमालय है, इतना ऊँचा है, वहाँ क्या हो सकता है, वह तो हमारा सन्तरी और पहरेदार है और वहाँ के लोग तो एक खास किस्म के लोग हैं, वे अगर अपने पुराने ढंग से रहते हैं, न इधर से न उधर से उन्हें बिगाड़ा जाता है, न बदलने की कोशिश की जाती है, तो कोई खास घबड़ाने वगैरह की बात नहीं।

अब हिमालय गरमा गया है। यह बात मैं आज ही सिर्फ नहीं कर रहा हूँ, आज से कोई 13 वर्ष पहले, जुमला ही मेरा यह था कि दुनिया के सबसे ठंडे पर्वत भी गरमा रहे हैं, और सिर्फ इसी मतलब में नहीं कि हवाई जहाजों ने उन ऊँचाइयों को खतम कर डाला या लड़ने के नये साज-सामान ने सारी शकल बदल दी, बल्कि इस मानी में भी कि अब दुनिया में जो-जो विचारधाराएँ चल रही हैं, हिन्दुस्तान और दूसरे देशों में, उनको देखते हुए हिमालय में बसने वाले लोग अब हमेशा एक पुरानी सभ्यता, पुराने तरीके, नाच-गाने, कपड़े-लत्ते में फैले नहीं रह सकते, बल्कि उनको नई दुनिया वाला बनाना है। यह बात बिलकुल साफ हो चली थी, जिस किसी के आँख थी उसके लिए, कि हिमालय में बसने वाले लोग अब एक पुराने जमाने के तरीकों में फाँसकर नहीं रखे जा सकते, रखे नहीं रहेंगे। उनको या तो हिन्दुस्तान नये जमाने में लाएगा और अगर वह लाने से इनकार करता है तो कोई पराया आकर उसको नये जमाने में लाएगा।

इस हिमालय को हमें जरा और अच्छी तरह जानना चाहिए। कभी भी हिन्दुस्तान की पुरानी कविता में या साहित्य में, इतिहास में, खैर साफ ही है, इस वक्त जो पुरानी बातों को ज्यादा जानते हैं, उनके दिमाग में हिमालय की सन्तरी वाली शकल नहीं रही, बल्कि रही है एक तपस्या की भूमि की शकल या देवालय की। बरफ का घर और देवों का घर, ये करीब-करीब एक ही मतलब के शब्द रहे हैं, हिमालय, देवालय। हिन्दुओं के जितने भी छह, सात या आठ बड़े देवता होंगे, उनमें से कम-से-कम दो छोटे देवताओं का मैं इस वक्त जिक्र नहीं करता, वे इधर-उधर भी बसते हैं—तो हिमालय में ही रहते हैं। हिमालय की लड़की है, उनमें से एक। उन दिनों के साथ-साथ वक्त-वक्त पर जो और दो बड़े देवता हैं, या तीन हैं, वे भी किसी-न-किसी शकल में वहाँ बसा दिये गए हैं। देवताओं का या तपस्या का यह इलाका कितना रहा है, यह थोड़ा-बहुत मैं सामने लाने की कोशिश करूँगा। पहले जरा एक मोटी निगाह इस हिमालय पर मैं दौड़ाता हूँ। एक तो निचला हिमालय है। वह करीब-करीब सारा हिन्दुस्तान का राजकीय हिस्सा है। बिलकुल ऐसा आँकड़ा तो मैं नहीं दे सकता जो सैकड़ों में सही हो, लेकिन लाखों में जरूर सही है। इस भारतीय हिमालय की आबादी या थोड़ा-सा इसमें निचले हिमालय का हिस्सा आ जाए, क्योंकि कई दफे बड़ा मुश्किल हो जाता है हिन्दुस्तान-पाकिस्तान को अलग-अलग करना, मोटे तौर से करीब आप एक करोड़ आदमी समझो। दूसरा, जो भाई हिमालय है। मध्य हिमालय का ज्यादा बड़ा हिस्सा और ऊपर वाले हिमालय का और भी आगे जाकर, उसकी आबादी भी मोटे तौर से करीब दो करोड़ समझो। पूरे हिमालय में आखिर आदमी तो बसते ही हैं। बिलकुल हिमालय की जो तराई है वहाँ का तो कहना ही क्या। उसको मैं छोड़े देता हूँ—तराई वाला हिस्सा, मैदान वाला हिस्सा। मैं तो सिर्फ हिमालय की पहाड़ी जहाँ शुरू होती है, उस आबादी के आँकड़ों को बता रहा हूँ। मोटे तौर से हिन्दुस्तानी हिमालय एक करोड़ और भाई हिमालय जैसे नेपाल है, तिब्बत है, उनकी जनसंख्या दो करोड़ है।

अब हिन्दुस्तानी हिमालय के अलग-अलग हिस्सों को थोड़ा-सा हम जान लें। सबसे पहले तो मैं उस इलाके की बातें बताऊँगा; वह है उर्वसीअम जिसे आमतौर से नेफा कहा जाता है। हिन्दुस्तानी हिमालय का यह हिस्सा करीब-करीब 35 हजार वर्गमील का है और इसकी आबादी करीब छः लाख है। वहाँ कई तरह के लोग हैं। जातियों और भाषा के हिसाब से उनके नाम अलग-अलग हैं। अभीर, दाफला, मिशनी, मोनपा जैसी 20-20 जातियाँ हैं।

इस हिमालय के बारे में एक खास बात हमें याद रखनी है कि वहाँ आबादी घनी है। जैसे उर्वसीअम में 35 हजार वर्गमील पर 6 लाख आदमी हैं, यानी एक वर्गमील पर कोई 20 से भी कम आदमी पड़े, समझो 16-17 आदमी। इतनी कम आबादी इसलिए है कि वहाँ रहने की इतनी सुविधाएँ नहीं हैं। ऐसे इलाकों में ऊँचाई-निचाई का फर्क, बरफ के कारण अलगाव, बोलियाँ बहुत किस्म की हैं, कि इकट्ठा नहीं हो पाते। इसीलिए वहाँ राष्ट्रीय गठन होना इतना आसान नहीं रहा है जितना कि मैदानी इलाकों में। यह बात सिर्फ उर्वसीअम में ही नहीं, बल्कि सारे हिमालय में—भारतीय हिमालय और भाई हिमालय में—यह कमी रही है। नये जमाने की कसौटी पर वहाँ लोग बँटे हुए हैं, इलाके के हिसाब से बँटे हुए हैं, बोली के हिसाब से, राज्य के गठन के हिसाब से। और अगर हिन्दुस्तानी राज्य ने अपनी आँख को जरा भी खोलकर रखा होता तो इस बात को अच्छी तरह जान लिया होता कि यह इलाका बहुत ज्यादा बँटा हुआ रहा है और अगर इसे जमाने के लायक बनाना है तो फिर कोई-न-कोई दवा इस्तेमाल करनी पड़ेगी कि जिससे यह इलाका गुँथे, बँधे, एक धागे में समेटा जा सके। क्योंकि नये जमाने की ताकत तभी आया करती है जब कोई इलाका इकट्ठा होता है। इतने छोटे इलाके रह जाते हैं, जैसे मिशमी जाति जिनकी तादाद कोई 40 हजार या 50 हजार है। उसी तरह से दाफला कुछ हजारों में रह जाते हैं। खाली अभीर हैं, जो एक लाख के आसपास पहुँचे हैं।

हिन्दुस्तान के कौन आदमी उर्वसीअम में जाते थे? एक तो सरकारी नौकर, दूसरे व्यापारी, तीसरे पादरी। कोई एकाएक आना-जाना रुक गया था बिलकुल, यह बात सही नहीं है। ये तीनों आते-जाते रहते थे। इनके लिए दरवाजे खुले थे। दरवाजा बन्द किनके लिए था? बाकी हिन्दुस्तान के नुमाइन्दा बनकर सचमुच उर्वसीअम के लोगों के दिमागों को जो बदल सकते थे, उनके लिए बन्द था, और वह क्यों बन्द रहा? आज अचरज करते होंगे कि ऐसी बेवकूफी का काम कैसे किया इस दिल्ली सरकार ने। मैं नहीं समझता कि वह बेवकूफी भी सोचकर किया करती है। आमतौर पर बेवकूफी उससे हो जाया करती है। अगर कोई पुराने कायदे-कानून, पुरानी परम्परा...। अंग्रेजों ने उस दरवाजे को बन्द कर रखा था और वह कानून बनी हुई थी, इसलिए वह चालू रह गई। उस इलाके में कबायली लोग थे, पहाड़ी थे। घने जंगल जहाँ थे, वहाँ अगर हिन्दुस्तान के आतंकवादी, हथियारों से लड़ाई लड़ने वाले, आजादी के लिए, पहुँच जाते तो अंग्रेजों को डर था कि वहाँ से वे अपना सारा काम-काज चलाएँगे, उसे अपना पड़ाव बना लेंगे, वहाँ हो सकता है कि आरजी हुकूमत वगैरह बना लेते।

वह बात समझ में आती है कि एक साम्राज्यशाही विदेशी हुकूमत के लिए। जब एक देशी हुकूमत आ जाती है तो इसे इन सब पुरानी चालों को समझ करके बदल देना चाहिए। ऐसा इन्होंने किया नहीं। या तो इन्हें फुरसत नहीं थी, या आमतौर से जैसा किया है, अंग्रेजों की हर बात की नकल की, इसलिए इसमें भी नकल कर डाली। गलती हो गई तो उसके लिए पचास तरह के दर्शन बनाने लगे, जैसा कि आमतौर से हिन्दुस्तानियों का तरीका हुआ करता है कि जब कोई गलती हो जाए तो कोई बड़े भारी उसूल की बात कह डालें। ये कहते हैं कि मैदान के व्यापारी या मैदान के पैसे वाले लोग वहाँ आकर बस न जाएँ, जमीनें खरीद न लें, इसलिए हमने सीमा बन्द कर रखी थी। यह बात बिलकुल गलत है। उसके लिए दूसरे कानून बन सकते थे, जमीन के कानून कि किसी मैदानी को जमीन खरीदने का हक नहीं रहेगा। अगर और इसी तरह की जरूरतें थीं तो उसके कानून बन सकते थे। लेकिन हिन्दुस्तानी के लिए 35 हजार वर्गमील को बन्द रखना, यह किसी नीति के हिसाब से किसी कानून के हिसाब से, किसी लोक कल्याण के हिसाब से सही नहीं साबित किया जा सकता।

हाँ, इतना मैं आपको बता दूँ कि इसमें साल में दो-तीन दिन के लिए साधुओं के लिए भी यह इलाका खुला छोड़ दिया जाता है, खोल दिया जाता है कि वहाँ एक परशुराम-कुंड है, जो पुराने परशुराम से ताल्लुक रखता है। और एक शहर है जिसका नाम है रुक्मिणी नगर। वह शहर तो नहीं है, मामूली-सी बस्ती है। वहाँ शहर क्या? वह बहुत ऊँचे जाकर बिलकुल ऊपरी हिमालय में है। लोगों का खयाल है, किंवदन्ती चली आई है, वह कहाँ तक सच है कहाँ तक गलत है, इस बात को छोड़ दीजिए, यह भी हो सकता है कि कृष्ण के जमाने से शायद वह कहावत नहीं आ रही है, बल्कि कुछ हिन्दुस्तानियों ने, हो सकता है मध्यकालीन-युग में या पुराण-युग में उन कबायली मिशमी लोगों को बता दिया कि तुम तो रुक्मिणी के खानदान के हो। मैं इस बहस में नहीं पड़ता कि कब बात चली। यह बात 80 बरस पहले चली या 800 बरस या 1800 बरस पहले या कृष्ण के जमाने से चली आ रही है, यानी तीन एक हजार बरस पहले या चार एक हजार बरस पहले, लेकिन यह बात वहाँ के लोगों में धँसी हुई है कि वे रुक्मिणी की औलाद हैं या रुक्मिणी उनके घर की थी। वह है रुक्मिणी नगर। परशुराम-कुंड तक तो साधुओं और यात्रियों को साल में दो-तीन दिन जाने देते हैं, लेकिन रुक्मिणी नगर में, जहाँ तक मुझे मालूम है, कभी किसी को जाने नहीं दिया, अगर वह व्यापारी या पादरी या सरकारी

नौकर न रहा हो। इतना तो सभी जानते ही हैं कि किसी एक कौम की, किसी देश की राष्ट्रीयता को ले जाने के लिए अगर सबसे खराब तबके कोई ढूँढ़ने हों, तो फिर ये तीन हैं। इनमें भी खराबी का आप ओहदा या रुतबा बना सकते हैं। सबसे ज्यादा खराब तो हैं सरकारी नौकर, क्योंकि उनके कारण से उर्वसीअम के लोगों को हिन्दुस्तान की सरकार और जनता को पता चला वह भाईचारे का नहीं था, लोकनीति का नहीं था, वह नौकरशाही का था, और नौकरशाही के स्वाद से अगर कोई कौम का तबका किसी दूसरी कौम या तबके का पता चलाना चाहे, तो वह बहुत ही गलत और खराब होगा। इसमें कोई शक नहीं।

उसी तरह से जो भारतीय हिमालय का कुमाऊँ या दार्जिलिंग वाला हिस्सा है, उस पर मैं कुछ ज्यादा इस वक्त नहीं कहूँगा। हाँ, कुछ अच्छे दिलचस्प किस्से जो मेरे साथ बीते, थोड़े-बहुत मैं बता देता हूँ, कि हिमालय का कितना स्थान है हिन्दुस्तान के इतिहास में, साहित्य में, और लोकमन में। लोकमन सबसे बड़ी चीज है। वैसे, इन सब चीजों को मैंने स्कूल में नहीं पढ़ा है, लेकिन लोकमन हिमालय के साथ कितना जुड़ा हुआ है, वह इसी बात से साबित है कि मेरे साथ एक संस्कृत का प्रोफेसर बद्रीनाथ की यात्रा में हो लिया और रास्ते-भर यानी तीन दिन में जो किस्से और श्लोक उसने मुझे सुनाए वे अब तक कम या ज्यादा दिमाग में हैं। जैसे, उन्होंने मुझे किस्सा बताया कि मध्य हिमालय में जहाँ बद्रीनाथ है, और दूसरे इलाके, वहाँ पार्वती ने तपस्या की, अब तक दो जगहें हैं। उनके नाम भी अब तक ऐसे हैं कि जो पार्वती की याद दिलाते हैं। उस इलाके को शहर, कस्बा या गाँव कहना गलत होगा, क्योंकि बड़े निर्जन स्थान होते हैं। एक का नाम है परणा जहाँ पार्वती पत्ता खाती हुई तपस्या करती थी, परणा—पत्ते वाली। दूसरे का नाम है अपरणा, बिना पत्ते की। जब वह तपस्या करते-करते और आगे बढ़ना चाहती थी तो पत्ता खाना भी उसने छोड़ दिया। दोनों में कोई सात-आठ मील का फर्क है। एक जगह गरम सोते का पानी है, शायद अपरणा में। और फिर, कालिदास तो सबसे ज्यादा रस और रंग के कवि हैं। संस्कृत में कालिदास ने लिखा और सबसे बड़ा है 'कुमारसम्भव'। शिव तक पिघल गए। मैं समझता हूँ, बरफ भी पिघली होगी। मेरे बताने के तरीके से आप समझ गए होंगे कि मुझे इस बहस से मतलब नहीं कि शिव-पार्वती हुए या नहीं हुए। यह बहस उठाना ही फिजूल है, हालाँकि कुछ लोग साबित करने की कोशिश करते हैं कि शिव महाराज शुरू में बहुत बड़े इंजीनियर थे जो गंगा को ऐसी पहाड़ियों में से तोड़कर लाए, जहाँ वह कैद पड़ी हुई थी, इसीलिए हिन्दुस्तान में उनकी बड़ी इज्जत हो गई। इन सब

किस्सेबाजियों को मैं पसन्द नहीं करता। असल में वे देवताओं की शकल में ही हिन्दुस्तानी दिमाग में आए हैं। शिव महाराज के मुँह में कालिदास ने जो श्लोक रखा है वह क्या है? पार्वती से आकर शिव कहते हैं कि यह तुम क्या कर रही हो, क्यों इतनी तकलीफ उठा रही हो? पहले अपने शरीर को ठीक रखो, फिर उसके बाद दूसरे कई धर्म तुम्हें मिल जाएँगे। वह सारा इलाका है बद्रीनाथ वाला, परणा-अपरणा वाला, गंगोत्री-गोमुख वाला।

वैसे, मैं तो मान तक गया था। माना हिन्दुस्तान का सबसे आखिरी गाँव है। सर्दी के दिनों में वह खाली हो जाता है। गर्मी के दिनों में बसता है। वहाँ अपने जो देशवासी रहते हैं, उनका नाम, उनकी जाति का नाम है तालचा और मालचा। वे कैसे लोग हैं, उसकी एक तसवीर मैं आपको बताए देता हूँ। जब मैं बद्रीनाथ से लौटकर आ रहा था, तो बगल से एक तालचा या मालचा लड़की बहुत तेजी के साथ निकल गई। एक आवाज सर्र जैसी हुई और फिर मैंने देखा, पर चेहरा तो मैं उसका देख नहीं पाया था। मैंने देखा कि एक लड़की अपने दोनों हाथों को पीठ के पीछे कोहनी से मोड़ करके रखे हुए है और थोड़ा-सा सामने की तरफ झुकी हुई ऐसी तेजी से जा रही है कि जैसे किसी हट्टे-कट्टे नौजवान के लिए मैदान में चलना मुश्किल हो जाए। शरीर तो, जिसको आमतौर पर आप लोग कहते हो, अप्सरा जैसा शरीर, जितना मैं देख पा रहा था, क्योंकि वह इतनी तेजी से चली जा रही थी कि पता नहीं चल पा रहा था। मन में मैंने बहुत मनाया कि वह जरा पीछे मुड़कर देखे, तो देखूँ तो सही चेहरा कैसा है। लेकिन वह मुड़ी नहीं, और इतनी देर बाद जाकर मुड़ी कि मैं बहुत अच्छी तरह से देख नहीं पाया उसके चेहरे को। लेकिन इतना मुझे याद है कि जो किस्से-कहानियाँ हम लोग अप्सराओं के बारे में, किन्नरियों के बारे में, सुना करते हैं और पढ़ा करते थे, उसका एक नमूना उस दिन मुझे देखने को मिला। कैसी शरीर की ताकत और उसके साथ-साथ सुन्दरता, और किस ढंग से वह चली जा रही थी, वह अकर्मण्या तो थी नहीं, वह तो तेज चली जा रही थी और श्रोणी का भार था नहीं, वह तो पीठ पर सामान का बंडल रखे हुए थी।

इस इलाके के लोग अपने भाई-बहन हैं, अपने देशवासी हैं। माना वे उस ठंड में जाकर रहते हैं। बद्रीनाथ माना, बद्रीनाथ का सारा इलाका इस वक्त बर्फ से ढका हुआ होगा। वहीं जाकर मुझे पता लगा कि क्यों हमारे पुरखे यहाँ तपस्या करने आते थे। बरफ के बारे में मुझे पहले ही पता था। कुछ थोड़े-बहुत उस बरफ को देखा, दूर वाली बरफ को, जैसे नीलकंठ वाली बरफ को

और कंचनजंगा वाली बरफ को। बचपन से ही बरफ देखता आ रहा हूँ। फिर एकाएक खयाल आया, जब लोगों ने मुझे यह बताया कि यह पूरा इलाका बर्फ से ढक जाता है, सिर्फ वह जगह जहाँ गरम पानी का सोता है, थोड़ा-सा खुला रहता है, लेकिन दूर से देखने पर वह भी ढका हुआ दिखाई देता है। गंगा भी बर्फ से ढक जाती है। सब बर्फ, सब सफेद। मुझे एकाएक लगा कि दुनिया में अगर कोई चीज है जो सब चीजें बराबर कर देती है तो वह बर्फ है, और कोई चीज नहीं। बद्रीनाथ की उसी यात्रा में एक बार मैंने रात के कोई साढ़े ग्यारह-बारह बजे पहाड़, गंगा, छोटी-मोटी झोंपड़ियाँ, इन सबको अलग-अलग देखने की कोशिश की। रात बहुत हो चुकी थी, अँधेरा था, इसलिए पहले दस-पन्द्रह मिनट कुछ नहीं दिखाई पड़ा। सब बराबर-सा दिखाई पड़ा। लेकिन कोई पच्चीस, तीस मिनट के बाद कुछ थोड़ा दिखाई पड़ने लगा। चाहे जितना अँधेरा हो, कुछ-न-कुछ दिखाई पड़ने लग जाता है। लेकिन जब बरफ गिर जाती है, सब चीजों पर गिर जाती है, मकान पर, पहाड़ पर, नदी पर, तो फिर सब समान हो जाता है। और, मैं समझता हूँ कि ऐसे ही किसी इलाके में खड़े होकर शंकराचार्य ने वह बात कही होगी—एकोवशिष्यच्छिद: केवलोअहम्—वही एक है, और कुछ नहीं। एक वशिष्ठ एक शिव, एक केवल। तो यह है हिमालय। हिन्दुस्तान के साथ कितना जुड़ा हुआ है वह। अगर मैं थोड़ी भी बात आपके सामने रख पाया हूँ तो यह है भारतीय हिमालय।

हालाँकि, असल में वह भाई हिमालय का किस्सा होगा, लेकिन मैं सिक्किम को अलग देश नहीं मानता, है भी नहीं। वह तो एक मानी में हिन्दुस्तान का एक जिला है। बहुत से लोग भूटान, सिक्किम वगैरह गिना जाया करते हैं, लेकिन सिक्किम तो, थोड़ी-बहुत बातों को छोड़कर हिन्दुस्तान का एक जिला जैसा है। तो वहाँ जो तिब्बत के साथ बहुत घना व्यापार चला था, करीब आठ-नौ बरस चला, गंगटोक में और कलिम्पोंग में भी चला, कलिम्पोंग वाला हिस्सा आप चाहे छोड़ दो। गंगटोक को लें। गंगटोक में एक पुराना बाजार है। पुराने बाजार के अलावा वहाँ एक बिलकुल नया बाजार अब बस गया। बड़ी चहल-पहल, याक और सामान ढोने के दूसरे जानवर। याक तो एक तरह के गाय या बैल समझो। हम लोगों ने पूछा, क्या-क्या सामान वहाँ जाता है? दो बार मैं गया हूँ गंगटोक। पता चला कि न सिर्फ खाने-पहनने का सामान, बल्कि, काफी और सामान जाता था, छोटी-मोटी लड़ाई में भी काम आ जाए, जैसे लोहे के कुछ पहिये या मशीन या मोटरसाइकिल, ऐसे भी सामान गए और खैर, खाने-पहनने के तो बहुत ही गए। तब उनकी तरफ से आता क्या

था? चाँदी के डालर, 1909-1910 वाले, जब कि चीन में एक दूसरी हुकूमत थी, उसके चाँदी के डालर। कई करोड़ रुपयों का व्यापार हुआ। हिन्दुस्तान के व्यापारियों को चाँदी के डालर बहुत प्रिय होते थे, क्योंकि उनको गलाकर काफी नफा होता था। दस-पन्द्रह करोड़ रुपयों का व्यापार हुआ हो उन दिनों तो आसानी से 15 करोड़ में से तीन-चार करोड़ रुपयों का नफा हुआ हो, या पाँच का हुआ हो तो मुझे ताज्जुब नहीं होगा। यह सिलसिला 7-8 बरस तक चलता रहा। मुझ जैसे लोगों को ताज्जुब हुआ कि यह क्या हो रहा है। आखिर कहाँ यह व्यापार हमको ले जाएगा। लेकिन हिन्दुस्तान की सरकार और हिन्दुस्तान के व्यापारी इतने ज्यादा लालची हैं कि उनको अपने देश की मर्यादा, देश के हित और देश की ताकत का मान नहीं रहा करता, जब वे ऐसी चीजें चलने देते हैं।

यह तो मैंने आपको गंगटोक की हालत बताई। वैसे, थोड़ा-सा भूटान के नीचे, तराई में, जहाँ से भूटान जाने का रास्ता है, वहाँ की कुछ बातें मैंने देखी थी और सुनी थीं। एक चीनी वहाँ लकड़ी का कारखाना चला रहा था, और खुशी से हिन्दुस्तान की सरकार उसे कारखाना चलाने देती थी। भूटान की राजधानी में जो थोड़े-बहुत मकान राजा या राजा के दरबार के लिए बनाए गए थे, उनको बनाने वाला भी चीनी था। चीनियों की हालत कैसी थी, यह माकूम वाले किस्से से पता चलता है। माकूम एक हिन्दुस्तानी चाय बगानों का कस्बा है। वहाँ से चारों तरफ के चाय के बगीचों से सम्बन्ध रहता है। वहाँ चीनी लोगों की काफी बस्ती है, उनके होटल-रेस्तराँ भी हैं। वे आपस में खेलते-कूदते भी हैं। कुछ काफी तादाद में चीनी वहाँ बस भी गए हैं। इस सिलसिले में मैं एक चीज और बताए देता हूँ। हम हिन्दुस्तानी एक बात में बड़े नालायक हैं। एक बात में क्या, बहुत-सी बातों में बड़े नालायक हैं। लेकिन इस एक बात में जिसका मैं जिक्र करता हूँ वह यह कि वहाँ से आया हुआ चीनी कैंटीन से या दक्षिण चीन से यहाँ असम और उर्वसीअम के इलाके में बसता है, यहाँ के लोगों से दोस्ती करता है। उनके साथ उठता-बैठता है, खाता-पीता है, और शादियाँ कर लेता है उन्हीं के जैसा बन जाता है और अपने देश के प्रति ऐसे इलाकों में ममता जगाता है और हम हिन्दुस्तानी, खैर दोस्तियाँ तो करना जानते हैं, लेकिन शादी-विवाह करना नहीं जानते, इसलिए कि वह पता नहीं कौन जाति के हैं, पता नहीं कौन धर्म के हैं। खाने-पीने में भी हममें से कई लोग एक-दूसरे ढाँचे में ढले हुए हैं। मैं यह मान सकता हूँ कि कोई आदमी मांस खाता है, कोई नहीं खाता है। यह फर्क रहे। लेकिन यह कि किसी के

साथ खाने-पीने में हमारी जाति चली जाएगी। किसी के साथ शादी होने पर हम कहाँ अपना मुँह दिखाने लायक रह जाएँगे, मैं नहीं मानता। नतीजा होता है कि हिन्दुस्तान का जो जाता है इन इलाकों में, चाहे वह सरकारी नौकर हो, चाहे वह व्यापारी हो, वह उनमें उनका बनकर नहीं रह सकता, उनके मन को अपनी तरफ नहीं खींच पाता। चीनी लोग तो काबायदा मार्गेरिका में, लीडो में, न जाने कितनी जगहों पर बस गए हैं।...

...मैंने तो बहुत बरसों पहले से कहा है कि इस भारतीय हिमालय के लिए हो सके तो एक नीति बनाओ। अलग से मंत्रालय जरूरी हो तो बनाओ। मिसाल के लिए उन सब पहाड़ियों में जहाँ छत की जैसी खेती होती है, कुमाऊँ वगैरह में, यानी छोटा-सा टुकड़ा पहाड़ से छीन लिया, फिर उसके ऊपर छोटा-सा टुकड़ा छीन लिया। इसी तरह, इस पूरे हिमालय की घाटियों में सैकड़ों मील की फलों की खेती कराई जा सकती है। एक तरफ की फल-सेना भरती करके। वहाँ के लोग मेहनत बहुत करते हैं। जैसे बद्रीनाथ जाते वक्त कुलियों को आप देखते होंगे, कि वे अपने पीठ पर मन-डेढ़ मन का बोझा लाद करके 12,000 फीट ऊँचा चढ़ते हैं या एक-दो आदमियों को डंडी में बैठाकर वही 12 हजार फीट ऊँचा ले जाते हैं। ये लोग कम मेहनत नहीं करते। माथे से पट्टी बाँधते हैं और उससे डेढ़ मन बोझ ढोते हैं। वह माथा में क्या रह जाता होगा, यह सवाल अलग है। यही लोग किसी और काम में लगाए जा सकते हैं। मैंने लोगों से एक बार कहा था कि यहाँ तो कानूनी तौर से आदमी आदमी को न ढो सकें, ऐसा कानून पास कर देना चाहिए। इस पर उन्होंने कहा कि ये क्या खाएँगे बेचारे। इसका तो सीधा-सादा जवाब है कि अगर निजी दायरा न कर सके तो सरकारी दायरे की तरफ से सैकड़ों मील की खेती हो। तो, हिमालय का एक मंत्रालय हो, हिमालय के बारे में आर्थिक योजना बना करके पूरे सैकड़ों मील की बात सोचने के लिए कुछ लोग हों जो उस काम को करें। जिसमें कि वहाँ के लोग नये जमाने के लायक बनें।

इस वक्त सब जगह के लोग टूटे हुए हैं। कुछ तफरीह के, कुछ हँसी के, मजाक के, या खुशी के पात्र बन गए हैं। ऐसी सूरत में, भारतीय हिमालय को नये जमाने के लायक बनाना बहुत ही जरूरी हो गया है। इकट्ठा करना, उसके मन को बाँधना, राष्ट्रीयता लाना, उनमें एक तरह की विश्व नागरिकता भी खड़ी करना, उनके खेती-कारखानों को सुधारना, उनके बगीचों को, उनके फलों की नई खेती को। यह सारा इलाका पुकार-पुकारकर कह रहा है। जो हमने खो दिया वह तो खोया ही है। पता नहीं कब उसको वापस ले सकेंगे।

...इसी दिल्ली में शायद पहली दफा हम लोग हिन्द सरकार से टकराए थे, नेपाल के मामले को लेकर। तब हिन्द सरकार ने हम लोगों पर आँसू की गोलियाँ चलाई थीं और नेपाल वाला मामला उठा था। वहाँ राणाशाही खत्म हुई, राजे आए, और पहले राजा थे त्रिभुवन, अब हैं राजा महेन्द्र। मैंने सुना है कि राजा त्रिभुवन को कुछ अन्दाज लग गया था कि नेपाल में क्या होने वाला है और वे यह नहीं चाहते थे कि नेपाल का विदेश मामला और रक्षा का मामला नेपाल के ही हाथ में रहे। उन्होंने हिन्द सरकार के सामने एक प्रस्ताव रखा कि हम स्वतंत्र रहें, अपने इलाके में, अपने राज को हम खुद चलाएँ, हमारे यहाँ लोकशाही कायम होगी, चुनाव होंगे, सरकार हमारे यहाँ बनेगी, लेकिन मेहरबानी करके पलटन का मामला और विदेश का मामला हिन्द सरकार अपने हाथों में ले ले। वह नहीं लिया गया। जैसे मैंने आपसे कहा, इसका दस्तावेज तो है नहीं। जिन लोगों ने मुझे यह खबर दी, उनसे मैंने पूछा, कहीं तुम्हारे पास चिट्ठी-पत्री है, उसकी नकल ही हो। उन्होंने कहा, यह एक ऐसा मामला है कि हमारे यहाँ कुछ नहीं है। जो कुछ होगा, दिल्ली की सरकार के राष्ट्रीय अभिलेखागार में होगा। मुझे उस बारे में भी कुछ खबर मिली है कि उसमें कोई कागज ज्यादा अड़चन वाले होते हैं तो उन्हें हटा देना कोई बड़ा मुश्किल काम नहीं हुआ करता। अच्छा अगर यह बात सही है कि हिन्दुस्तान ने नेपाल के विदेशी और पलटनी मामलों को हाथ में लेने से इनकार किया तो उसका सबब क्या है? साफ है कि हिन्दुस्तान का दिमाग विश्वशान्ति और दूसरे देशों की खुदमुख्तारी के मामले में इतना ज्यादा जालों से ढक गया है, कई तरह के भ्रम, कई तरह के जाल कि वे सोच नहीं पाते कि कब क्या जमाना आने वाला है और क्या करना चाहिए। उन्होंने यह अन्दाज लगा रखा था कि अब तो दुनिया शान्ति की तरफ जा रही है, कुछ बिगाड़ होने वाला है नहीं, चीन हमारा दोस्त है। तो अगर हिन्दुस्तान नेपाल के विदेश और पलटनी मामले अपने हाथों में लेता है तो बाकी दुनिया को बेमतलब यह कहने का मौका दे देता है कि हिन्दुस्तान तो विस्तारवादी है, हिन्दुस्तान तो अपना फैलाव कर रहा है। खुद नेपाल के अन्दर कुछ लोगों को मौका मिल जाएगा, हिन्दुस्तान के खिलाफ बातचीत करने का। यह तो खैर बिना मामला लिये ही मौका आ गया। यह बहुत अचरज की बात है और बहुत शर्म की बात है कि इतना हमारा दोस्त, इतना हमारा भाई नेपाल जिस पर इतना हमारे दूसरे लोग नाज किया करते थे, इस हिन्द-चीनी के मामले में कैसा किनारे खड़ा रहा। यह तो मैं नहीं कहूँगा कि उसने चीन का साथ दिया, लेकिन उसे हिन्दुस्तान का साथ देना चाहिए

था, जो उसने नहीं किया। अब इस पर खाली उसी को दोष दोगे तो काम नहीं चलेगा। दोष आखिर हमारा भी तो रहा है। एक की तो अभी मैंने मिसाल दी कि हिन्दुस्तान ने नकली और झूठी विश्व-आजादी के मोह में फँसकर अपनी हिमालय की और उत्तर की नीति को ठीक-ठाक नहीं चलाया। यह काफी बड़ा सबूत है। इसके अलावा और भी सबूत मैं देता हूँ।

भूटान, और जो यह जिला सिक्किम है, बार-बार मैं इसको जिला ही कहना चाहूँगा, कुछ बातों में सिक्किम का राजा जरूर एक जमींदार के मुकाबले में ज्यादा ताकत वाला है, उसकी जनता लोकशाही के लिए पिछले कई बरसों से लड़ रही है। सैकड़ों की तादाद में लोग जेल गए। जिस तरह से नेपाल में हजारों की तादाद में पहुँच गई और एक बार तो मामला ऐसा हो गया कि छोटी-छोटी लड़ाई भी हो गई थी और आरजी हुकूमत कायम हुई थी। विराट नगर वगैरह में, उस तरह से भूटान और सिक्किम में कोई पलटनी लड़ाई तो नहीं हुई, वहाँ के राजाओं के खिलाफ, लेकिन सत्याग्रह वाली, जेल जाने वाली लड़ाइयाँ दोनों जगह हुईं। भूटान में फैल नहीं पाई। उसका सबब यह रहा कि भूटान बहुत दूर था। वहाँ हमारे जैसे लोगों का आना-जाना तो बिलकुल बन्द था। खबरें तक नहीं पहुँच पाती थीं। एक किस्सा पता नहीं कहाँ तक सही है। इस इलाके में इतना ज्यादा आतंक, इतना ज्यादा अज्ञान है कि जो भी दस-पाँच आदमी आएँ, वही कार्यकर्ता, वही नेता। एक नेता को भूटान की हुकूमत ने जिन्दा एक बोरे में बाँध दिया और उसे एक नदी में फेंक दिया। इस तरह की कई एक घटनाएँ हुई हैं, लेकिन एक का तो मुझे नाम समेत पता दिया गया। भूटान और सिक्किम में खास बात ध्यान देने वाली यह है कि हालाँकि वहाँ के दरबार और राजा की जाति और उनके कुटुम्ब तिब्बती पैदाइश के हैं—तिब्बती नहीं, तिब्बती पैदाइश के—लेकिन लोगों की जनसंख्या का बड़ा हिस्सा नेपाली पैदाइश का है।

अब यह बात बिलकुल साफ हो जाती है कि अगर नेपाल के साथ हम लोगों की नीति ठीक-ठाक रही होती और नेपालियों के मन हिन्दुस्तानियों के मन के साथ मित्रता और भाईचारे के धागे में बँध गया होता तो फिर भूटान और सिक्किम का मामला अपने-आप हल हो जाता। नेपाली पैदाइश का खास असर पड़ता। उस जमाने में नेपाली लोग मुझे भी कुछ अपना आदमी समझते थे, तो जहाँ कहीं इन इलाकों में मैं चला जाता था, बड़े प्रेम और आदर के साथ वे मुझसे मिला करते थे। वह चीज नेपाल के साथ बढ़ क्यों नहीं पाई? नेपाल के साथ हिन्दुस्तान ने जो भी रवैया अपनाया वह क्या था? कूटनीति

का था। चतुराई का था। होना क्या चाहिए? सिर्फ पड़ोसी नहीं, बहुत नजदीक के पड़ोसी? रिश्तेदारी है, भाई है। वह चीन और रूस वाला भाई नहीं, जैसा रूसी कहता है कि चीन तो हमारा भाई है। वह तो खाली दिमागी भाई है। यहाँ तो भाईपन बिलकुल एक ही मुल्क जैसा है। उस नेपाल के साथ कौन सी नीति चलानी चाहिए थी? कूटनीति नहीं, लोकनीति। वैसे तो आज पूरी दुनिया में अन्तरराष्ट्रीय सम्बन्ध ज्यादा कूटनीति पर चलाने ही नहीं चाहिए। रूस के सबसे अच्छे दोस्त, चीन के सबसे अच्छे दोस्त कौन होते हैं? कूटनीति वाले। जैसे रूस की हिन्दुस्तान के साथ दोस्ती कूटनीति वाली है। लेकिन रूस की रूमानिया, या पोलैंड, या चेकोस्लोवाकिया या चीन या मुखतलिफ देशों की जो कम्युनिस्ट पार्टियाँ हैं, उनके साथ दोस्ती कूटनीति वाली नहीं, लोकनीति वाली है, विचार वाली है। वह इंकलाब के लिए लड़नेवालों में जो मोहब्बत होती है, वैसी नीति है। लोकनीति है, राजनीति। मुझे ऐसा लगता है कि हिन्दुस्तान की सरकार ने नेपाल के साथ अपना सम्बन्ध ज्यादा कूटनीति के आधार पर रखा। वहाँ की जनता, वहाँ की जनता के संगठन के साथ सम्बन्ध गहरा नहीं रखा। कहा जा सकता है कि कांग्रेस पार्टी की सरकार है, अगर कांग्रेस पार्टी सीधे नेपाल के मामलों में दखल देने लग जाए तो कुछ नेपाली लोगों को बुरा लगे और वह एक मौका ढूँढ़ करके हिन्दुस्तान के खिलाफ़ जेहाद बोल दें। यह भी मैं माने लेता हूँ। ऐसी हालत में हर एक सरकार यह कोशिश किया करती है कि जनता के अन्दर कुछ ऐसे संगठन खड़ा करके कि जिनके काम-काज के लिए उनकी कोई जिम्मेदारी न आए, उनके जरिये से वह लोकनीति चलाया करे क्योंकि आखिरकार नेपाली हमारे सिर्फ पड़ोसी नहीं, हमारे भाई हैं, जो भी नेपाली, 80 लाख, 90 लाख हैं, उसका मन, उनके खाने-पीने का स्तर, उनकी विचारधारा, उनके सोचने के तरीके, जब तक पक्की तौर से एक तरफ आजादी पसन्द और दूसरी तरफ सच्चे मानी में ये विश्व शान्ति वाले और हिन्दुस्तान से दोस्ती वाले नहीं बनते तब तक नेपाल के साथ हमारा सम्बन्ध ठीक रह नहीं सकता। खाली कूटनीति के आधार पर नहीं।

मुझे शक होता है कि जब नेपाल के राजा दिल्ली सरकार से बातचीत करते थे तब बात के तराजू को ऐसी डंडी मार दी जाती थी कि नेपाल का राजा भी अपने मन में थोड़ा खुश हो कि हिन्द सरकार मेरे जैसा कुछ सोच रही है या कम-से-कम मेरे कामों में दखल नहीं देगी और नेपाली कांग्रेस के नेता दिल्ली सरकार से बात करते थे, तब बात के तराजू की डंडी कुछ ऐसी मार देती थी दिल्ली सरकार, कि नेपाली जनता का प्रतिनिधि सोच बैठते थे

कि दिल्ली सरकार कुछ हमारी तरफ झुकी हुई है। और मैं यह बहुत दृढ़ता के साथ कहना चाहता हूँ कि ऐसे मामलों में सरकार को दोनों के साथ बिलकुल एक जैसी बात करनी चाहिए थी, कुछ हेरफेर नहीं, बिलकुल खुली, एक-सी, बिना लल्लो-चप्पो की, बिना डंडी मारे हुए, ताकि नेपाल के राजा और नेपाल के प्रधानमंत्री दोनों को अच्छी तरह मालूम हो जाता कि दिल्ली सरकार की क्या राय है। कोई गलतफहमी की गुंजाइश नहीं रहती और हिन्दुस्तान की राजनीतिक पार्टियाँ या संगठनों में ऐसे लोग रहते, संगठन रहते जो नेपाल की पार्टी और संगठन के साथ न सिर्फ ऊपरी भाईचारा रखते, बल्कि विचार का, मन का भाईचारा रखते। ऐसे भाईचारे से क्या फायदा कि नेपाल की गद्दी को खाली इस्तेमाल कर लिया जाए, इसलिए कि कभी कोई अन्तरराष्ट्रीय सम्मेलन हो तो वे भी चार आदमी बैठ जाएँ, हम भी चार आदमी बैठ जाएँ, आपस में कुछ थोड़ी मोहब्बत की बातें हो जाएँ, और जरूरत पड़ने पर जब चुनाव आए तो वे हमारी मदद कर दें। इस तरह से राष्ट्र की नीतियाँ नहीं चला करतीं। नेपाल से हमारी दोस्ती के माने होते थे कि नेपाल में अन्दरूनी राजनीति में चाहे सरकार, चाहे गैर-सरकार, चाहे कोई राजनीतिक पार्टी के जरिये से विचार और कर्म का ऐसा सम्बन्ध जोड़ा जाता कि दोनों इलाकों के लोगों का मन एक दिशा में चलता। जब मन एक दिशा में चलता तब ताकत होती। चीन की क्या ताकत, यही तो उसकी ताकत थी। चाहे वह राक्षसी ढंग से इस काम को करता है, मुझे उसका काम कतई पसन्द नहीं, लेकिन चीन की ताकत इसलिए बढ़ जाती है कि चीन इन सब इलाकों के लोगों के मन ऐसे बदलता है कि मन उसके मन के साथ पहुँच जाता है और फिर सब इलाकों के लोग एक दिशा में चल पड़ते हैं। नेपाल में ऐसा नहीं हुआ। इतना मुझे नेपाल भूटान, सिक्किम के बारे में बताना था।...

अब तिब्बत। तिब्बत की बात तो कई बार मैं दोहरा चुका हूँ। उसे तो खाली गिना देता हूँ। एक—भाषा, दूसरे—लिपि, तीसरे—रहन-सहन, चौथे—धर्म, पाँचवें—जमीन का ढलाव, छठे—इतिहास, सातवें—लोकइच्छा। इन सातों कसौटियाँ पर तिब्बत चीन का हिस्सा हरगिज नहीं है। चीन से ज्यादा हिन्दुस्तान के नजदीक है, मैं हिस्से की बात नहीं कर रहा हूँ। मैं यह नहीं कहना चाहता कि तिब्बत हिन्दुस्तान का अंग है, लेकिन तिब्बत का और हिन्दुस्तान का बिलकुल नजदीकी सम्बन्ध है? अगर मोटी, बाजारू भाषा में मुझे कहना पड़े, तो तिब्बत-तिब्बत है, स्वतंत्र वही है, उसका अपना ढंग है, उसके लोगों की स्वतंत्र रहने की इच्छा है। वही सबसे बड़ा सत्य है। किसी तरफ जा रहे

हों, लेकिन अगर किसी बड़े इलाके के लोग चाहते हैं कि वे स्वतंत्र रहें, तब वही बात सबसे बड़ी हुआ करती है। तिब्बत के लोग स्वतंत्र रहना चाहते हैं। उनका इलाका कोई पाँच लाख वर्गमील का है। उनकी आबादी कोई 40-50 लाख की है। वह कोई छोटा-मोटा इलाका तो नहीं है। रहन-सहन का उनका ढंग रहा है। उनका अपना इतिहास है। स्वतंत्र रहना चाहते हैं, उनको स्वतंत्र रहना चाहिए। लेकिन उसके बाद दूसरे नम्बर का सवाल उठता है कि तिब्बती किसके ज्यादा नजदीक हैं। अस्सी सैकड़ा वे हिन्दुस्तानियों के नजदीक हैं तो मुश्किल से 15-20 सैकड़ा वे चीनियों के नजदीक होंगे। इससे ज्यादा उनका चीन से कोई ताल्लुक नहीं।

मुश्किल यह है कि पिछले हजार बरसों में जो कुछ घटनाएँ हुई हैं वे कौन सी? जब तक इतिहास पर एक लम्बान की दृष्टि से सोच-विचार नहीं करेंगे, बड़ी चीज को पकड़ नहीं पाएँगे। पिछले हजार बरसों में हिन्दुस्तान गिरा हुआ रहा है, पिटा हुआ रहा है। गुलाम रहा है, कमजोर रहा है। क्या इनके सबब रहे, उसे छोड़ दीजिए। हम यह मानकर चलें कि पिछले हजार बरस में हिन्दुस्तानी नपुंसक रहा है और परदेशी अपनी ताकत से इस मुल्क को गुलाम बनाता रहा है। बाबर आता है परदेशी की शक्ल में तो वह फतह करता है मुल्क को, और तैमूर लंग का तो कहना ही क्या! और जब बाबर की औलाद बहादुरशाह की शकल में देशी बन जाती है, तो शायरी करने के सिवाय और उसके पास कुछ रह नहीं जाता। देशी और परदेशी की यह लड़ाई रही और इस हजार बरस में जो कुछ भी हिमालय के बारे में हुआ है, सन्धियाँ, लड़ाई या हिमालय के ऊपर राजकीय अधिकार, उसको नजीर या उदाहरण बनाकर यह कहना कि यह हिमालय की शकल है, निहायत गन्दी बात होगी। पिछले हजार बरस को ही क्यों देखा जाए? क्यों न पिछले दो-तीन हजार बरस को देखा जाए, चार हजार बरस को देखा जाए? आखिर पिछले हजार बरस में चंगेज खाँ और कुबलाई खाँ भी तो हुए हैं। उसके अलावा चीनी राजाओं की कभी ताकत रही, वे आगे बढ़े, हमारे हिमालय की तरफ भी किसी जमाने में आए। और हम हिन्दुस्तानी पिछले हजार बरस में कभी भी अपने मुल्क के बाहर की बात सोचने के लायक थे ही नहीं। मुल्क के अन्दर की बातों में ही इतना फँसे रहते थे कि हमेशा हमको गुलामी से बचने के लिए तैयार रहना पड़ता था, लड़ाई करनी पड़ती थी। यह रही हिन्दुस्तान की हालत। हमेशा बार-बार मैं यह अर्ज करूँगा कि पिछले हजार बरस के इतिहास और सुलहनामों को कोई भी हिन्दुस्तानी कभी उदाहरण के रूप में न ले। यह बड़ी भारी गलती होगी, अगर वह लेगा।

तिब्बत और चीन के मामलों में जितने भी सुलहनामें हैं, उनसे एक बात तो यह साबित होती है कि चाहे 10-15-20 बरस के लिए ही सही क्यों न हो, तिब्बत ने चीन के ऊपर राज किया। अगर सुलहनामों को ही आप आधार बनाना चाहते हों तो क्यों न चीन को तिब्बत के मातहत दिया जाए? दूसरे, यह बात साबित होगी कि जो कोई सुलहनामें मिलते भी हैं, तिब्बत और चीन के सम्बन्ध बताने वाले, तो वे सिर्फ इतना बताते हैं कि तिब्बत का राजा चीन को किसी प्रकार की भेंट दिया करता था। उसे सत्ता नहीं, एक तरह का दूर का आधिपत्य कहा जा सकता है। अन्दरूनी मामलों में कोई मतलब रहता नहीं था तिब्बत के राज से, उस वक्त भी जब चीन की ताकत ज्यादा होती थी। अन्दरूनी मामलों में बिलकुल नहीं, विदेशी मामलों में भी नहीं, क्योंकि तिब्बत ने जाने जितनी सन्धियाँ की हैं दूसरे देशों से, बिना चीन के रहते हुए, या चीन जिसमें दखल नहीं देता था।

इसी सिलसिले में एक बात और ध्यान देने लायक है। वह यह है कि हिन्दुस्तान में अंग्रेजी सरकार के काम करने के तरीके और दृष्टि। एक बढ़िया किताब छपी थी। मुझे नहीं मालूम कि उसका अंग्रेजी में तर्जुमा हुआ या नहीं हुआ। प्रो. हेरमन ओंकिन ने एक किताब लिखी है, छोटी है, 125 सर्फ की, लेकिन मैंने बहुत कम किताबें पढ़ी हैं जो ऐसी दिमाग की दिशा को बताने वाली हो, और वह किताब है, 'अंग्रेजी विदेशी नीति, एक सौ बीस बरस या हिन्दुस्तान की पलटनी सुरक्षा का सवाल'। जर्मन लोग अपनी किताबों के नाम बड़े लम्बे रखा करते हैं। किताब के नाम से ही आप समझ गए होंगे कि लन्दन की विदेश नीति 1-5 बरस, यानी पूरी उन्नीसवीं सदी और 20वीं सदी के कुछ बरस में ऐसी रही है कि उसका अगर कोई केन्द्र ढूँढ़ना हो, या कि उसकी सबसे बड़ी बात, तो उसकी सबसे बड़ी बात यह थी कि किस तरह से हिन्दुस्तान को सुरक्षित रखो, सेना के हिसाब से। और हिन्दुस्तान को सुरक्षित करने में अंग्रेजों के दुश्मन कौन होते थे? एक तरफ फ्रांस था? एक तरफ फ्रांस, दूसरी तरफ रूस, और तीसरी तरफ जर्मनी। फ्रांस, रूस और जर्मनी, इन तीनों से अंग्रेजों की होड़ चलती थी।

इस लम्बे किस्से को छोटा करके, इतना ही मैं बता दूँ कि जब रूस से अंग्रेज अपनी होड़ चलाता था और रूस से डरता था कि कभी रूस हिन्दुस्तान पर कब्जा न कर ले तो उसे जरूरत थी किसी ऐसे दोस्त को पकड़ने की जो कमजोर हो, और कमजोर की हुकूमत या इलाके में वह कम-से-कम अपनी मनेजरी कायम कर देता। उसने ऐसे दोस्त को पकड़ा। चीन 19वीं सदी में

कमजोर रहा है। अंग्रेजों ने चीन को पकड़ा और ने भी पकड़ा, लेकिन ज्यादा अंग्रेजों ने। चीन का सम्राट और भी सन्धि, सुलहनामें, पुराने थे, बड़े लचर थे, पतले थे, उनका सहारा लेकर अंग्रेज ने चीन के आधिपत्य को तिब्बत पर कायम किया, कानूनी ढंग से, और उसको असल में चलाया खुद, क्योंकि वे चीन की तरफ से बोल सकते थे, काम कर लेते थे।

और इनका यह क्या तरीका नहीं। हिन्दुस्तान में जब भी उन्होंने अपनी हुकूमत कायम की तो शुरू में उन्होंने अपने नाम से राज नहीं चलाया। राज चलाया मुगल के नाम पर और खुद बन गए मनेजर। बंगाल में जब उन्होंने अपनी पहली हुकूमत कायम की तो पहले 5-10 बरस तक अंग्रेजों की सीधी हुकूमत नहीं थी। वह तो नवाब की थी और नवाब के नाम पर ये मनेजर बन गए मुनीम।

यह अंग्रेजों का तरीका रहा, और हर अक्लमन्द कौम का यही रहता है, जो दुनिया के ऊपर—अक्लमन्द मत कहो, अक्लमन्द और बदमाश कौम का राज करना चाहती है।

अब चीनी लोग अंग्रेजों की नजीर देते हैं कि अंग्रेजों ने मान लिया था तिब्बत के ऊपर चीन की सत्ता, तो अंग्रेजों ने इसलिए मानी कि चीन का राजा कमजोर, नपुंसक था, इसलिए उसकी सत्ता मान ली और उस सत्ता का इस्तेमाल उन्होंने खुद किया। तिब्बत के ऊपर इनका सिक्का चलता था। तो, अंग्रेजों का तिब्बत के ऊपर चीन की सत्ता मान लेना कोई भी मतलब नहीं रखता। यह तो 18वीं सदी की होड़ का नतीजा रहा है। उसके अपने अन्तरराष्ट्रीय रिश्तों को चलाने के तरीकों का नतीजा रहा है।

और जब चीन वाले कहते हैं कि यह मैकमोहन रेखा तो अंग्रेजों की बनाई हुई है। साम्राज्यशाही रेखा है तो मैं खुद भी कहता हूँ कि यह साम्राज्यशाही रेखा है, मैकमोहन रेखा उसकी असली रेखा नहीं। असली रेखा बनानी है तो कहीं और बनेगी। पहले तो मैं यह सबब बतलाना चाहता हूँ कि मैकमोहन रेखा बनाई हुई, साम्राज्यशाही की है, लेकिन तिब्बत के ऊपर चीन का आधिपत्य साबित करने के लिए अंग्रेजों के कायदे-कानून और जुमलों और अंग्रेजों की लिखी हुई बातों को क्या चीनी लोग इतनी अहमियत देते हैं। एक तो कह देते हैं कि साम्राज्यशाही की और उन्हीं अंग्रेजों की बातों को सिर पर चढ़ाकर कहते हैं नजीर की तरह कि देखो अंग्रेजों ने भी मान लिया, तुम कौन होते हो इसे इनकार करने वाले? मैं कहना चाहता हूँ कि तिब्बत के ऊपर चीन की प्रभुसत्ता मानने के लिए अंग्रेजों की साम्राज्यशाही चालें

बहुत बड़ा सबब रही हैं और इसलिए उनको लेकर कोई खास उदाहरण नहीं दिया जा सकता।

इस मैकमोहन रेखा के मामले में तिब्बत का जो कैलाश मानसरोवर वगैरह का इलाका है—मनसर का एक बड़ा प्रमाण मैंने दिया ही है। उसके अलावा मोटा सवाल है। कौन कौम है जो अपने बड़े देवी-देवताओं को परदेश में बसाया करती है? छोटे-मोटे को बसा भी दे, लेकिन बड़ों को—शिव और पार्वती को परदेश में बसाएँ? यह कभी हुआ है? उन्हें कब बसाया है, मैं नहीं कह सकता। शिव-पार्वती के किस्से कब गढ़े गए? मैं तो बिलकुल एक आधुनिक आदमी की तरह कह रहा हूँ। हो सकता है कि कुछ आधुनिक लोग कहें कि अन्तरराष्ट्रीय बहस में, कूटनीति की बहस में शिव-पार्वती को क्यों लाते हो? मैं मानकर चलता हूँ कि ये किस्से कभी भी गढ़े गए, कभी भी ये किस्से बनाए गए, हिन्दुस्तानियों ने बनाए। कब बनाए, इसके ऊपर तहकीकात करो। मान लो 400-500 बरस पहले बनाए या 4-5 हजार बरस पहले। जब भी ये किस्से बनाए गए, तब कैलाश और मानसरोवर भारत का हिस्सा जरूर रहा होगा, तभी तो कैलाश और मानसरोवर में इन बड़े देवी-देवताओं को बसाया गया। नहीं तो और कहीं बसाते। खाली पिछले 2-3 सौ बरस की टूटी-फूटी, सड़ी, किसी सन्धि को, दस्तावेज को लेकर साबित कर देना कि तिब्बत चीन के साथ जुड़ा हुआ है, यह कोई मतलब नहीं रखता है। तिब्बत में कैलाश और मानसरोवर का इलाका है। कैलाश और मानसरोवर हिन्दुस्तान का कभी-न-कभी रहा होगा। यह बात बिलकुल तय है। एक तो मनसर के सबब से और दूसरे कैलाश मानसरोवर के सबब से। और खैर, जमीन का ढलाव, ये सबब जो होते हैं, उनके ऊपर हिन्दुस्तानी और चीनी अफसरों ने बड़ी लम्बी-चौड़ी बातें की हैं। वह इलाका ले लो जहाँ की नदियाँ चीन की तरफ बहती हैं। लेकिन इधर जो बहती हैं, वह तो बिलकुल साफ कैलाश और मानसरोवर और पूर्ववाहिनी ब्रह्मपुत्र का इलाका है।

इसलिए, बार-बार मुझ जैसे लोगों ने कहा है कि मैकमोहन रेखा हिन्दुस्तान और चीन की रेखा तो है ही नहीं, थी नहीं, हो नहीं सकता, होनी नहीं चाहिए। अगर तिब्बत आजाद रहता है तब हम अपने कैलाश और मानसरोवर के इलाके का, जो कभी हिन्दुस्तान के राजकीय हिस्से थे, तिब्बत की रखवाली में रख सकते हैं, क्योंकि तिब्बत हमारा भाई है, नेपाल की ही तरह करीब-करीब। लेकिन अगर तिब्बत आजाद नहीं रहता है तब हिन्दुस्तान और चीन की सीमा रेखा मैकमोहन न हो करके और 70-80-90 मील उत्तर जा करके जहाँ पर

कि कैलाश और मानसरोवर हैं, होती है। हो सकता है कि कुछ कहें कि यहाँ तो 15 अगस्त, 1947 को रक्षा कर ही नहीं पाते, जो 1947 को मिला था तो मैकमोहन से भी 70-80 मील दूर उत्तर जा रहे हो। इस पर मेरा एक छोटा-सा ही जवाब होगा। हिन्दुस्तान की गद्दी पर हमेशा नपुंसक लोग नहीं बैठे रहेंगे। इसके अलावा मेरा कोई जवाब नहीं है। हिन्दुस्तान की जनता कभी-न-कभी इन मामलों के ऊपर सोच-विचार करके तय करेगी।

यह हुई कुछ भाई हिमालय के बारे में मोटी बातें। एक चीज से जरूर बचकर रहना है कि इस इलाके के बारे में हिमालय, भाई हिमालय और भारतीय हिमालय—एक गलतफहमी चीनियों ने बड़ी अच्छी तरह से फैलाई है, असल में शुरुआत उन्होंने नहीं की। शुरुआत तो की है दूसरों ने। मेरी समझ से जो यह पादरी—क्रिस्तान पादरी हुआ करते थे। कोई-कोई इतिहास भी पढ़ा करते थे, किताबें भी लिखते थे। उन्होंने खोज-खाजकर एक बात को निकाला कि हिमालय के इलाके में मंगोल लोग बसते हैं। हम भी इसी इतिहास को पढ़ते हैं। हमारे बच्चों को करीब-करीब हर स्कूल, कालेज में क्या सिखाया जाता है? शुरू का जो हिस्सा है, इतिहास का, उसमें बताया जाता है कि आर्य, मंगोल, द्रविड़ ये सब जातियाँ थीं जो अलग-अलग इलाकों में बसी हुई हैं और इधर-उधर फैलती हैं और हिमालय के इलाके में जो लोग बसे हुए हैं नेपाली या तिब्बती या मोनपा या अभीर या डाफला, इन सबको मंगोल नाम दिया जाता है। और हम 45 करोड़ हिन्दुस्तानी भी इस गलतफहमी के शिकार बन जाते हैं। प्रत्यक्ष अपनी आँखों से देखते हैं कि चीनी का पीला रंग, चपटी नाक और तिरछी आँखें। हिमालय के उन लोगों को छोड़ दीजिए जो भारतीय हिमालय के, कश्मीर के या कुछ हिमालय प्रदेश और पंजाब के इलाके में पड़ते हैं, लेकिन ज्यादातर ये तिरछी आँखों और चपटी नाक और पीले रंग ने इतना सितम ढाया है। हिन्दुस्तानी दिमाग के ऊपर कि यह सोच बैठा है कि हिमालय तो ऐसे लोगों से बसा हुआ है कि जो चीनियों के साथ ज्यादा नजदीक हैं।

इस सम्बन्ध में एक बात बता दूँ कि परदेशी को हम जब देखते हैं, अगर बड़ी सावधानी से न देखें, खूब गौर करके उसके एक-एक अंग को, तब तक परदेशी के नख-शिख को पहचानने में बड़ी कठिनाई हुआ करती है। अपने आपस के जो देशी लोग हैं उनको देख लेना तो आसान होता है। उनका क्या नख-शिख है, उनका क्या रंग है, वह जानने भी लगते हैं, क्योंकि दिन-रात उनको देखा करते हैं। लेकिन परदेशी सामने आया जैसे बर्मी है, चीनी है, तिब्बती है, नेपाली है तो इतना फौरन आँखें हमारे दिमाग को सन्देशा पहुँचा

देती हैं कि यह परदेशी हैं, और जहाँ यह सन्देशा पहुँचा कि यह परदेशी है कि आँखों और दिमाग दोनों ढीले पड़ जाते हैं, ज्यादा गौर से देखते नहीं, समझ बैठते हैं सब एक जैसे हैं, तिरछी आँखें, चपटी नाक, पीला रंग वगैरह, वगैरह। अगर हम गौर से देखें, जिस तरह से अपने देश में गौर से देखते हैं या उनको जिनके साथ बहुत ज्यादा नाता-रिश्ता रहा है गौर से देखते हैं तो फर्क मालूम पड़ जाएँगे। वास्तव में देखा जाए तो हिमालय के इलाके में जो लोग बसते हैं उनका चीनियों के साथ शारीरिक सम्बन्ध भी करीब-करीब नहीं है। दिमागी तो है ही नहीं! लिखावट, भाषा का है ही नहीं, लेकिन शारीरिक सम्बन्ध भी नहीं है। जिन्हें आप मंगोल कहते हो, मंगोलिया के लोग, कुबलाई खाँ और चंगेज खाँ वाले लोग, इन मंगोलों के साथ चीनियों का बहुत कम रिश्ता है। 60 करोड़ चीनी जनसंख्या में से तीन-चौथाई बल्कि सच पूछो तो 60 करोड़ में 50 करोड़ के आसपास। 40-50 करोड़ दो जातियों से बनी है जिनका आधार था 3-4 हजार बरस पहले। एक तो हान जाति और एक मंचू जाति। मंगोल से उसका कोई ताल्लुक नहीं था। और हिमालय के इलाके में जो लोग बसते हैं, उसका 3-4-5 हजार बरस पहले कोई मंगोल सम्बन्ध शायद रहा हो, हान और मंचू से तो बिलकुल नहीं था। हालाँकि मुझे उसमें भी शक है, अभी जो मैंने परदेशी वाला तर्क बताया उसके कारण। लेकिन पिछले तीन हजार बरस में तो यह तर्क बिलकुल गलत है, क्योंकि पिछले तीन हजार बरस में रक्त-बीज के सिद्धान्त ने बहुत ज्यादा काम किया है।

रक्त-बीज का सिद्धान्त क्या है? जिस तरह से पौधों का बीज होता है, उसी तरह से अलग-अलग कौमों को मिलाने का जो रक्तबीज होता है, उसकी सबब से यह हिमालय का इलाका बिलकुल ही मंगोल या चीन से अलग पड़ गया है और यह इलाका नख और शिख के हिसाब से अपनी अलग खास हैसियत रखता है, जो हैसियत उसकी अपनी खुद की है। मैं उसे मानता हूँ, लेकिन अगर किसी के नजदीक है तो वह ज्यादा हिन्दुस्तान के नजदीक है। शारीरिक ढंग से भी नजदीक है। भाई हिमालय के इलाकों को तो आप जानते ही हो, लेकिन तिब्बत और नेपाल वाला इलाका, भूटान वाला इलाका और उसके साथ, मैं तो खैर चीन की मौजूदा ताकत को देखते हुए, यह बात जरा बड़े मुँह की हो जाएगी, हालाँकि ताकत तो क्या उसकी है, हमारी बेवकूफी की सबब से ताकत उसकी रही है। सिंक्यांग भी जो चीन का एक सूबा है, वह भी चीन से दूर है, शायद इस हिमालय वाले इलाके के नजदीक हो और उस मानी में हिन्दुस्तान के भी नजदीक हो। तो इन सब

बातों पर ध्यान करते हुए मैं अर्ज करूँगा कि हिमालय के इस पूरे चित्र को अपनी आँखों के सामने रखें।

जो दो श्लोक उसी बद्रीनाथ की यात्रा में, संस्कृत के अध्यापक ने मुझे सुनाए और कम-से-कम 12-15-20 दफे सुना होगा, उनका दिमाग पर असर रहा। बद्रीनाथ का पूरा रास्ता, जोशीमठ है करीब 7000 फीट की ऊँचाई पर, वहाँ तक तो अभी मोटर पहुँच जाती है। जोशीमठ अब नाम पड़ गया है। लोग कहते हैं कि शंकराचार्य ने जब उसे बसाया था तो ज्योतिर्मठ था। ज्योतिर्मठ से जोशीमठ अब नाम पड़ गया। ज्योतिर्मठ से जोशीमठ हो गया। तो जोशीमठ तक मोटर जाती है। उसके बाद 7 हजार से 12 हजार फीट तक पैदल जाना पड़ता है। बड़े सुहावने दृश्य मिलते हैं जो दिमाग पर हमेशा का असर डालने वाले हैं, और शान्ति का कितना जबरदस्त असर पड़ता है। कहीं छोटे-मोटे झरने-पानी, जरा-जरा सा, सैकड़ों जगह पहाड़ों में, कोई पहाड़ 2 हजार फीट ऊँचा है, कहीं पर एक हजार फीट ऊँचा है। पानी के नाले बह रहे हैं, अलग-अलग जगहों के नाम बनाए जा रहे हैं, कहाँ कौन सा हिन्दुस्तान के साथ सम्बन्ध था। उसी हिमालय के बारे में कालिदास ने कुमारसम्भव में जो दो सबसे पहले श्लोक लिखे हैं, फिर मैं आपको बता दूँ, सन्तरी वाले श्लोक नहीं, वे श्लोक हैं हिमालय की तपस्या के बारे में देवालय तो नहीं, लेकिन सारी दुनिया के लिए हिमालय की कितनी जबरदस्त जगह रहती है उसके बारे में। उसका अर्थ मैं पहले बता देता हूँ, फिर मैं श्लोक पढ़ दूँगा। उत्तर दिशा में एक पर्वतराज है जिसका नाम है हिमालय, जो पूर्व और पश्चिम के समुद्र में इस तरह गोता लगाए हुए बैठा है जैसे दुनिया को नाप रहा हो, जिसके हजारों अनन्त किस्म के, अनेक किस्म के धन हैं, रत्न हैं, फिर भी एक दोष जो उसकी तकदीर को खराब करता है, नहीं जाता, और वह है बर्फ, हिम, जिससे उसका नाम पड़ा हिमालय। लेकिन अगर गुणों का समूह, इकट्ठा हो जाए—सब गुण-ही-गुण हों—तो एक दोष के होने से कुछ बिगड़ता नहीं, जैसे चन्द्रमा की किरणें आती हैं तो उसके एक दोष को, धब्बे को, वे छिपा लिया करती हैं। अब मैं यह दो श्लोक पढ़ देता हूँ। मैंने कई बार अध्यापकों से कहा कि आप कोशिश करो, पता लगाओ, चीनी साहित्य में वाङ्मय में, चीनी कथाओं, किंवदन्तियों में भी, कि हिमालय के लिए कुछ है क्या? कोई कविता इस ढंग की है, इस पैमाने की या इस तरह के किस्से-कहानियाँ हैं। अभी तक किसी ने वह मुझको ढूँढ़कर नहीं दिया। शायद है भी नहीं। इस पैमाने की तो खैर है ही नहीं, लेकिन कोई छोटे पैमाने

की भी नहीं है। अगर कोई हिन्दुस्तानी विद्यार्थी या प्रोफेसर इस काम को करे तो बड़ा अच्छा होगा। एक तरफ तो पिछले 3-4 हजार बरस का हिमालय का हिन्दुस्तानी दिमाग के लिए स्थान और दूसरी तरफ चीनी दिमाग के लिए हिमालय का स्थान, इसका पता चलेगा। मेरा जो खयाल है वह बिलकुल साबित हो जाएगा कि चीन का हिमालय के साथ सम्बन्ध बहुत नाजुक है और वह चंगेज खाँ और कुबलाई खाँ जैसों तक ही सीमित है और हिन्दुस्तान का हिमालय के साथ सम्बन्ध वैसा ही है जैसा देश के कई इलाकों या भाई इलाके का। ये श्लोक है—

अस्तुत्तरस्यां दिशि देवतात्मा हिमालयो नाम नगाधिराजः।
पूर्वापरौ तोयनिधिवगाह्य स्थितः पृथिव्या इव मानदंडः॥
अनन्तरत्नप्रभवस्य यस्म हिमं न सौभाग्यविलोपि जातम्।
एको हि दोषो गुणसन्निपाते निमज्जतीन्दोः किरणेष्विवांङ्क॥

अब इस हिमालय की रक्षा करने की बारी आ गई।...अभी जो पिछले ढाई-तीन महीनों में चपत खाई है, उसके और सबब न बताकर खाली इतना कहूँ कि हिन्दुस्तानी दिमाग में सरकार ने खासतौर से और जनता ने भी इस हिमालय की अवहेलना की है जो हिमालय हमारे साहित्य, हमारी किंवदन्ती, हमारी कथाओं, हमारे देवालयों के साथ जुड़ा हुआ है, और कैसी अवहेलना की है! उस वक्त जब हिमालय के एक हिस्से पर चीनियों के अपना कब्जा जमाया, अक्साईचिन का रास्ता बनाने के लिए, सिंक्यांग और तिब्बत से सड़क। एक बार चीन ने तिब्बत पर अपनी प्रभुसत्ता कायम करने के लिए अपना सबसे बड़ा जनरल सेनापति भेजा था, यही दिखाने के लिए कि हम तिब्बत के मालिक हैं। वह सेनापति किस रास्ते से आया था? गंगटोक के रास्ते आया था। हिन्दुस्तान ने उसे रास्ता दिया था, और यह आज ही मुझे किसी ने बताया कि दलाई लामा ने, जब अंग्रेजी राज खत्म हुआ और चीनियों ने तिब्बत की तरफ आँखें उठाईं तो चार खत लिखे थे। एक अंग्रेजों को, एक अमरीकियों को, एक हिन्दुस्तान को और चौथा किसे, यह उन साहब को याद नहीं रहा। दलाई लामा की एक किताब निकली है। अभी वह हिन्दुस्तान में काफी संख्या में नहीं आई है। सभी का यही जवाब आया—अमेरिका का तो यह कि बड़ी दूर है मामला और भौगोलिक कारणों से हम इसमें दिलचस्पी नहीं ले सकते। अंग्रेजों का यह कि हम अपना हाथ धो चुके हैं इस मामले से, हिन्दुस्तानी जानें और आप जानो। और हिन्दुस्तानियों का जवाब कि अच्छा हुआ, आप

चीनियों से दोस्ती कर लो। एक राक्षस ने एक नन्हे बच्चे की हत्या की थी। जिस वक्त यह हत्या हुई थी, उस वक्त हिन्दुस्तान में बहुत कम लोग बोले। प्राय: सभी अचेत थे, चीन से दोस्ती करने की इतनी उत्कट इच्छा हो रही थी कि सब नीति, सब धर्म, सब आदर्श भूलकर न सिर्फ चुप रहे, बल्कि उस हत्या में किसी हद तक मदद पहुँचाई। यह कहकर कि चीन से समझौता कर लो, चीन से दोस्ती कर लो।

और लद्दाख के इलाके पर जब दूसरी बार चीन ने कब्जा किया, 13 बरस पहले तिब्बत पर, 6-7 वर्ष पहले लद्दाख पर, और सिंक्यांग और तिब्बत में सड़क बनाने के लिए लद्दाख का इस्तेमाल किया, तब दिल्ली सरकार के अफसरों ने क्या कहा था? वह जुमला भी अपने मुँह से निकालना बहुत ही गन्दी चीज है। मैं समझ नहीं सकता कि किसी हिन्दुस्तानी के मुँह से वह जुमला कैसे निकल सकता है, सो भी प्रधानमंत्री के मुँह से। वह था कि लद्दाख का कुछ इलाका जो चीनियों के कब्जे में चला गया है, वह ऐसा है, पथरीला है, ऊपर है, और उस पर घास की एक दूब तक उगती नहीं। इसमें कई दोष हैं। एक दोष हो और कई गुण हों तो वह छिप जाता है। इसमें तो दोष-ही-दोष हैं। मातृभूमि का कोई भी टुकड़ा परदेशियों के हाथ में चला जाए, तब उसके बारे में निरादार के शब्द कहना सपूत का नहीं, कपूत का काम है। जब वह परदेशियों के कब्जे में न रहे, अपना हो, स्वतंत्र हो, खुदमुख्तारी वहाँ पर हो, तब उसको सुधारने के लिए जो भी आप बोलो, लेकिन जब वह परदेशियों के कब्जे में चला जाए उस वक्त उसका निरादार करना क्या मतलब रखता है? सिर्फ इतना ही नहीं, हम इतिहास को लेकर और आज के भूगोल और आर्थिक जीवन को लेकर बड़े गुमान के साथ बातें कर दिया करते हैं कि फलाना हिस्सा तो मतलब रखता है, फलाना हिस्सा नहीं रखता, यह जमीन पथरीली, वह जमीन खराब है, तो अब ऐसी बातें करना बन्द करो। एक तरफ तो कहेंगे दुनिया बदल रही है, तेजी से बदल रही है, अणु-शस्त्र बन रहे हैं, विज्ञान बढ़ रहा है। और दूसरी तरफ जमीन के बारे में इस तरह से मजबूती के साथ पुराने खयाल को बताएँ, क्या मतलब रखता है? खाली घास ही उगा करती है। हो सकता है कि वही जमीन औरों के हाथ जाकर कुछ ऐसी चीजें पैदा कर दे कि जिससे बाद में हिन्दुस्तान सरकार को सोचना पड़े, कहना पड़े कि अरे वह हिस्सा तो बड़ा ही मतलब वाला था, क्योंकि खाली घास ही तो नहीं उगा करती, कई दफे खनिज पदार्थ भी मिल जाया करते हैं, कई दफे न जाने और कौन सी चीजें मिल जाया करती हैं। उस माने में यह जुमला खराब है।

...जो नीतियाँ हैं विदेश और रणनीति, उन्हें बाद में ही उठाऊँगा। अभी खाली बार-बार मैं यही कह सकता हूँ कि यह हिमालय, निचला पूरा-का-पूरा और मध्य हिमालय का काफी बड़ा हिन्दुस्तान का अंग रहा है, राजकीय अंग रहा है, और बाकी जितना हिमालय है, तिब्बत, नेपाल जैसा, वह भाई हिमालय रहा है, चीन् का उससे कोई सरोकार नहीं रहा और इसी हिमालय की रक्षा करना ताकत का सवाल है। यह ताकत किस तरह की होगी, कब आएगी, यह बात अलग है, लेकिन कम-से-कम हम अपना दिमाग भी बनाएँ कि हिमालय कौन? अगर हमारे दिमाग में वह फितूर बना रह गया तिब्बत वाला, अंग्रेजी साम्राज्यशाही के दस्तावेजों वाला, मंगोल वाला या यह कि एक उधर वाली ताकत के साथ दोस्ती रखने के लिए इन सब सच्चे मामलों के ऊपर पर्दा डाल देना है, तब हम हिमालय पर कुछ भी सोच-समझ नहीं पाएँगे।

उत्तर-दक्षिण

मैं रामेश्वरम की ओर ऐसे दौड़ा जैसे गाय की तरफ बछड़ा। कुछ तो इसलिए कि तीर्थ-केन्द्रों में मुझे कौतुक मिलने लगा है। लेकिन ज्यादा इसलिए कि राष्ट्रीयता गलती करने पर उतारू हो जाती है, तो फाँक डालने और टूट पैदा करने, फूट और जहर बोने और जहाँ एक राष्ट्र था वहाँ दो राष्ट्र बनाने के लिए ओछे और स्वार्थी लोगों की मदद करने में उसकी अद्भुत क्षमता पर मैं आश्चर्य चकित हूँ। तुलनात्मक दृष्टि से हिन्दुस्तान के तीर्थ-केन्द्र बड़ी सान्त्वना देते हैं। किसी भी महान मन्दिर के एक कोने में आप खड़े हो जाइए, एकाध घंटे में ही, आप सारे हिन्दुस्तान को वहाँ पर चलते-फिरते देख सकते हैं। हम एक हैं, इतने एक हैं कि उस समय लगता है कि किसी में इतनी शक्ति नहीं है कि वह हमें तोड़कर दो बना सके। दुर्भाग्य से यात्री आत्मकेन्द्रित होता है। स्थानीय लोगों को और सहयात्रियों के नाना प्रकार को अगर वह सहानुभूति से देखे और सुने, तो उसे राष्ट्रीय एकता में बड़ी आन्तरिकता का अनुभव होगा। पर आज वह एक खास जगह के एक खास देवता के साथ ही आन्तरिकता की खोज करता है और, इसलिए समूचे देश में फैले हुए इन विभिन्न स्थानों की भौगोलिक एकता की छाप ही उसके मन पर पड़ती है। मैं अब तक पूजा करने में असमर्थ हूँ, और शायद हमेशा ही असमर्थ रहूँगा। किन्तु समय निकालकर काम द्वारा पवित्र किये गए स्थानों पर हर कहीं से आने वाले, कि देश का कोई हिस्सा नहीं छूटता, अपने देशवासियों को मैं पूजा करते देखना चाहता हूँ।

कैलाश और मानसरोवर जाने का मैं विचार ही करता रहा और अब तो वहाँ की यात्रा असम्भव हो गई है। मैं सोचने लगा हूँ कि अपने निश्चय के अनुसार अगले वर्ष मैं बद्रीनाथ और गंगोत्री भी जा सकूँगा या नहीं। इसका कारण इतनी ऊँचाइयों पर जाने को मेरी शारीरिक असमर्थता ही नहीं है, बल्कि यह भी है कि वहाँ गंगोत्री होगी भी या नहीं। कैलाश से रामेश्वरम तक और

दोनों बाजुओं के पार भी देश प्राय: एक ही रहा है, तथा और किसी से बढ़कर धर्म ने उसे एक किया है, किन्तु इस धर्म में नि:सन्देह कोई कमी जरूर है, जिसने कभी-कभी इस एकता को शिथिल बनाया और प्राय: उसकी आजादी छीन ली। धर्म मुझे प्राय: सिवाय दीर्घकालिक राजनीतिक के और कुछ नहीं प्रतीत हुआ है, निरन्तर राजनीति उस तरह से राजनीति मुझे अल्पकालिक धर्म लगता है, प्रवहमान धर्म। सभी धर्मों के संस्थापक ईसा और मोहम्मद जैसे लोग ही हुए हैं, जिनके राजनीतिक लक्ष्य थे और हिन्दूवाद कम-से-कम अपने भक्ति रूप में उत्तर-दक्षिण एकता के एक, दूसरे पूर्व-पश्चिम एकता के और तीसरे विशेषत: अपनी भक्ति के द्वारा चौतरफा एकता के देवता का कुछ बहुत ही बढ़िया किस्सा है। धर्म शान्त करता है। हरिद्वार में गंगा शीतलता प्रदान करती है। रामेश्वरम का समुद्र देखने-भर से ही निश्चल कर देता है। ऐसा ही होना भी चाहिए। अल्पकाल में, बुराई के विरुद्ध कलह है। दीर्घकाल में अच्छाई के साथ शान्ति है, किन्तु प्रत्येक दूसरे के विपरीत हैं। राजनीति की कलह से लेकर धर्म की शान्ति तक, एक ही किस्से का सिलसिला है। इसी से तो प्राय: शान्ति उतनी शान्तिपूर्ण नहीं होती और सुनने में कलह जितनी बुरी लगती है, उससे कहीं ज्यादा प्रीतिकर होती है।

रामेश्वरम में मुझे काफी शान्ति नहीं मिली। हिन्दुस्तान की एकता बेशक मेरे सामने चल-फिर रही थी, किन्तु उसका एक पक्ष मेरी आँखों में इस तरह चुभ रहा था कि ऐसा पहले कभी नहीं चुभा। ज्यादा तो मेरे सामने ऐसे लोग थे जिन्हें मानवता ने थूक दिया था, बसाए हुए, बूढ़े और मुरझाए हुए कई दिनों के गन्दे और पसीने की परत जमे कपड़े पहने हुए। औरतें बेतुके ढंग से चूड़ियाँ पहने हुए थीं। उनके नाक और कान बुरी तरह से छिदे हुए थे और उनके कपड़ों की लम्बाई और सलवटें और चुस्तपन ऐसी जगहों पर था जो लज्जाजनक है। पैसे या बच्चे या एक निर्दिष्ट आकार और स्थान की दैवीशक्ति की तलाश में मर्द भी उतने ही बेतुके थे, जबकि एक पूरा समाज उनके आसपास उपेक्षित और आरक्षित मँडरा रहा था।

कन्याकुमारी, द्वारिका या पुरी जैसा आनन्द यहाँ नहीं मिला, शायद और कारण रहे हों, हो सकता है, द्वारिका के कृष्ण बहुत छोटे और शिशुवत और बहुत ही प्रकट हैं, किन्तु दो दिन पहले कारूर में राष्ट्रीयता का जो बेतुका अलगाव मैंने देखा वह भी मेरी उदास और सन्दिग्ध प्रकृति का कारण रहा हो। उनके विरुद्ध धर्म इतना शक्तिहीन क्यों है? कहीं वह भी उदासीन तो नहीं है? जीवन में जो स्वच्छता और उल्लास है उसके प्रति हिन्दू धर्म की उदासीनता

मुझे साफ दिखाई पड़ी। मैं एक छोटा-सा सुझाव देना चाहता हूँ। कपड़े-लत्ते और व्यक्तिगत साफ-सफाई और चूड़ियाँ और बैठने या नहाने-धोने और ऐसे ही विषयों पर हर एक तीर्थ-स्थान की नगरपालिका को प्रतिदिन व्याख्यान कराने चाहिए और वह इस काम में खास-खास यात्रियों की भी सहायता ले सकती है। किन्तु, जो इतना जीवन सम्बन्धी है, जो इतना सुन्दर है, उसके प्रति हिन्दू इतना उदासीन क्यों हैं?

इस देश में जाति से बढ़कर और कुछ नहीं। यहाँ जाति के आधार पर ही आदमी अपना दृष्टिकोण बनाता है, उसी कोण से वह जीवन और जहान को देखता है। मुझे शक है कि और किसी चीज से बढ़कर जाति ने ही हिन्दुस्तान के तीर्थ-स्थानों को और उसकी राष्ट्रीयता को अटूट रखा है और इसलिए वह गरीबी और गुलामी को सह लेता है। सन 30-40 तक तमिलनाडु के ब्राह्मण निःसन्देह हिन्दुस्तान की एकता और स्वाधीनता के मुख्य वाहक थे। पूरे हिन्दुस्तान और उसकी राष्ट्रभाषा हिन्दी के लिए वे डटकर खड़े रहे और उन्होंने मेहनत की और तकलीफें उठाईं। लेकिन आबादी के सौ में वे केवल चार थे। ब्राह्मण-विरोधी आन्दोलन बढ़ा और स्वभावतः उसका जोर ब्राह्मण-प्रभुत्व के विरुद्ध था।

ब्राह्मणों की हालत पहले से काफी अच्छी है। एक हद तक यह समझ में आता है। हालचाल तक उनका वैयक्तिक निरादर किया गया। और उनकी पूजा-अर्चना के स्वरूपों के साथ खिलवाड़ किया गया और कभी-कभी उनको शारीरिक चोट भी पहुँचाई गई। ये असभ्य और अश्लील काम थे और दूसरे क्षेत्रों में भी इन कामों का असर काफी दिनों तक रहेगा। किन्तु ब्राह्मणों को गैर-ब्राह्मणों से ऊँचा उठाने को सह लेना चाहिए था। दुख है कि ऐसा नहीं कर सके। उन्होंने सभी नीम-हकीमों का सहारा लिया, एक समय में कम्युनिज्म का, और अब स्वतंत्र पार्टी का। अब वे राष्ट्र की एकता या राष्ट्रभाषा के वाहक नहीं रहे। लगातार फिसलते-फिसलते वे गैर-ब्राह्मणों की हैसियत में आ गए हैं। तमिलनाडु के ब्राह्मणों को लगा कि उत्तर ने और वहाँ के औजारों ने उन्हें धोखा दिया, इसलिए वे गैर-ब्राह्मणों के पास पैगाम भेजने लगे, और कम-से-कम फिलवक्त उन्हें उसमें कुछ सफलता भी मिल रही है।

तमिलनाडु के गैर-ब्राह्मण कोई एक जाति के नहीं, बल्कि कई जातियों के विविध समूह हैं। इन जातियों में, मुदलियार शिक्षा और पैसे में काफी आगे बढ़े हैं, लेकिन आन्ध्र के रेड्डी ने, महाराष्ट्र के मराठा ने और केरल के नायर तक ने जिस तरह ब्राह्मण की जगह ले ली है, वैसे वह नहीं ले सका। सभी

जानते हैं कि गैर-ब्राह्मण आकांक्षाओं और आन्दोलनों की अगुवाई एक ही सबसे ज्यादा शक्तिशाली जाति ने की, यानी जो ब्राह्मणों की भूमिका अदा करती है। यह बहुत ही बुरा है इस तरीके से जाति नहीं खतम होती। एक जाति के प्रभुत्व की जगह पर दूसरी जाति आ जाती है, यानी ब्राह्मण की जगह मराठा या रेड्डी या नायर। लेकिन तमिलनाडु में तो यह भी नहीं हुआ। मुदालियार ने समझ रखा था कि गैर-ब्राह्मणों के सहज नेता के रूप में वह ब्राह्मण की जगह ले लेगा। नाडार और गोउंडर जैसी गैर-ब्राह्मण जातियों ने कांग्रेस को हथिया लिया। अब मुदलियारों का सबसे नया हथियार है द्रविड़ मुनेत्र कषगम इसमें शक नहीं कि कुछ जगहों पर मुनेत्र एक प्रकार की स्वाभिमानी बराबरी और राजनीतिक कर्म के लिए दूसरे गैर-ब्राह्मणों को प्रेरित कर रहा है। इसमें भी शक नहीं कि उसका प्रादुर्भाव दूसरे अनेक तात्कालिक कारणों से हुआ। और अनेक मुनेत्री यह सुनकर चकित रह जाएँगे कि उनके संगठन को मुख्य चालक शक्ति मुदालियरों से ही मिलती है। लेकिन इस तथ्य को नहीं छिपाया जा सकता कि मुनेत्र का नेतृत्व बहुलांश में मुदलियार है, शायद नेतृत्व इस तथ्य से सचेत नहीं है।

तमिलनाडु में या हिन्दुस्तान के और किसी हिस्से में भी सबसे ज्यादा सूझ-बूझ रखने वाले ब्राह्मण आग से खिलवाड़ कर रहे हैं और, अगर इससे बाज नहीं आते हैं तो अपने को तो भस्म कर ही डालेंगे, देश को भी नुकसान पहुँचाएँगे।

चार महीने पहले स्वतंत्र पार्टी के सदस्यों ने मद्रास में मेरी सभा को तोड़ने की असफल कोशिश की। इस बार मेरी दो सभाएँ सफलतापूर्वक तोड़ने में मुनेत्र वालों ने नेतृत्व किया, पत्थर भी फेंके।

प्रत्येक तमिल जिले में एक शक्तिशाली जाति है, जैसे रामनाद और तिरुनेलवल्ली के नाडार, मदुराई के घेवर, दक्षिण अरकाट के पदयाची, कोयम्बटूर के गउंडर, और सभी जगहों पर हरिजन तो हैं ही। जातियों की कौड़ी बैठाने की कला में कांग्रेस पार्टी माहिर है, लूट का माल बाँटने में भी उसका हाथ कुछ ज्यादा खुला हुआ है। नाडार गउंडर और चिल्लर मेल को यह नहीं मान लेना चाहिए कि पूरी तौर पर वह जमा हुआ है। उत्तर विरोधी और हिन्दी विरोधी आग एक हद के बाद उसे ही लील जाएगी।

सत्ता में आने के लिए बेशक उनकी गरमी का अप्रत्यक्ष प्रयोग किया है। कृतज्ञतावश, वह हो सकता है, इन आगों का मुकाबला न करें, या एक खास ढब के राजनीतिक जीवन के आदी होने के कारण, हो सकता है, वह एक अलग रास्ता बनाने की जोखिम न उठाएँ। अब इस तथ्य को और ज्यादा नहीं

छिपाना चाहिए कि उत्तर-विरोधी, हिन्दी-विरोधी और ब्राह्मण-विरोधी आगों ने या कम-से-कम उनकी दूरवर्ती गरमी ने तमिलनाडु कांग्रेस के दलों और जगहों को गरमाया है। अब जब कि स्वतंत्र-मुनेत्र ने सत्ता हासिल करने के लिए या ब्राह्मण-विरोधी भावनाओं को दबाने के लिए एक चाल के रूप में उत्तर-विरोध और हिन्दी-विरोध को भड़काने का फैसला कर लिया तो तमिलनाडु कांग्रेस बड़ी दुविधा में पड़ गई है। हो सकता है, वह अपनी पुरानी आदतें न छोड़े। वैसी हालत में उसके ऊपर मुसीबत आने की सम्भावना है और राष्ट्र पर मुसीबत आ जाएगी ही। अगर वह अपना रास्ता बदले और राष्ट्र की एकता और राष्ट्रभाषा की खुलकर प्रवक्ता बने, तो वह जनता की बहुत भलाई कर सकेगी। और बुरा-से-बुरा यदि कुछ हुआ तो उसे कुछ थोड़ा-सा नुकसान होगा।

हिन्दी और उत्तर के बैर से बढ़कर निरर्थक एवं अकारण और कोई चीज नहीं हो सकती। हिन्दुस्तानी क्षेत्रों में सिर्फ दो इस्पात के कारखाने हैं और अब तक कोई तेलशोधक कारखाना वहाँ नहीं बना है, गैर-हिन्दी इलाकों में इस्पात कारखानों का सवाल है, तीन पूरब में हैं, दो बंगाल में और एक उड़ीसा में और चौथा है दक्षिण में, भद्रावती, कर्नाटक। दक्षिण के राजनीतिज्ञ, कांग्रेस वाले भी, जिस ढंग से पूरब और पश्चिम को उत्तर के साथ मिला देते हैं वह बहुत ही अद्भुत है, बंगाली और मराठी के विरुद्ध उनका प्रचार हिन्दी-विरोध की तरफ मोड़ दिया जाता है। शायद वे सोचते हों कि ये भाषाएँ भी हिन्दी अथवा उसका कोई रूप हैं। सबसे अश्लील किस्म की गरीबी उत्तर में और आदिवासी इलाकों में दिखाई पड़ती है।

एक सौ बरस से भी ज्यादा समय से हिन्दुस्तान-इंगलिस्तान का व्यापार मद्रास, कोलकाता और मुम्बई इन तीन बन्दरगाहों से हुआ है और उससे उन्होंने बेजा फायदा उठाए हैं। सही बात तो यह है कि ये सारे देश के हैं और किसी एक समूह के लिए ही उनका इस्तेमाल नहीं होना चाहिए। आज उनका इस्तेमाल उसी तरह किया जा रहा है। अँधेरे में पड़े हुए, दबे हुए, पर गाली खाने वाले उत्तर प्रदेश में स्वास्थ्य, शिक्षा और अन्य सार्वजनिक सेवाओं पर आबादी में की आदमी पीछे तीन रुपए खर्च होते हैं और तमिलनाडु और बंगाल में 6 रुपए। यह भी सही है कि रूस या अमेरिका में यह खर्चा दो सौ रुपए के ऊपर बैठता है। जब लोगों के सामने दो सौ रुपए की लड़ाई है, तो अपने 3 या 6 रुपयों को लेकर आपस में लड़ने से बड़ी गलती और क्या हो सकती है।

मैं इस गरीबी से मारे और दबे हुए उत्तर का प्रतिनिधि था, जो तमिलनाडु से यह कहने का प्रयत्न कर रहा था कि वह अंग्रेजी का सार्वजनिक इस्तेमाल

खतम कर दें। वास्तव में तमिल नेता राज स्तर पर तमिल शुरू करने में क्रमिकवादी और सशंक हो गए हैं, मैं उसे फौरन दूर करना चाहता हूँ, इसी क्षण। किसी भी तर्क के आधार पर मैं उनसे अच्छा तमिल हूँ। दिल्ली स्तर के बारे में मामूली-सा मतभेद होगा। मैं चाहूँगा कि वहाँ पर हिन्दुस्तानी हो और मैं सभी सम्भव सुरक्षा देने पर सोचने को तैयार हूँ। अगर दिल्ली स्तर पर तमिल लोग भाषा रखना चाहते हैं, तो भले ही यह बात मुझे पसन्द न हो लेकिन मुझे एतराज न होगा और मैं समझूँगा कि अंग्रेजी हटाने के लिए यह कोई बड़ी कीमत नहीं है। इसी बात को कहने से मुझे उन्होंने रोका, और मैं उसे सिर्फ अपनी मातृभाषा में नहीं कह सकता था। उत्तर के साम्राज्य के प्रवक्ता का प्रतिवाद करने के लिए वे दबे हुए दक्षिण के प्रतिनिधि नहीं थे, वे थे दक्षिण के अंग्रेजी पढ़े-लिखे शासक-वर्ग के प्रतिनिधि, मध्यम वर्गीय अल्पमत जो जनता के कुछ तबकों को भरमाने में सफल हुआ, और दबे हुए और गरीबी से मारे उत्तर के एक आदमी पर पत्थर फेंके गए।

सार्वजनिक इस्तेमाल से उत्तर अंग्रेजी क्यों नहीं हटा पा रहा है? इसका एक कारण वह तर्क है कि दक्षिण नहीं चाहता। हमारी तकदीर एक-दूसरे से बँधी है। हम एक-दूसरे के गले में रस्सी डालकर पीछे खींच रहे हैं। देश की एकता को सुरक्षित रखने और उसकी प्राणशक्ति को बढ़ाने का काम कांग्रेस ने छोड़ दिया है। वह मोटा, फफ्फस और अस्वस्थ संगठन बन गया है। अपनी चर्बी बढ़ाने में ही, बहुमत प्राप्त करने में ही उसकी दिलचस्पी रह गई है, और वैयक्तिक सम्मान या राष्ट्र की शक्ति बढ़ाने में उसकी कोई दिलचस्पी नहीं है, नहीं तो, हिन्दुस्तान की धरती पर हिन्दुस्तान की भाषा बोलने में बार-बार बाधा डालना क्या सम्भव होता है और उन्हें मौका मिलता कि वे उन व्यक्तियों पर पत्थर फेंके जो उन्हें पसन्द नहीं हैं? बहुमत वाली पार्टी सचमुच बेशर्म है। जानवर ही तो अपने स्वभाव के अनुसार काम करते हैं, जानवरों को काबू में लाने के प्रयत्नों के परिणामों से डर कर ही बहुमत वाली पार्टी उन्हें मनमानी करने देती है।

जाति देश को तोड़ रही है। वह सन्तुष्टि, ढर्रे और निश्चलता के बहुसंख्यक छोटे-छोटे पोखरे बनाती है। हर एक पोखर को अपने छोटे घेरे की भलाई में ही दिलचस्पी रहती है। मूल्यों की एक विषम सीढ़ी ने हर एक जाति को कुछ दूसरी जातियों के ऊपर खड़ा कर दिया है और ऐसी-ऐसी कथा-कहानियाँ हैं जिनमें ऊपर वाली जाति को उसकी कपटता और धोखेबाजी के लिए कोसा गया है, इसलिए एक अजीब आध्यात्मिक सन्तोष छा गया है। तीर्थ-केन्द्रों और

राष्ट्रीय एकता को वे जो परिवेष्ठित करते हैं सो वह इसी सन्तुष्टि के अंग हैं। हर एक छोटा पोखर आता है और समूचे देश में छितराए हुए देवी-देवताओं के ऊपर अपने गन्दे पानी की बूँदें टपका जाता है और अपने-आपको पवित्र और उन्नत समझने लगता है। अगर ये पोखर अपने घेरे तोड़कर भारतीय राष्ट्रीयता का महासागर बनाएँ तो क्या फिर भी वे आएँगे। कुछ लोग कहेंगे कि जाति की कीमत चुकाए बिना तीर्थ-केन्द्रों को रखना मेरी बेवकूफी है। अपनी मूर्खता मैं जारी रखना चाहता हूँ, पर यह बात कहने के लिए मेरा दिमाग साफ है कि अगर जाति के बिना तीर्थ-केन्द्र जीवित नहीं रह सकते हैं तो उन्हें भी खतम करना होगा।

तमिलनाडु की नवजवान औरत और मर्द से मैं भावुकता और आदर्शवाद की कुछ बातें करना चाहता हूँ। सबकी, बूढ़े संगठनों से ये बातें करना मैं बेकार समझता हूँ और उनके साथ तो मैं हिसाब लगाकर स्वार्थ की जबान में ही बातचीत करता हूँ। मैं तो उनसे कहता हूँ कि उन्हें जाति के दर्शन और दृष्टिकोण को तोड़ना चाहिए, कि वे एक व्यापक राष्ट्रीयता के सृजन की खातिर सुप्रतिष्ठित ढर्रों और अनन्यता का नाश करने की जोखिम उठाएँ, कि वे कल की मायूसियों और कड़ुवाहट को भुला देने का प्रयत्न करें, कि वे अपने से जो नीचे हैं उन्हें विशेष अवसर देने के लिए आज के झूठे अवसरों का त्याग करें और इस-प्रक्रिया के द्वारा, कल एक ही नहीं सब अभूतपूर्व तेजस्विता से उठें, कि वे जनता का राज, जनता की एकता और जनता की भाषाओं के खुलकर हिमायती बन जाएँ और हमेशा के लिए सामंती राज और सामंती भाषा के शत्रु बनें, कि वे रामेश्वरम और गंगोत्री और जाति के सलीब पर लटके हुए समूचे हिन्दूवाद को स्वच्छ करें, कि वे बुराई के विरुद्ध राजनीतिक कलह को धार्मिक शान्ति और अच्छाई के लिए प्रेम के साथ मिलाएँ।

भारतीय जन की एकता

अपनी पुराकथाओं या इतिहास व तीर्थ-स्थानों का हवाला देकर हिन्दुस्तान की स्वाभाविक एकता स्थापित करने की अब तब कुछ कोशिश की गई है। जनमानस पर पुराकथाओं या इतिहास के नायकों के प्रभाव को मैं रत्ती-भर भी कम नहीं मानता। न ही देश में फैले हुए, वास्तव में चारों दिशाओं में ठीक इसलिए बनाए गए तीर्थ-स्थानों और भ्रमण के केन्द्रों के एकीकृत करने वाले प्रभाव को मैं कम महत्त्व देता हूँ। हिन्दुस्तान की वास्तविक एकता के वर्णन के साथ-साथ मैं सिर्फ यही चाहता हूँ कि भारतीय जनता की वास्तविक एकता से सम्बन्धित खोजें जोड़ दी जाएँ। इस सम्बन्ध में नृशास्त्री, भूगोल शास्त्रज्ञ और इतिहासवेत्ता बहुत कुछ कर सकते हैं, पर जाहिर है, उनके पास इस विषय पर उनकी किताबों और पुस्तकालयों में काफी मसाला नहीं है और न ही अब तक ऐसी खोज के लिए उन्हें कोई प्रेरणा मिली है। इसलिए उन्हें खूब यात्रा करनी चाहिए और जनता के नये और पुराने किस्से, कहानियों को मन लगाकर सुनना चाहिए और लाजमी तौर पर, अपनी जनता और साधारण लोगों की अप्रामाणिक एकता की तरफ अपना दिमाग खुला रखने से शुरुआत करनी चाहिए।

इस सम्बन्ध में शब्द 'शबरी' एक विलक्षण चीज है। सबसे पहले यह उस औरत के नाम की तरह व्यवहृत हुआ जिसने राम को अपने दाँत से काटकर बेर का आधा टुकड़ा दिया था। इस घटना का पहला साहित्यिक उल्लेख कोई 2500 वर्ष पहले किया गया था, और अगर यह सिर्फ पुराकथा ही नहीं, बल्कि वास्तविक घटना है; तो लगभग 5000 बरस पहले की है। कुछ दिनों से शबरी कुछ विचित्र खोज का विषय बन गई है। ऐसा माना जाता है कि यह वही औरत थी जिसे रावण सीता मानकर लंका उठा ले गया। उसे राम का एक विशिष्ट मित्र जतलाने की कोशिश की जा रही है। क्योंकि कोई भी

आदमी और औरत जब तक वे किसी असाधारण बन्धन से न जुड़े हों, तब तक एक-दूसरे का जूठा नहीं खाते।

शबरी उस जाति के नाम के रूप में फिर आता है, जिससे करीब 1000 वर्ष पहले भगवान जगन्नाथ की मूर्ति चुराई गई थी। यह उड़ीसा के आदिवासियों के लोग थे। राम की शबरी भी तो आदिवासी थी, उड़ीसा के उसी समान्तर में जो आज मध्य-प्रदेश है, वहाँ की। जगन्नाथ के शबरी भगवान की चोरी की कथा भी बहुत रूमानी है। जैसा कि होता है, मैदानी इलाके के राजा को सपना आता है। वह अपने सबसे चतुर मंत्री को आदिवासी इलाके में भेजता है। मंत्री और आदिवासी राजा की लड़की के बीच प्रेम हो जाता है और नतीजतन जगन्नाथ चुरा लिये जाते हैं। अब तक पुरी के जगन्नाथ भगवान की पूजा खासकर लगभग उन 15 दिनों में जब जगन्नाथ भगवान बीमार हो-हो जाते हैं, ब्राह्मण पुजारियों और पंडों के अलावा अब्राह्मण लोगों द्वारा भी होती है जिन्हें शबरी पंडा कहा जाता है।

यही शब्द फिर दक्षिण में मिलता है। केरल के पुण्यतम मन्दिरों में एक मन्दिर है शबरी मलई, जो इधर के बरसों में ज्यादा पवित्र बन गया है, क्योंकि वहाँ पर, कहा जाता है, कुछ अपचार हो गया था। हर साल किसी खास मौसम में काले कपड़े पहने यात्रीगण इस पहाड़ की शबरी या शबरी के पहाड़ के मन्दिर जाते हैं।

इसमें कोई शक नहीं मालूम होता कि शबरी भारतीय जनता के एक बहुत बड़े गुट का नाम था। आज जो भारतीय जनता है उसमें वह पूरी तौर पर निश्चय ही घुल-मिल गया है। ऐसा लगता है कि उसका कोई सीधा वारिस नहीं है, बल्कि समूची भारतीय जनता ही उसकी सन्तति है और उसका नाम पुराकथाओं, भूगोल, इतिहास और आज के रस्म, रिवाज में उतना ही दूर उत्तरी अयोध्या में आता है, जितना कि नीचे केरल में, दक्षिण में।

पोरबन्दर के इलाके के आसपास के 'मेहर' फिर वही हैं जिन्हें आज पिछड़ा वर्ग या आदिवासी कहा जा सकता है। एक गुट की औरतों से दूसरे की सामान्य सुन्दरता की तुलना करना गलत है, क्योंकि सौराष्ट्र की सभी औरतें सुन्दर हैं जैसे कि और किसी जगह की। लेकिन मेहर औरतों की शरीर-भंगिमा उत्कृष्ट है, जैसे कि स्वर्ग में उनका निर्माण हुआ हो। और उनकी चोलियाँ दो या तीन गहरे और चमकदार रंगों में मेल से जगमग करती हैं।

राजस्थान के पश्चिमी सिरे के इलाके जो हिन्द-पाक सरहद पर है, वहाँ मैं पहले इन मेहर लोगों से मिला था। कभी-कभी इन्हें मोहर भी कहा जाता

है। राजस्थान के मेहर या मोहर पश्चिमी सरहद के मुसलमानों का सबसे बड़ा तबका है। जिन्हें आमतौर पर सिन्धी कहा जाता है। राजस्थान में जिन मेहर औरतों को मैंने देखा वे भिन्न हैं, वे उतनी सुमधुर न थीं और उनकी चमड़ी पर हवा और सूरज का असर था, लेकिन, अपनी कृशांग तीक्ष्णता में वे किसी कदर भी कम आकर्षक न थीं। इन दोनों गुटों में जरूर कुछ-न-कुछ समानता रही होगी। उनके घाघरे, बिन सिले होते हैं और सुन्दर-सुचारु और ढंग से लपेटे जाते हैं और उनकी आँखों और उनके चेहरे के भाव एक-से होते हैं। इसलिए, वह मान लेने के पहले कि सौराष्ट्र के मेहर हिन्दू होते हैं और राजस्थान के मेहर मुसलमान, मुझे तीन या चार बार पूछना पड़ा।

सौराष्ट्र के बघेरों और मध्य प्रदेश के बघेलों के बीच सदृश्यता की बात मैं यहाँ छोड़े देता हूँ। ऐसा लगता है कि यह नाम शेर से निकला है। यह बहुत मुमकिन है कि बिलकुल असम्बद्ध गुटों ने भी यह नाम अपना लिया हो, क्योंकि वे खुद को बहादुर मानते हों। परन्तु सौराष्ट्र में इन बघेरों के बारे में, जिन्हें काबा भी कहा जाता है, एक कथा बहुत प्रचलित है। इस कथा के पीछे जो महान दर्शन है, सिर्फ इसीलिए नहीं, बल्कि भारत की लगभग सभी भाषाओं की समानता व्यक्त होती है। इसलिए उस कथा का मैं उल्लेख करूँगा। कृष्ण की मृत्यु के बाद सौराष्ट्र के लुटेरों और डाकुओं ने अर्जुन पर, उसके धन पर, और औरतों पर हमला बोल दिया था। अर्जुन इनका सामना करने में असमर्थ हुए। अर्जुन उन्हीं हथियारों से लैस था जिनसे उसने महाभारत के महायुद्ध में विजय प्राप्त की थी। समय बड़ा बलवान होता है और आदमी की क्या बिसात, ऐसी कहावत है और उस कथा के अन्त में है 'अर्जुन काबा लूटियों, वही धनुष वही बाण।' कौन कहेगा कि यह गुजराती भाषा है और हिन्दी या ब्रज या अवधी नहीं है। एक उपजाति सन्तवार का नाम मैंने सौराष्ट्र में सुना। यही नाम बिहार और उत्तर प्रदेश में भी मिल जाएगा। ये पिछड़ी जाति के हैं। खोज के लिए पिछड़ी जातियों और आदिवासियों की तरफ पर्याप्त ध्यान नहीं दिया गया है, लेकिन मुझे यकीन है कि ये लोग भारतीय अतीत की खोज के लिए और भारत के पुनर्जागरण के लिए भी सोने की खान हैं।

तेलगू शब्द 'कड़प्पा' का अर्थ मुझे जब से मालूम हुआ है तब से मैं अपनी मान्यताओं के बारे में बहुत ज्यादा आश्वस्त हो गया हूँ, लेकिन कुछ हद तक मुझे भ्रम हुआ है। तेलगू में 'कड़प्पा' या 'गड़प्पा' का मतलब होता है देहलीज जैसे संस्कृत के 'देहली' या फारसी के 'देहलीज' का। उत्तर से—हिन्दुस्तान में आने वाले उन सभी कबाइलियों और विजेताओं के लिए उत्तर की दिल्ली

यथार्थ में देहलीज थी। आन्ध्र-देश में कड़प्पा भी किसी-न-किसी चीज का देहलीज जरूर रहा होगा। मैं कह नहीं सकता कि इतिहास में यह शब्द सबसे पहले कब प्रयुक्त हुआ और इसलिए मैं कोई कल्पना भी प्रस्तुत नहीं कर सका। लेकिन फिर और भी कुछ बहुत दिलचस्प हैं। दिल्ली, मथुरा और चित्तौड़ की देहलीज है। उसी तरह कड़प्पा, चित्तूर और मदुरा की देहलीज है। इसमें कोई आश्चर्य नहीं कि चित्तौड़ या मदुरा मथुरा बन जाए। इसमें कोई शक नहीं कि वही नाटक, उसी महत्त्व का और उन्हीं पात्रों का फिर खेला गया। इसमें मुझे कोई दिलचस्पी नहीं कि वह नाटक पहले दक्षिण में खेला गया या उत्तर में, मेरे लिए तो यही महत्त्वपूर्ण है कि वह दुबारा खेला गया। दिल्ली से मथुरा और चित्तौड़ का फासला लगभग उतना ही है। हालाँकि स्थान पलट गया, जितना कि कड़प्पा से चित्तौड़ और मदुरा का।

एक संस्कृति

उड़ीसा ऐसे संगम स्थान पर है—जहाँ, एक ओर कोणार्क है, और दूसरी ओर एलोरा। भारत में पाँच महान सांस्कृतिक केन्द्र हैं, जिनमें एलोरा, कोणार्क और खजुराहो के मन्दिर जमुना के दक्षिण में हैं। जमुना के दक्षिण में ही कला विकसित हुई है, उत्तर में नहीं। गंगा और यमुना का पानी बड़ा विशाल है। वहाँ महाकाल की चलती है, मनुष्य की कुछ नहीं चल पाती। मुझे आन्ध्र संस्कृति की विशेषता मध्यकालीन चित्रों में देखने को मिली। लोग भले ही दिल्ली, आगरा, आन्ध्र और उत्कल की संस्कृति की बात करें, पर मूल रूप में सारे हिन्दुस्तान की संस्कृति एक है। हैदराबाद में पुरातत्त्व विभाग में एक बड़े अफसर हैं, जो स्वयं तेलगू हैं। उन्होंने मुझे मध्यकालीन 30-40 चित्रों को दिखाया, जिनमें वीरगति पाने का चित्रण था। मध्यकालीन में वीरगति पाने के लिए अपने ही हाथों अपनी हत्या का प्रचलन था, जैसा कि जापान में है। उन चित्रों में था कि कोई अपने गले को काट रहा है, तो कोई अपने पेट को ही काट रहा है, यह एक विचित्र बात है। जिन्दगी से प्रिय वस्तु और कोई नहीं है। इसका त्याग करना एक बड़ी विशिष्टता है। यों तो हिन्दुस्तान के सभी लोग बहादुर हैं, लेकिन मध्यकालीन चित्रों से मुझे लगा कि आन्ध्र प्रदेश के लोगों में किसी आदर्श के लिए जीवन तक उत्सर्ग कर देने की कितनी क्षमता है।

आन्ध्र के लोग बहादुर तो होते ही हैं, साथ ही उदार भी होते हैं। आम सभाओं में मैं पैसे माँगता हूँ और मिलते भी हैं। लेकिन विजयवाड़ा की सभाओं में तत्काल काफी पैसे मिल जाते हैं। एक दफा तो सभा-स्थल पर ही लगभग 500 रुपए मिले। कोई पहले से योजना बनाकर पैसे इकट्ठा करे और दे, यह दूसरी बात है। मगर तत्काल सभाओं में पैसा देना तो उदार स्वभाव का परिचायक है। दूसरी जगहों के लोग इतनी उदारता से पैसे नहीं देते हैं।

आत्मोत्सर्ग, उदारता, त्याग और उत्साह आन्ध्र संस्कृति की विशिष्टता है, ऊँचे आदर्शों के लिए बड़ा उत्साह रहता है और प्राण तक देने की तत्परता रहती है। पर यह टिकाऊ नहीं रह पाता। मैं इस समीक्षा के तौर पर कह रहा हूँ। प्राणाहुति की तात्कालिक भूमिका अधिक दिनों तक नहीं रहती। राजनीति और सामाजिक कार्यों में अक्सर यह देखने में आता है। लेकिन, हो सकता है, मैं गलत भी होऊँ, क्योंकि एलोरा, अजन्ता के पत्थरों को काटकर बनाने में 100 साल का धैर्य चाहिए।

जो लोग देश की एकता की सांस्कृतिक बुनियाद को नहीं समझते, वे टूट की बातें करते हैं। वक्ती तौर पर ऐसे कुछ लक्षण भी दिखाई दे रहे हैं। देश के पूर्वी भाग में नागाओं की समस्या है। उनकी संख्या लगभग 5 लाख की है। वे 4 साल से भारतीय फौज को फँसाए हैं। इसके कारण वहाँ की पर्वतमालाएँ अथवा सांस्कृतिक भेद नहीं है। भारत सरकार द्वारा बरती गई नीति के कारण ही ऐसा हुआ है। हमें यह न भूलना चाहिए कि नागा भी स्वतंत्र भारत के नागरिक हैं। भारतीय स्वतंत्रता में श्री फिजो का भी योग रहा है। फिर भी भारत सरकार ने नागाओं के साथ सैनिक सम्बन्ध कायम कर रखा है। आजादी के बाद कांग्रेसियों के हाथ में नई शक्ति, फौज-पलटन और पैसे आए और इन्होंने नागाओं के साथ मस्त हाथी जैसा व्यवहार शुरू किया। कुछ नागाओं से मेरी मुलाकात हुई है। मद्रास में एक नागा विद्यार्थी मिला था। उसने बताया कि फौजी लोग नागाओं के साथ अंग्रेजों जैसा ही क्रूर व्यवहार करते हैं। औरतों के साथ भी जबरदस्ती की जाती है। बलात्कार जैसे अपराध तो मदांध विजयी सैनिक ही करते हैं—पराए देश के साथ यह निहायत नीच काम है। मगर भारत सरकार की फौज तो अपनों के साथ ही ऐसा कर उन्हें पराया बना रही है। श्री फिजो ने पहले समझौते की कुछ बात चलाई थी। सरकार ने ध्यान नहीं दिया। बाद में गुस्से में आकर वे स्वतंत्रता की माँग करने लगे। हो सकता है कि नागाओं ने भी इसमें गलती की हो। मगर असली जिम्मेदारी तो भारत सरकार और उसकी सैन्यनीति की ही है।

नागाओं से ही मिलती-जुलती दक्षिण में द्रविड़ों की समस्या है। द्रविड़ कड़गम के बारे में सरकार द्वारा चालित और पोषित अखबारों ने बड़ी गलतफहमी फैलाई है। प्रधानमंत्री ने भी श्री नाइकर को देशनिकाले की, और न जाने क्या-क्या धमकी दे डाली। मगर ये सब तो सामयिक ग्रहण हैं। हिन्दुस्तान जब आज के नकली और झूठे झगड़ों से पार हो जाएगा, तो कलाकृतियों के ढंग से और भी अच्छे नतीजे निकलेंगे। देश की सांस्कृतिक एकता पर भी उसका अच्छा प्रभाव पड़ेगा।

इस समय संस्कृति के नाम से जो चीज चलती है, वास्तव में वह संस्कृति नहीं है। भाषा, भोजन, भवन और भूषा में भारत में 2,000 सालों से सामंती और लोक-संस्कृति रही है। संस्कृत, अरबी, फारसी और अंग्रेजी ये सामंती भाषाएँ रही हैं जब कि पालि, प्राकृत, अवधी, हिन्दी ये लोक-भाषाएँ रही हैं। सवाल देशी-विदेशी का नहीं है। चाणक्य के काल में भारत की आबादी लगभग 7 करोड़ रही होगी, जिसमें 4-5 लाख ऐसे होंगे, जो संस्कृत जानते होंगे। बाकी लोग पालि, प्राकृत, मगधी आदि बोलते होंगे। सामंती भाषाएँ सदैव राज्य स्तर की रही हैं। इसी तरह सामंती भवन भी हैं। वे दीवालों से घिरे, किले जैसे होते थे, जब कि साधारण लोगों के मकान दूसरे ढंग से बनते थे। आजकल अंग्रेजी सरकार यूरोपी ढंग पर बड़े-बड़े होटल और वायु अनुकूलित इमारतें बनवाकर अपनी सामंती मनोवृत्ति का परिचय दे रही हैं। हिन्दुस्तान की जलवायु में शीशे का प्रयोग गर्मी बढ़ाने के अलावा और कोई काम नहीं करता। अंग्रेजों के यहाँ की जलवायु और है। उनकी नकल हम नहीं कर सकते, उसके नतीजे खराब निकलेंगे। सामंती और लोक का यह अन्तर अपनी संस्कृति में इतना गहरा है कि साँप के विष की तरह फैल रहा है। अपना देश अन्य देशों के मुकाबले में इतना दुर्बल क्यों है? इसका कारण है कि फर्क पैदा हो गया है। आप इस पर जितना ही विचार करें, अच्छा हो।

कहने को तो मैं उत्तर में पैदा हुआ हूँ, पर मेरा दिल दक्षिण में है, विशेषकर तमिलनाडु में। आगरा-दिल्ली और सीकरी को स्थापित हुए 400 या 500 साल हुए, लेकिन कोणार्क, एलोरा और खजुराहो 2,200 से लेकर 7 सौ साल तक पुराने हैं। ये आगे भी हजारों साल तक रहेंगे। मेरा विश्वास है कि प्राणाहुति की शक्ति और उत्साह हिन्दुस्तान के चरित्र में स्थायित्व ले आएँगे।

भारत की नदियाँ

आज मैं आपसे एक बात ऐसी करूँगा जिसे धर्म के आचार्यों को करनी चाहिए, लेकिन वे नहीं कर रहे हैं। वे तो गलत और गैर-जरूरी कामों में फँसे हुए हैं। मैं अपने लिए कह देता हूँ कि मैं नास्तिक हूँ। और कोई यह न समझ बैठे कि ईश्वर से मुझे मुहब्बत हो गई है। हिन्दुस्तान का मौजूदा जीवन और पुराना इतिहास सभी, बहुत कुछ नदियों के साथ-साथ चला, यों सारी दुनिया में, लेकिन यहाँ ज्यादा। अगर मैं राजनीति न करता और स्कूल में अध्यापक होता, तो इसके इतिहास को समझता। राम की अयोध्या सरयू के किनारे, कुरु और पांचाल और मौर्य तथा गुप्त गंगा के किनारे, और मुगल और सौरशेनी नगर और राजधानियाँ यमुना के किनारे रहीं। बारहों मास पानी के कारण शायद विशेष जलवायु के कारण, या हो सकता है, विशेष संस्कृति के कारण ऐसा हुआ हो। एक बार मैं महेश्वर नाम के स्थान पर गया, जहाँ अहिल्या अपनी ताकत से गद्दी पर बैठी थी। वहाँ पर एक सन्तरी था, उसने पूछा कि तुम किस नदी के हो। दिल में घर कर जाने वाली बात है। उसने शहर नहीं पूछा, भाषा भी नहीं, नदी पूछी। जितने साम्राज्य बढ़े, किसी-न-किसी नदी के किनारे बढ़े—चोल कावेरी के किनारे, पांड्या वैगेई के, और पल्लाव पालार के किनारे बढ़े।

आज हिन्दुस्तान में 40 करोड़ लोग बसते हैं। एक-दो करोड़ के बीच रोजाना किसी-न-किसी नदी में नहाते हैं और 50-60 लाख पानी पीते हैं। उनके मन और क्रीड़ाएँ इन नदियों से बँधे हैं। नदियाँ हैं कैसी? शहरों का गन्दा पानी इनमें गिराया जाता है। बनारस के पहले जो शहर हैं, इलाहाबाद, मिर्जापुर, कानपुर, इनका मैला कितना मिलाया जाता है इन नदियों में। कारखानों का गन्दा पानी नदियों में गिराया जाता है, कानपुर के चमड़े आदि का गन्दा पानी। यह दोनों गन्दगियाँ मिलकर क्या हालात बनाती हैं? करोड़ों लोग फिर भी नहाते हैं और पानी पीते हैं।

तैराकी का खेल दुनिया में सबसे ज्यादा खेला जाता है—क्रिकेट, हॉकी, फुटबॉल से ज्यादा। अगर एक काम किया जाए तो दौलत के मामले में भी फायदा पहुँचाया जा सकता है। मल-मूत्र और गन्दे पानी की नालियाँ खेतों में गिरें। उनको गंगामुखी या कावेरीमुखी न किया जाए। दूर, कोई 10-20 मील पर नालियों द्वारा मल-मूत्र ले जाया जाए। खर्च होगा। दिमाग के ढर्रे को बदलना होगा। मुमकिन है, इस योजना में अरबों रुपयों का खर्च हो। 2,200 करोड़ रुपए सरकार हर साल खर्चती है। पंचवर्षीय योजना के कुछ काम बन्द करने होंगे, हालाँकि इसमें रुकावटें जबरदस्त हैं। राजनीतिक व्यक्ति, चाहे गद्दी पर हों चाहे बाहर, अपने दिमाग से नकली यूरोपी हो गए हैं। कौन हैं हिन्दुस्तान के राजा? करीब एक लाख लोग होंगे, या उससे भी कम, जो थोड़ी-बहुत अंग्रेजी जानते हैं, काँटे-छुरी से खाना और कोट-टाई पहनाना जानते हैं। ताकतवर दुनिया के ये प्रतीक हैं। पंडित नेहरू मूर्ति हैं ऐसी दुनिया की। किसी कदर श्री सम्पूर्णानन्द भी मूर्ति हैं, हालाँकि शक्ल में भिन्न हैं और यूरोपी जैसे नहीं लगते। श्री नेहरू भी अमेरिका में तो रंगीन ही समझे जाएँगे।

बनारस में विश्वनाथ को लेकर झगड़ा चला। दूसरा मन्दिर बनाया जा रहा है। किस विश्वनाथ का झगड़ा चला—ब्राह्मणनाथ अथवा चमारनाथ? इन बातों में हिन्दू दिमाग बेमतलब फँस जाता है। करपात्री जी, जैसा मैंने कहा वैसा करते तो अच्छा होता। किस दुनिया के सहारे चलते हैं ये? ये लोग करोड़पतियों और राजस्थान के राजाओं के नुमाइंदे हैं। एक विश्वनाथ की जगह पर दो खड़ा करने से काम नहीं चलेगा। सारे राष्ट्र के निर्माण की बात है। बेहद गरीबी है। वह कैसे मिटे?

आखिर पलटन में आज सिपाही कौन है? गरीबों के लड़के। वे ही गरीब पर गोली चलाते हैं। वही खड़गवासला, देहरादून और सैंडहर्स्ट ने नकली यूरोपी रंग में रँगे अफसर का हुक्म मानते हैं ये। उनके पास पैसा है, साधन है, और आधुनिक दुनिया के प्रतीक वे हैं ही। करोड़ों से उनको क्या वास्ता? आज राजगद्दी चलाने वाले हैं कौन? नकली, आधुनिक विदेशी लोग—दिमाग जरा भी हिन्दुस्तानी नहीं, नहीं तो हिन्दुस्तान की नदियों की योजना बन जाती। मैं चाहता हूँ कि इस काम में सब लोग भी आएँ, सभाएँ करें, जुलूस निकालें, सम्मेलन करें और सरकार से कहें कि नदियों के पानी को भ्रष्ट करना बन्द करो। फिर सरकार को नोटिस दें कि 3 से 6 महीने के भीतर वह नदियों का गन्दा पानी खेतों में बहाए, इसके लिए खास खेत बनाए, और वह अगर यह न करे तो मौजूदा नालियों को तोड़ना पड़ेगा। इसमें हिंसा नहीं होती। कबीर ने कहा था—

माया महा ठगिनी हम जानी।
तिरगुन फाँस लिये कर डोलै,
बोलै मधुरी बानी।
केशव के कमला हाए बैठी,
शिव के भवन भवानी।
पंडा के मूरति होय बैठी,
तीरथ महँ भइ पानी।

सब अपने ढंग से इसका अर्थ लगाते हैं। तीर्थ से क्या—पानी। पानी को साफ करने के लिए आन्दोलन होना चाहिए। लोगों को सरकार से कहना चाहिए—बेशरम, बन्द करो यह अपवित्रता। यह सही है कि दुनिया से सीखना है, लेकिन करोड़ों का ध्यान रखना है। मैं फिर कहता हूँ कि मैं नास्तिक हूँ। मेरे साथ तीर्थबाजी का मामला नहीं है। मुख्य बात यह है कि 30 लाख का देश बने या 40 करोड़ का। इसके लिए अगर कुछ लोग आन्दोलन करना चाहें तो मैं मदद करूँगा।

तीर्थस्थल

बुद्ध के जन्मस्थान लुम्बिनी और उनके निर्वाण स्थान कुशीनगर के बीच सीधी सड़क बना देने से, इन दो महान बौद्ध केन्द्रों के बीच की वर्तमान 110 मील की दूरी घटकर 65 मील रह जाएगी। दोनों किनारों पर छायादार पेड़ लगाकर, और बीच-बीच में चित्रकला, मूर्तिकला और धार्मिक इतिहास-कला की अन्य विधाओं के संग्रहालय और विभिन्न प्रकार की सरायें और होटल बनाकर इस महान सड़क को बौद्ध विश्व की 'वाया डी ला रोजा' का रूप दिया जा सकता है। इस योजना को मूर्त रूप देने में जल्दबाजी, और फूहड़ काम के विरुद्ध मैं चेतावनी देता हूँ। ऐसी भद्दी इमारतों के बारे में मुझे सख्त शिकायत है, जो महान और प्राचीन स्मारकों के आसपास बना दी गई हैं। 50 साल या 100 साला योजना बनाकर धीरज से, लेकिन मेहनत से काम होना चाहिए। सभी बौद्ध लोगों को इस कार्य में भाग लेने को निमंत्रित किया जा सकता है।

मैंने 1952 में ही भारत की विदेश नीति और बौद्ध धर्म के निकट सम्बन्ध पर जोर दिया था। इस बारे में कुछ किया गया है, जो वह अच्छा ही हो, सो नहीं। मैं आज द्वारिका, रामेश्वरम, अयोध्या और बनारस जैसे महानतम तीर्थ-स्थानों की मारक उपेक्षा पर जोर देना चाहता हूँ। 80 लाख से अधिक व्यक्ति प्रति वर्ष इनकी यात्रा करते हैं। अच्छे मकानों और आवास की आधुनिक सुविधाओं की प्रदर्शनियाँ दिल्ली में करना धन का मुजरिमाना अपव्यय है, जब कि थोड़े से अतिरिक्त खर्चे में इन महान तीर्थ-केन्द्रों का जीर्णोद्धार हो सकता है और ये शिक्षाप्रद उदाहरण बन सकते हैं। भारत सरकार इस काम से भागती है, शायद, इस आधार पर कि ये हिन्दू तीर्थ-स्थल हैं और ऐसा प्रकट करना चाहती है कि वह स्वयं हिन्दू नहीं है। ईसाई, मुसलमान और भारत की जनता के प्रतिनिधि के रूप में, कोई भी समझदार आदमी लोक कल्याण की देशीय नीतियों के आधार पर भारत के महान तीर्थ-केन्द्रों के जीर्णोद्धार के लिए आन्दोलन करेगा।

वर्णमाला, भाषा और शिक्षा

6 जून, 1958 को मैंने लिखा : 'काला पहाड़ पर एक लेख तैयार करने के लिए अपने गुरु सेन से कहो। वे न कर सकें, तो आप करो। ऐसा लगता है कि 1. लोगों को खदेड़ देने और उनके पश्चाताप करने पर भी उन्हें स्वीकार न करने वाले हिन्दू कट्टरवाद, 2. मुस्लिम कट्टरवाद के ये अत्यन्त स्पष्ट चरित्र थे। किसी तात्पर्य को स्पष्ट करने के लिए इतिहास कभी-कभी पात्रों का निर्माण करता है और काला पहाड़ उनमें से एक प्रतीत होता है, हालाँकि साधारण इतिहास—लेख मेरे तरीके को शायद कभी पसन्द न करें। लेकिन जो हुआ, उसका दर्शन करने की दृष्टि से वे सामग्री का अध्ययन करें तो मेरे नतीजों पर पहुँचेंगे।

यह साबित करता है कि कोणार्क का मुझ पर और एक दूसरा प्रभाव पड़ा। कई बरसों बाद दुबारा वहाँ जाने पर फिर मैं सोचने लगा हूँ कि स्थापत्य कला के दोषों को छोड़कर क्या वह हिन्दुस्तान में सर्वश्रेष्ठ नहीं है। इसके बारे में मुझे और जाँच करनी होगी।

भारतीय वर्णमाला पर, इधर मैं विचार कर रहा था। वे सभी नागरी वर्णमाला के भेद हैं तमिल भी। तमिल वर्णमाला, सिर्फ नागरी वर्णमाला में बूँद भर जोड़-घटाव है।

बिलकुल साफ तौर पर, या तो उपलब्ध सामग्री (उदाहरणार्थ ताड़पत्र या भोजपत्र) या सभी को, वर्णमाला को भी, सुन्दर बनाने की पूर्वी भारत की आन्तरिक प्रवृत्ति का परिणाम है उड़िया और बांग्ला। बांग्ला में नागरी की गोलाई से लिखने और शोभान्वित करने के प्रयत्न का अब तक मैंने मजाक उड़ाया है। उड़िया ने तो मुझे करीब-करीब धक कर दिया। कुछ कह सकते हैं वाह, बहुत खूब—मैं कहूँगा वाह, कैसा फिजूल! अक्षर या अंक खूबसूरती के लिए नहीं है।

मध्यमवर्ग का काम है ऐसी विषमताओं को सुरक्षित रखना और इस तरह, राष्ट्रीय एकता को कमजोर करना या राष्ट्र के समय को नष्ट करना।

इससे काल की दार्शनिक समस्या का सवाल उठता है। काल विच्छिन्न भी करता है। और एकत्र भी करता है। विच्छिन्नता का दर्शनभेद और एकता का दर्शनभेद, दोनों अनिवार्य हैं। अक्षर समवाय होते हैं और कुछ काल बाद एक केन्द्र से पराङ्मुख होते हैं। महाकाल के इस निराशावाद में तात्त्विक आशावाद का समावेश होना चाहिए। भारतीय वर्णमाला पर एक लेख तैयार किया जा सकता है—प्रयत्न करो।

प्रोफेसर रमा मित्रा ने, जिन्हें मैंने यह पत्र लिखा, मुझे निराश किया है और उनके लोगों ने भी। मैं आशा करता हूँ कि वे और दूसरे कालेज अध्यापक समय रहते चेत जाएँगे, नहीं तो इतिहास का झाड़ू उन्हें बुहारकर फेंक देगा या, एक असम्भाव्य पर दारुण विकल्प है कि भारत फिर विस्मृति के गर्भ में चला जाए। और किसी की अपेक्षा विश्वविद्यालय अध्यापकों पर जिम्मेदारी है कि वे सारे स्वस्थ ज्ञान का उद्घाटन करें, जिसे क्या देशी क्या विदेशी, दोनों निहित स्वार्थों ने गहरा गाड़े रखा है।

सभी भारतीय वर्णमालाएँ एक ही मूल की हैं। पिछली बार जब मैं, उड़ीसा गया था, तब यह तथ्य जैसे मेरी आँखें फाड़कर घुस गया। इससे पहले भी कई बार मैं उत्कल गया हूँ। लिखावट में उसके अक्षर इतने विचित्र और अपरिचित प्रतीत हुए थे कि मेरे स्वभाव के बावजूद वहाँ के नामपटों को पढ़ने की मेरी अभिरुचि नहीं हुई थी। क्योंकि पिछले महीनों से भाषा और अक्षर के रहस्य के प्रति मेरी बुद्धि कुछ ज्यादा सचेत हो गई, मैंने एक खोज की। लिखावट में भी, उड़िया अक्षर, भारत की बुनियादी वर्णमाला का एक प्रकारान्तर है। उसके एक-एक अक्षर की आकृति प्रायः नागरी अक्षर जैसी है, पर वह एक प्रकार की गोलाई से लगभग पूर्णचन्द्र जैसी गोलाई से घिरा है।

उर्दू को छोड़कर, भारतीय वर्णमालाओं की ध्वनि 99 प्रतिशत और आकृति 80 प्रतिशत के ऊपर समान है। अक्षर की ध्वनि और उसकी आकृति ही किसी वर्णमाला को अपना विशिष्ट रूप देते हैं। भारतीय वर्णमालाओं के अत्यन्त बहुसंख्यक अक्षर ध्वनि में ठीक एक जैसे हैं; बहुत थोड़े अक्षर, जो अन्य अक्षरों से भिन्न हैं, प्रतिभावी ध्वनि को ही व्यक्त करते हैं। दरअसल, यूरोप के विभिन्न देशों में जिस तरह रोमन वर्णमाला का उच्चारण किया जाता है, उसमें कहीं ज्यादा विभेद है। और फिर भी अब तक किसी विद्वान ने यह उक्ति नहीं दी कि रोमन वर्णमाला एक नहीं है। उदाहरण के लिए, जर्मन का 'ए' अंग्रेजी 'ए' की अपेक्षा ध्वनि में नागरी 'अ' के ज्यादा करीब है। भारत की वर्णमालाओं के सभी स्वर 'अ, आ' से और अपने उद्गम के भाषा क्षेत्रों

के अनुसार ध्वनि को नियोजित करने वाले उसके व्यंजन वर्ग 'क, च, ट, त, प, र' से शुरू होते हैं। तमिल वर्णमाला न सिर्फ अपवाद नहीं है, बल्कि उसकी तीन-चौथाई से ज्यादा ध्वनियाँ नागरी और भारत को और किसी वर्णमाला की ध्वनियों के ही समान हैं। जिस तरह महाराष्ट्र में, नागरी लिपि में कुछ और अक्षर जुड़ गए हैं, उसी तरह तमिल लिपि में कुछ अक्षर अधिक हैं। फिर, तमिल लिपि ने कुछ नागरी अक्षर छोड़ भी दिये हैं।

भारतीय वर्णमालाओं की ध्वनि में समानता का यह चमत्कार बहुत हद तक उसकी आकृति में भी प्रतिबिम्बित होता है। किन्तु काल और दूरी ने भी उनके साथ कुछ खेल खेले हैं। उनकी आकृति, खासकर दक्षिण में, पहली बार देखने पर अलग प्रतीत होती है, किन्तु गौर से देखने पर उनमें समानता झट स्पष्ट हो जाती है। रुचि से और उतने ही अध्यवसाय से यह और स्पष्ट होगा। उदाहरण के लिए कन्नड़ अक्षर नागरी से बेहद अलग प्रतीत होते हैं, पर जिस कागज पर वे लिखे गए हैं उसे सिर्फ 90 अंश के समकोण पर घुमा-भर दीजिए। इससे काल और दूरी का खेल कुछ-कुछ समझ में आने लगेगा। कन्नड़ और नागरी के कई अक्षर उनकी लिखावट के कोण के कारण विभिन्न प्रतीत होते हैं; कन्नड़ के अक्षर को ऐसे घुमाइए कि उसका बायाँ हिस्सा ऊपर आ जाए, और उसका ऊपरी हिस्सा दाएँ आ जाए, तो उसके कई नागरी अक्षर बन जाएँगे। तमिल के कुछ अक्षरों की आकृति, उत्तर भारत के अक्षरों की आकृति की अपेक्षा नागरी के अक्षरों जैसी ज्यादा है। तमिल के अक्षरों की आकृति बांग्ला के अक्षरों की अपेक्षा नागरी के अक्षरों से ज्यादा मिलती है। 'क' के बीच की रेखा और उसके दाहिनी तरफ का उभार सभी अक्षरों में लगभग एक जैसा है। बाईं तरफ के उभार में दो तरफ की रेखाएँ मिलती हैं जैसे बांग्ला या असमी में, जब कि तमिल या नागरी में वह अर्धचन्द्राकार जैसा है भारतीय अक्षरों की समानता, एक ही भारतीय वर्णमाला के इस तथ्य के प्रति भारतीय विद्वानों की आँखें जो बन्द हैं, उसका कारण सिर्फ उनकी मूढ़मति नहीं है। लगता है कि कुछ पाजी शक्तियाँ क्रियाशील हैं।

जो हो, मेरे पत्र की एक गलती को मैं सुधार देना चाहता हूँ। वह यह कि भारत की दूसरी सभी वर्णमालाएँ नागरी प्रकारान्तर हैं। ऐसा कहना ऐतिहासिक दृष्टि से गलत होगा ही, पर इससे ज्यादा भविष्य की दृष्टि से भी गलत होगा। यह कहना ज्यादा सही होगा कि नागरी समेत भारत की सभी वर्णमालाएँ एक-दूसरे की ही प्रकारान्तर हैं। नागरी प्रकार का इस्तेमाल ज्यादा व्यापक और ज्यादा अधिकारपूर्ण हुआ। पूर्वी भारत की भाषाओं के पक्ष में मैं इससे पहले

ऐसी ही एक और गलती करता था जिसे सुधारने का मुझे मौका भी मिला। बांग्ला, उड़िया, असमी और मैथिली सभी एक भाषा की प्रकारान्तर हैं, जो शायद कभी पूर्वी प्राकृत या मागधी रही हो। उनकी ध्वनियाँ, वाक्य-रचना, शब्द और उच्चारण सभी एक जैसे हैं। पिछले कुछ दिनों से बांग्ला दूसरी तीन प्रकारान्तरों से आगे रही है, और कोई यह मानने की गलती कर सकता है कि बांग्ला के स्रोत से ही ये दूसरी तीन पैदा हुई हैं। वास्तविकता यह है कि ये चारों पूर्वी प्राकृत के स्रोत से पैदा हुईं। ठीक इसी प्रकार भारतीय वर्णमालाओं का जन्म एक ही स्रोत से हुआ है। हाँ, उनमें परिवर्तन का इतिहास जरूर पुराना है। आज नागरी का जो रूप है, वह दो हजार बरस पहले के रूप से कुछ भिन्न है। नागरी उसी से तो बनी।

भारतीय अक्षर कितने समान हैं यह 'ठ' श्रेणी से जाहिर होता है। कन्नड़, तेलगू के अक्षर अपने आधे या पूरे गोलाकार में एक नुक्ता रख देते हैं जब कि मलयालम का यह अक्षर ऊपर की खड़ी पाई को हटा देता है। बस, फिर ये नागरी अक्षर हैं। इसी तरह, नागरी, तमिल और मलयालम के 'ब' और 'ल' की तुलना करने पर एक तरह का बच्चों का खेल जैसा दिखेगा जिसमें एक ही चीज को विभिन्न कोणों से देखा गया है।

मलयालम 'ल' और 'ब' को 90 अंश पर घुमाने से वे नागरी अक्षर बन जाते हैं।

इन अनेक अक्षरों को बनाए रखना बेकार की बरबादी है। सारी दुनिया के बच्चों में हिन्दुस्तानी बच्चा बहुत ज्यादा सताया हुआ है। उसका देश उस पर इतना बोझ लाद देता है कि उसके पास उपयोगी चीजों के लिए समय, शक्ति या बुद्धि की कमी हो जाती है। उसे क्यों इतनी ज्यादा वर्णमालाएँ और भाषाएँ सीखनी पड़ती हैं? भूगोल या भौतिकशास्त्र जैसे जरूरी विषयों का अध्ययन करने के लिए क्या उसके पास बुद्धि बची रहती है? इसी तरह विभिन्न वर्णमालाओं के निरन्तर इस्तेमाल से देश के सभी स्तरों पर समय, शक्ति, धन और बुद्धि का ह्रास होता है।

नागरी लिपि को, जितनी वह है, इससे ज्यादा वैज्ञानिक और कम फिजूली बनाना है। वर्तमान रूप में भी वह दुनिया की सभी लिपियों से ज्यादा वैज्ञानिक है। फिर भी उसकी शीर्ष-रेखा बेकार की बरबादी और सिर्फ सजावट है। नागरी लिपि में सुधार के कुछ बनावटी प्रयत्नों के नतीजे मेरे सामने आए हैं। नतीजे बुरे हैं। किन्तु शीर्ष रेखा को हटा देने के इस सीधे सुधार से नागरी की दक्षिणी प्रकारान्तरों से समानता कुछ ज्यादा हो जाएगी और साथ ही उसकी उपयोगिता

भी बढ़ जाएगी। 'भ' और 'भ' या 'ध' और 'घ' में गलतफहमी की सम्भावना की कठिनाई को आसानी से दूर किया जा सकता है। एक को दूसरे से फर्क करने के लिए इन अक्षरों के किसी एक वर्ग में गाँठ लगाई जा सकती है।

भारत की विभिन्न वर्णमालाओं की जानकारी और ज्ञान के अभाव के कारण ही सुधारकों के एक वर्ग ने समय-समय पर रोमन लिपि की सिफारिश की है। उनकी छल-भरी विभिन्नता के कारण विमूढ़ लोग उन्हें पूरी तौर पर खारिज कर देते हैं। सम्पूर्ण ज्ञान के अभाव में ही ऐसे लोग रोमन लिपि का सवाल खड़ा कर देते हैं, उदाहरणार्थ, वे नहीं जानते कि अलग-अलग यूरोपी राष्ट्रों में इस लिपि का उच्चारण अलग-अलग होता है।

यह भयानक राष्ट्रीय बरबादी, जो लिपि के मामले में इतनी स्पष्ट है, एक विदेशी भाषा की जबरन पढ़ाई से पागल कर देने की सीमा पर पहुँच गई है। हिन्दुस्तान में मैट्रिक के इम्तहान में जो लड़के फेल होते हैं, उनमें से दो-तिहाई तो सिर्फ अंग्रेजी भाषा में ही फेल होते हैं। इस देश में मैट्रिक की परीक्षा में जो पास होते हैं उनका प्रतिशत बेहद कम है। परीक्षा में बैठने वाले विद्यार्थियों में लगभग आधे फेल हो जाते हैं। इसमें राष्ट्र के समय और धन की जो बरबादी होती है, वह जाहिर है, जो जाहिर नहीं है वह है हर साल पाँच लाख नौजवानों के मन में घर कर जाने वाली कटुता और हीन-भावना। ये पाँच लाख दूसरे सभी विषयों में पास होते हैं पर सिर्फ एक ही में फेल हो जाते हैं। उन्हें क्यों अंग्रेजी लाजमी तौर पर पढ़ाई जाए और फिर क्यों वे असफलता का कलंक भुगतें? शिक्षा का मतलब होता है कि उन्हें आवश्यक ज्ञान दिया जाए, न कि उन्हें विदेशी भाषा पढ़ाकर हैरान किया जाए, जिसे सीख पाना उनके लिए प्राय: असम्भव है।

इस देश में सरकार और विश्वविद्यालय के अधिकारी अंग्रेजी की लाजमी पढ़ाई क्यों रखना चाहते हैं इसका एक कारण मेरी समझ में आता है। हो सकता है कि दरअसल वे सचेतन रूप से इस कारण से अनभिज्ञ हों। अंग्रेजी की लाजमी पढ़ाई और परीक्षा के कारण पढ़े-लिखे नौजवान, मर्दों और औरतों की तादाद कम रहती है। इसलिए नौकरियों के लिए होड़ और चाह कम होती है और वर्तमान शासक-वर्गों के बच्चों को जीवन की आपाधापी और कठिनाइयों का सामना नहीं करना पड़ता है, जितना कि जब अंग्रेजी न होती तो करना पड़ता। मुझे बड़ा विस्मय है कि अंग्रेजी की लाजमी पढ़ाई से उत्पन्न अपमानकारी हीन-भावना और असमान विवेक के खिलाफ और राष्ट्र को तथा शिक्षा को बरबादी से बचाने के लिए सभी विद्यार्थी और विशेष रूप से फेल विद्यार्थी

उनके पालक और हिन्दुस्तान की साधारण जनता, सभाओं, प्रदर्शनों, जुलूसों और सिविल नाफरमानी के जरिये विरोध क्यों नहीं प्रकट करते?

वर्तमान सरकार या तो पूरी तौर पर मूर्ख है या बेईमान है। उदाहरण के लिए बम्बई के सरकारी स्कूल आठवें दर्जे के बाद अंग्रेजी पढ़ाते हैं। यह बहुत अच्छा है। लेकिन प्राइवेट स्कूलों, विशेष रूप से 'मिशन' स्कूलों, 'कान्वेंटों' और फैंसी स्कूलों को शुरू ही से अंग्रेजी पढ़ाने की छूट है। फिर, लगभग सभी नौकरियों में नियुक्ति के लिए अंग्रेजी की परीक्षा ली जाती है। नतीजे भयानक होते हैं। मिशन और फैंसी स्कूल खूब चलते हैं। सरकारी स्कूल पिछड़ जाते हैं। निम्न-मध्यवर्ग के मूर्ख लोग फैंसी स्कूलों को खतम करने और नौकरियों में लेने के लिए अंग्रेजी की परीक्षा लेना बन्द करने की बात करने के बजाय वे सरकारी स्कूलों में अंग्रेजी पढ़ाई के लिए हल्ला मचाते हैं।

धार्मिक स्कूल देश के लिए इससे कहीं ज्यादा खतरा पैदा कर रहे हैं। इनमें से विदेशी 'मिशनों' द्वारा चलाए जाने वाले स्कूल तो अनुपयुक्त शिक्षा देते हैं। अपने विद्यार्थियों में वे एक हल्का द्रोह पैदा कर देते हैं। अपने विद्यार्थियों में समता की जड़ को वे नुकसान पहुँचाते हैं। साधारण जनता और उसके जो बच्चे ऐसे स्कूलों में नहीं पढ़े, उनके बारे में इनके मन में भी अहंकार के बीज बो दिये जाते हैं। जिसे वे चरित्र कहते हैं, उसके बारे में भी उन्हें गलत शिक्षा दी जाती है। केरल की शिक्षा-प्रणाली पर ऐसे स्कूल ही हावी हैं। इसके बारे में कुछ करना चाहिए।

मैं कभी-कभी सोचता हूँ कि क्या जनतंत्र से किसी समस्या का हल किया जा सकता है। वह हल तैयार करने की हद तक ठीक मालूम होता है और हल हो जाने के बाद भी वह ठीक मालूम होता है। हल तैयार करने और उसका फल भोगने के बीच की अवधि में, लगता है कि हल कर देने के लिए किसी प्रकार की डिक्टेटरी आवश्यक है। यह इतना साफ और वांछनीय, इतना तर्कसंगत, ऐसा कि जिसके बिना और कोई चारा लगभग नहीं है, और इसके साथ-साथ इतना सरल मार्ग है, पर भारत की सभी भाषाओं के लिए एक लिपि का सवाल आजादी के इतने साल बाद भी और विकट हो गया है। जनतंत्र ने कुछ बहुत ही पाजी निहित स्वार्थों को पनपने दिया है। इसके साथ ही मैं झट यह भी कह देना चाहता हूँ कि मैंने अभी तक डिक्टेटरी का उसूल नहीं माना है, न ही मैं समझता हूँ कि मैं कभी उसे मानूँगा। मैंने तो सिर्फ इस तथ्य पर विमर्श किया है कि मेरे जैसे जनतांत्रिक लोग सिर्फ तैयार कर सकते हैं, प्रचार कर सकते हैं और शिक्षित कर सकते हैं, जब कि उसकी प्राप्ति कर आनन्द और श्रेय किसी वहशी को मिलेगा, पर अगर सार्वजनिक मामलों में जनता

ज्यादा असरदार तरीके से दखल दे तो बात दूसरी है। श्रेय मिलने के बावजूद मेरा इरादा बहशी या उसका सहयोगी बनने का नहीं है।

यहाँ निरंजन भगत जैसे कवियों की प्रशंसा आवश्यक है, जो लिखते तो गुजराती हैं पर अपने प्रकाशक को नागरी लिपि के अलावा और किसी लिपि का इस्तेमाल नहीं करने देते। वे शीर्ष रेखा हटा देते हैं। इस नई रीति में कुछ सुधार करने के बाद सभी नागरी लिपि वाले इसे अपनाकर बहुत फायदा उठा सकते हैं। वास्तव में, महात्मा गांधी से मेरी यह भी एक शिकायत है कि उन्होंने अपने गुजराती प्रकाशनों के लिए गुजराती लिपि की इजाजत दी और कवि ठाकुर के खिलाफ भी कि उन्होंने बांग्ला लिपि की इजाजत दी, जब कि दोनों अपने प्रकाशकों को नागरी लिपि के इस्तेमाल के लिए मजबूर कर सकते थे और उन्हें ऐसा करना चाहिए था। मेरी समझ में नहीं आता कि बांग्ला और गुजराती अपनी अलग लिपि क्यों रखना चाहते हैं, चाहे तमिल की खाहिश कुछ ज्यादा पक्की हो और उतनी ही अनुचित भी। अलग-अलग लिपियों के इस्तेमाल करने वालों के संकुचित और निजी स्वार्थ के साथ ही ये लिपियाँ राष्ट्रहित के विपरीत भी पड़ती हैं। फिर भी यह नासमझी बरकरार है।

संस्कृति को नकली बनाने वाले इस नासमझी के पक्ष में दो तर्क पेश करते हैं—एक का सुन्दरता से सम्बन्ध है और दूसरे का भारतीय संस्कृति के विशिष्ट चरित्र से। वे कहते हैं, अनेक में एक, भारतीय संस्कृति का लक्षण है। क्या यह सिद्धान्त मूर्ख, फिजूल मतिहीन और राष्ट्रीय दुर्गति के विभेद को छिपाने वाला नहीं है? और क्या सुन्दरता चित्रों और ऐसी ही दूसरी चीजों में आनी चाहिए या वर्णमाला जैसी जरूरत की असामान्य वस्तु में?

यहाँ मैं उनकी इस कुछ निरर्थक-सी बात की चर्चा नहीं करूँगा जो कहते हैं कि दुनिया की अब तक की लिपियों में नागरी लिपि सबसे ज्यादा वैज्ञानिक है। सामाजिक उपादान के क्षेत्र में क्या वैज्ञानिक है, वह ज्यादातर मान्यता पर निर्भर करता है, और क्या मान लिया जाता है, यह ज्यादातर शक्ति और सत्ता पर निर्भर करता है। मैं सिर्फ बहुत ज्यादा लिपियों की फिजूली से होने वाली दुर्गति को दुहरा देना चाहता हूँ, जब एक अक्षर, दूसरों के निकट है कि आसानी से काम निकल जाता है तो यह बर्बादी क्यों?

अब मैं उन सबको आमंत्रित करता हूँ जो भारतीय इतिहास के या भारतीय वर्णमालाएँ जैसे विषयों पर, महाकाल द्वारा बिछाई गई अज्ञान और कृत्रिमता की परतों को हटाने के इरादे से, विमर्श करना चाहते हैं।

विश्वविद्यालयों में खोज-कार्य

विश्वविद्यालय के मुख्य आकर्षणों में एक यह विश्वास भी होता है वह ज्ञान और शक्ति का भंडार होने के अतिरिक्त ऐसी सोद्देश्य जिज्ञासा का केन्द्र भी है जो ज्ञान और शक्ति बढ़ाने की ओर ले जाती है। युवा दिमाग इस जिज्ञासा की उपस्थिति से उतना ही आकर्षित होता है जितना खेलकूद, जवान और स्वस्थ शरीरों की उपस्थिति से। दिमाग और शरीर की इस रसमयता (रोमान्स) से, ज्ञान के नये क्षेत्रों के उपयोग और सामान्य स्वास्थ्य में सुधार से, राष्ट्र को लाभ पहुँचता है। भारतीय विश्वविद्यालयों को दोनों ही दिशाओं में तीव्र गति से प्रयत्न करने होंगे, क्योंकि उन्हें लगभग नये सिरे से काम करना है।

यहाँ मैं केवल दिमाग की रसमयता की ही बात करूँगा। इस रसमयता को जगाने का करीब-करीब पक्का कारगर उपाय एक यह है कि विश्वविद्यालय के अध्यापक वास्तव में विद्वान हों, जो अपने विषय के सारे उपलब्ध ज्ञान से परिचित हों और अपनी विशिष्ट बुद्धि और ज्ञान से विषय की मोटी-मोटी बातों को प्रकाश में ला सकें। अध्यापक अभी जितनी किताबें और पत्र-पत्रिकाएँ पढ़ते हैं, उससे कहीं ज्यादा उन्हें पढ़ना होगा। पढ़ी हुई सामग्री और जीवन पर ज्यादा चिन्तन और मनन करना होगा। लेकिन अगर, विश्वव्यापी नहीं तो कम-से-कम राष्ट्रीय वक्त रखने वाले महत्त्वपूर्ण खोज-कार्य न हों, खोज की योजनाएँ और उनमें लगन से काम करने वाले लोग न हों, तो यह सब बेमजा ही रह जाता है। सबसे अधिक सम्भव रसमयता तो खोज में और दिमाग की व्यवस्थित जिज्ञासा में है, जो सौन्दर्य-शक्ति या ज्ञान के क्षेत्रों को उजागर करती है।

जितना आकर्षण प्राकृतिक विज्ञानों के खोज-कार्य में है, उतना अधिक आकर्षण और किसी में नहीं होता। इतने तात्कालिक महत्त्व की और कोई चीज भी तो नहीं है। ऐसा मालूम होता है कि गणित, रसायन, भौतिक शास्त्र और भूगर्भ-विज्ञान जैसे विषयों में खोज निश्चित रूप से रहस्योद्घाटन करती

हैं। मैं खोज की इन योजनाओं और उनमें लगे हुए वैज्ञानिकों के बारे में कुछ चर्चा करने योग्य तो नहीं हूँ, लेकिन इतना तो कह ही सकता हूँ कि उनके बिना आधुनिक काल का विश्वविद्यालय निष्प्राण प्रतीत होगा। सामाजिक विज्ञानों की निस्बतन कम रसमयता ही इस समय मेरा विषय है। एक अर्थ में, यह कम रसमयता अधिक महत्त्व की है, क्योंकि इसकी प्रतिध्वनियाँ जन-चेतन की गहराइयों तक जाती हैं और यह आंशिक रूप में वह आधार प्रदान करती हैं, जिस पर प्राकृतिक विज्ञान निर्मित होते हैं।

सामाजिक विषयों में खोज का वर्गीकरण मुख्य रूप से वर्तमान और अतीत, आधुनिक और प्राचीन में करना चाहिए। फिर आधुनिक का वर्गीकरण मुख्य रूप से वर्णन-विश्लेषण और सिद्धान्त-विश्लेषण में होना चाहिए। इतिहास, भूगोल, साहित्य, अर्थशास्त्र और पुराकथाओं जैसे विभिन्न विषयों की सीमा रेखाओं को मिटाने की न जरूरत है और न ऐसा करना ही चाहिए, लेकिन खोज के उद्देश्य के लिए उन सभी का एक केन्द्र में समन्वय करने की जरूरत है, जिसके तीन अंग हों, आधुनिक वर्णन, आधुनिक-सिद्धान्त और प्राचीन।

अभी तक भारतीय विश्वविद्यालयों में कला-विषयों की खोज ज्यादातर आधुनिक वर्णनपरक रही है। वहाँ भी, उसने अपने को संकुचित दायरों और अस्थाई अवधियों में सीमित रखा है। इसका यह अर्थ नहीं कि दामों के उतार-चढ़ाव या किसी जिले में मजदूरों के रहन-सहन या वर्तमान शताब्दी के तीसरे या चौथे दशक में रेलवे वित्त जैसे विषयों पर खोज आवश्यक है। ऐसी खोज जारी रहनी चाहिए। किन्तु अगर विश्वविद्यालय दिमाग को रसमयता का सच्चा केन्द्र बनना चाहें तो विस्तृत क्षेत्रों और व्यापक अवधियों को लेना होगा।

मैं एक उदाहरण दूँ। हिन्दुस्तान में जमीन का उपयोग एक ऐसा ही विषय है। एक ओर तो इसी प्रकार की पन्द्रह या इससे संकुचित किन्तु ज्यादा गहराई में जाने वाली खोजें हो सकती हैं। दूसरी ओर चार या पाँच अधिक व्यापक विषय हो सकते हैं—जैसे एशिया-यूरोप में जमीन का उपयोग। विषय को कानून, मिलकियत, पैदावार के साधन, दाम और अन्य ऐसे ही विभिन्न पहलुओं में बाँटा जा सकता है और हर एक पर खोज-निबन्ध प्रस्तुत किया जा सकता है। इसी प्रकार, उदाहरण के लिए हिन्दुस्तान के विभिन्न साहित्यों में नारी के स्थान पर या अहिंसा और विश्व-एकता जैसी नई उभरती हुई अधि-घटनाओं पर भी खोज की जा सकती है।

नई उभरती हुई या परिपक्व होने के बाद समाप्त होने वाली अधिघटनाओं का विषय व्यापक और अद्‌भुत है और उसमें बहुत सी सम्भावनाएँ हैं। रंगीन

चमड़ी वाले लोगों की स्वतंत्रता से ऐसे बहुतेरे विषय सामने आए हैं। स्वतंत्रता दिलाने वाली कौमिन्तांग, वप्द और कांग्रेस जैसी संस्थाओं में कुछ एकरूपता मिलती है, और कुछ विभिन्नताएँ भी। उनके अध्ययन से न सिर्फ ऐसी खुशी होगी, जो सभी रहस्योद्घाटनों में होती है, बल्कि ज्ञान भी मिलेगा।

हिन्दुस्तान की वर्ण-व्यवस्था अपने रहस्यों का पता तो शायद किसी खोजी को कभी न लगाने दे, लेकिन व्यापार और उद्योग के मौजूदा पेशों में उसका विस्तार, खोज का एक ऐसा क्षेत्र है जिससे लाभ हो सकता है। उदाहरण के लिए मल्लाह, मछुए, भिश्ती और घरेलू नौकर एक ही व्यापक वर्ण के सदस्य हैं, और आर्थिक स्थिति व पेशों के अलावा उनके मौजूदा रीति-रिवाज रहन-सहन और विचारों की खोज में बहुत सामग्री तो मिलेगी ही, कुछ नई बातें भी मालूम होंगी।

वर्णन-विश्लेषण को सिद्धान्त-विश्लेषण का मार्ग तैयार करना चाहिए, जिसका इस समय भारतीय विश्वविद्यालयों में लगभग पूरा अभाव है। सैद्धान्तिक विश्लेषणात्मक खोज के बिना केवल वर्णनात्मक खोज का मूल्य लाजमी तौर से नष्ट हो जाता है और वह प्रतिष्ठा व आमदनी की दृष्टि से घटिया डॉक्टर उपाधिधारियों का नीरस प्रवचन रह जाती है। विशेषत: गैर-यूरोपीय देशों में सैद्धान्तिक-विश्लेषणात्मक खोज गहरी होनी चाहिए, क्योंकि इस समय सारी दुनिया में यूरोप में गढ़े हुए वैध दिमाग के सैद्धान्तिक औजार इस्तेमाल होते हैं। इन औजारों को बारीकी से जाँचना चाहिए। विश्वख्याती वैधता के उनके झूठे दावों की असलियत को सामने लाना होगा और मौलिक विश्लेषण के द्वारा विचार के बेहतर औजारों का निर्माण करना होगा। 'डॉक्टर' की उपाधि के उम्मीदवार से शायद यह आशा करना उचित न होगा कि वह इन औजारों का निर्माण करे क्योंकि आमतौर पर वह युवा होता है, उसमें विस्तृत ज्ञान नहीं होता और न ही असाधारण प्रतिभा। किन्तु उससे यह आशा करना तो उचित ही है कि वह इन औजारों की बारीकी से जाँच करे और उनकी उपयोगिता के साथ-साथ उनकी कमियों को भी सामने लाए। ऐसी खोज से सम्भव है कि विश्वविद्यालय के अन्दर और बाहर भी ऐसे विचार के औजारों की सृष्टि के अनुकूल वातावरण बन सके जिनकी वैधता सार्वभौमिक हो।

मनुष्य के मौजूदा विचार ऐसी धारणाओं से भरे पड़े हैं जिनकी वैधता केवल आंशिक है। उनमें से कुछ ये हैं—1. प्रगति, 2. समृद्धि, 3. पूँजीवाद, 4. सामन्तवाद, 5. समाजवाद या साम्यवाद। इनमें से हर एक का किताब में, बातचीत में निरन्तर इस्तेमाल होता रहता है। प्रचलित विचारों पर यूरोप ऐसा

हावी है कि गैर-यूरोपीय विश्वविद्यालय के लोगों को इन धारणाओं की गहराई से जाँच करने की बात नहीं सूझती। कोल्हू के बैलों की तरह वे बँधे हुए दायरे में यूरोप के औजार लेकर खोज का काम करते जाते हैं और कभी यह नहीं सोचते कि ये औजार नाकाफी हैं और इन्हें फिर से गढ़ने की जरूरत है।

पूँजीवाद, समाजवाद या साम्यवाद जैसी कल्पनाएँ वास्तव में विचार श्रेणियाँ हैं, जो कुछ आर्थिक और सामाजिक व्यवस्थाओं की पहचान कराती हैं। साथ-ही-साथ, और इससे भी अधिक, ये ऐसी अनुपम ऐतिहासिक अधिघटनाएँ हैं, जिनका पुनर्जन्म समान परिस्थितियों में ही हो सकता है। साम्यवाद केवल निजी सम्पत्ति का खात्मा नहीं है। यह काम कहाँ हो सका है? चेकोस्लोवाकिया जैसे बड़े पैमाने की पैदावार वाले देश में या वियतनाम के गतिहीन खेती के ढाँचे में? रूस में जहाँ आबादी का घनत्व कम है, या चीन में जहाँ आबादी घनी है? बहुत घनी आबादी वाले हिन्दुस्तान जैसे देशों को तोड़ ही दें। आबादी का घनत्व और मशीनों का प्रकार और परिमाण, ये पहलू ऐसे निर्णायक महत्त्व के हैं कि इनकी मात्रा कम-ज्यादा होने पर साम्यवाद का चरित्र बिलकुल ही भिन्न हो जाएगा। इसलिए पूँजीवाद और साम्यवाद की प्रचलित धारणाओं की समीक्षा करना जरूरी है। बहुत सम्भव है कि उनका परस्पर विनाशकारी प्रतीत होने वाला युद्ध निकट से जाँच करने पर वास्तव में एक ही सभ्यता के दो अंगों की आपसी प्रतिद्वन्द्विता प्रमाणित हो। तब इतिहास और अर्थशास्त्र को पूँजीवाद और साम्यवाद के यूरोपीय प्रसंग में नहीं समझा जाएगा जो अधिक सार्वभौमिक है।

इसी प्रकार प्रगति और समृद्धि की धारणाओं की बहुत व्यवस्थित और वैज्ञानिक जाँच करने की जरूरत है। यह अन्धविश्वास फैलने दिया गया है कि विज्ञान के द्वारा निरन्तर प्रगति और समृद्धि बढ़ती रही है या उसके लाभ निकट भविष्य में मिलने ही वाले हैं। अगर भाप या बिजली व पेट्रोल के सम्बन्ध में की गई भविष्यवाणियाँ पूरी नहीं हुईं, तो मनुष्य के लिए यह मान लेने का कोई कारण नहीं है कि अणु-शक्ति के बारे में की जा रही ऐसी ही भविष्यवाणियाँ पूरी हो जाएँगी। दो हजार वर्ष पहले या कुछ सदियाँ पहले भी हिन्दुस्तान और रंगीन चमड़ी वाले अधिकांश इलाकों में प्रति व्यक्ति जितना भोजन उपलब्ध था, आज निश्चय ही उससे कम है। लेकिन हिन्दुस्तान और अन्य स्थानों के उच्च-मध्यम वर्ग के रहन-सहन में प्रगति हो रही है, और यही लोग किताबें लिखते हैं। विश्वविद्यालयों में जो लोग सत्य के खोजी हैं, उन्हें इन धारणाओं की बड़ी मेहनत से और बड़ी पैनी दृष्टि से जाँच करनी होगी। एडम स्मिथ

में यह प्रतिभा थी कि उसने अन्तरराष्ट्रीय व्यापार और श्रम के भौगोलिक विभाजन के बीच समानता स्थापित कर दी। यह मूलतः इंगलिस्तानी विचार था लेकिन सौ वर्ष से अधिक समय तक सारी दुनिया के दिमाग पर छाया रहा। फिर जे. एम. कीन्स में यह प्रतिभा थी कि उसने 'सब को रोजगार मिले' के सिद्धान्त को इस विचार में जोड़ा। यह भी मूलतः एक इंगलिस्तानी विचार था, लेकिन सारी अंग्रेजी बोलने वाली दुनिया पर इस समय यह विचार छाया हुआ है। हिन्दुस्तान में विश्वविद्यालय के लोगों का कम-से-कम इतनी योग्यता प्राप्त करने की कोशिश तो करनी ही चाहिए कि अन्दर से, और बाहर से भी, इन सभी धारणाओं की जाँच कर सकें और सारी दुनिया में अपेक्षतया समान उत्पादन-शक्ति के सार्वभौमिक सिद्धान्त को खोजने की चेष्टा करें।

वर्णन-विश्लेषण और सिद्धान्त-विश्लेषण के साथ-साथ प्राचीन के भी गहरे अध्ययन की जरूरत है। किसी भी समय सारी दुनिया अपने अतीत का ही फल होती है। हिन्दुस्तान तो मुख्य रूप से अपने अतीत का ही फल है। किसी अन्य देश का वर्तमान जीवन अपने अतीत के सिद्धान्तों, स्मृतियों और पुराकथाओं से उतना ओत-प्रोत नहीं है, जितना हिन्दुस्तान का। समकालीन बातों से ज्यादा, लोग अतीत की इन बातों को लेकर हँसते-रोते, और झगड़ पड़ते हैं, फिर भी कोई सही अध्ययन नहीं होता।

इतिहास-पूर्व काल में भी दक्षिणापथ था। राम उस पर सचमुच चले या यह केवल किंवदन्ती है? इसका उसी तरह अध्ययन किया जाना चाहिए जैसे प्राचीन इतिहास के दक्षिणापथ का इतिहास, भूगोल, पुराकथाएँ और साहित्य के खोज के नतीजों को एकत्रित करना होगा, ताकि इन विषयों के रहस्य का उद्घाटन हो सके। इसी प्रकार गंगा, नर्मदा या कावेरी की अतीत और वर्तमान में प्रचलित कथाओं में बड़ी सामग्री मिलेगी। तुलसीदास की सीता की तरह वाल्मीकि की भी एक सीता थी, और लोकगीतों की सीता का कहना ही क्या। इन सारे युगों की सीता की जीवनी की खोज करना लाभदायक होगा।

इनमें से कुछ पुराकथाओं के प्रतीक और खयाल आज भी नित्य-प्रति इस्तेमाल होते हैं और ज्ञान की कमी के कारण उनसे बहुतेरी झंझट होने के अलावा अपव्यय भी होता है। हिन्दुस्तान की वर्णमालाएँ इसका एक उदाहरण हैं। ये सब नागरी वर्णमाला के हेरफेर हैं। उड़िया वर्णमाला, जो पहली बार देखने में नागरी लिपि के असाधारण रूप से भिन्न प्रतीत होती है, वास्तव में उसी सिद्धान्त का एक प्रसार-मात्र है, जिसकी वजह से बांग्ला वर्णमाला नागरी से भिन्न हो गई है। उसमें सीधी रेखाओं के स्थान पर वक्र और गोल रेखाओं

का अधिकाधिक इस्तेमाल होता है। तमिल वर्णमाला में अक्षरों की संख्या कम है, लेकिन उनकी ध्वनियाँ नागरी की जैसी ही हैं। अगर इसके इतिहास का अध्ययन करने पर उसमें भी वही बात पाई जाए तो मुझे कोई आश्चर्य न होगा। इसी तरह हिन्दुस्तान की भाषाओं के विस्तृत अंगों और उनकी व्यापक अभिव्यंजना-शक्ति का भी अध्ययन करने की जरूरत है। प्राचीन कला के सारे क्षेत्र में इतनी गुंजाइश है कि डाक्टरेट की हजारों उपाधियाँ प्राप्त की जा सकती हैं।

जो विश्वविद्यालय वर्णन-विश्लेषण, सिद्धान्त-विश्लेषण और प्राचीन विषयों में खोज का सुगठित कार्यक्रम चलाएगा, वह हिन्दुस्तान के लोगों की भलाई का काम करेगा। हिन्दुस्तान का दिमाग, अपने विकास की पूर्ति के लिए ऐसा विश्वविद्यालय खोज निकालेगा। मुझे यह कहने की जरूरत नहीं है कि ऐसी खोज का माध्यम कभी अंग्रेजी नहीं हो सकती। अवश्य ही ऐसी खोज की भाषा हिन्दी या हिन्दुस्तान की कोई अन्य भाषा होगी। पहले मैं सोचता था कि स्नातकीय शिक्षा के ऊपर हिन्दुस्तान के सभी विश्वविद्यालयों में हिन्दी में काम होना चाहिए। अपनी इस राय में आंशिक संशोधन करना मेरे लिए जरूरी है। भाषा का वह साधिकार प्रयोग, जिसके बिना प्राचीन विषयों में खोज का कोई अर्थ नहीं होता, और वर्णनात्मक या सैद्धान्तिक विषयों में भी कम ही होता है, केवल मातृभाषा के द्वारा ही सम्भव है। मुझे आशा है कि कोई दिन ऐसा आएगा जब हिन्दुस्तान के सभी लोगों के लिए हिन्दी मातृभाषा के समान होगी। लेकिन तब तक के लिए हिन्दुस्तान की सभी भाषाओं को स्नातकीय शिक्षा के बाद खोज-कार्य के माध्यम के रूप में स्वीकार करना होगा। अन्यथा आजकल खोज करने वाले आमतौर पर अपने माध्यम से अच्छी तरह परिचित न होने के कारण जो मोटी-मोटी नीरस तत्त्वहीन किताबें लिखते हैं, उनका सिलसिला जारी रहेगा।

भारतीय इतिहास-लेखन

इतिहास-लेखन किसी हद तक इतिहास का निर्माण भी होता है। इतिहास अतीत को पुनर्जीवित करता है। यह समय के प्रवाह को उलटने की एक चेष्टा है। जरूरी नहीं है कि सभी स्थानों पर सारे समय को उलटने की कोशिश हो, केवल उस देश-काल को, जिसे पुनर्जीवित करना होता है, समय के सम्पूर्ण प्रवाह को उलटना असम्भव है और उसकी चेष्टा व्यर्थ है। चुनाव करना पड़ता है। कितने भी सीमित क्षेत्र में किसी एक दिन का अधिक-से-अधिक पूर्ण विवरण देने में भी तथ्यों का चुनाव करना पड़ता है। इसके अलावा, दूसरी बात है कि बहुत-सी बातें हमेशा के लिए लुप्त हो जाती हैं, और कुछ की जानकारी बड़ी मुश्किल से हासिल होती है।

इतिहास केवल विवरण नहीं है। विवरण में तो चुनाव करना ही पड़ता है, इतिहास में यह चुनाव ऐसी हद तक करना पड़ता है, जहाँ इसमें बड़े खतरे होते हैं। इस कारण अधिकांश इतिहास-लेखन मूर्खतापूर्ण और त्रुटियों से भरा होता है। इसका कुछ हिस्सा ही ऐसा होता है जिससे सत्य को आंशिक रूप में समझा जा सके और मनुष्य का मन उठे या शिक्षित हो। बुरे ढंग से लिखे गए इतिहास का भविष्य पर उतना ही असर पड़ता है। जितना अच्छे ढंग से लिखे गए इतिहास का, बल्कि और ज्यादा। इतिहास अतीत का अच्छा या बुरा पुनर्जीवित रूप है, इसलिए वह एक हद तक व्यक्ति और राष्ट्र की चेतना के स्वरूप को निर्धारित करता है।

मैं कौन हूँ? हम कौन हैं? दर्शन इन सवालों का अध्ययन करता है। इतिहास भी उतना ही करता है, ज्यादा ठोस रूप में, और शायद उसका असर भी ज्यादा गहरा होता है। इतिहास मानविकी का आधार है, जैसे गणित विज्ञान का। इतिहास हमें वह औजार और मसाला प्रदान करता है, जिनसे मनुष्य का मन बनता है, जिसका सबसे बड़ा हिस्सा सारी दुनिया में किसी भी जगह राष्ट्रीय मन होता है।

इतिहास-लेखन में भारत का दुर्भाग्य असाधारण रहा है। प्राचीन भारत में इतिहास-लेखन बहुत ही कम था, और जो कुछ था, वह भी मुख्य-रूप में काव्य या दर्शन के रूप में। पिछले एक हजार सालों में भारत का इतिहास-लेखन एक विचित्र प्रकार के अन्तरराष्ट्रीय इतिहासकारों के हाथ में रहा है। फरिश्ता से विन्सेंट स्मिथ तक इतिहास के इन अन्तरराष्ट्रीय क्रीड़ा-छोकरों की एक लम्बी वंशावली है। उन्होंने तथ्यों को चुना। इसमें उनका एक लक्ष्य था। उनका लक्ष्य था देश में विदेशी शासन को मजबूत करना। जिसका एक अंश, विद्वान अंश, वे स्वयं भी थे। मेगस्थनीज और फाह्यान ने भी चुनाव किया था। विदेशी विजय का अंग न होने के कारण उनका ढंग दूसरा था। फिर भी, मेगस्थनीज से फरिश्ता और उसके आगे तक के सिलसिले को खोजना दिलचस्प होगा। लेकिन पहली और अनिवार्य आवश्यकता फरिश्ता से विन्सेंट स्मिथ तक के इतिहासकारों का गहरा और विस्तृत अध्ययन करने की है। इस क्राम को पूरा किये बिना इस देश में थोड़ा-बहुत सच्चा इतिहास-लेखन भी सम्भव नहीं है।

इन इतिहासकारों ने समर्पण के अवगुण को समन्वय का गुण बना दिया है। उन्होंने पिछले एक हजार साल के इतिहास को और उसके पहले के कुछ पहलुओं को भी इस तरह रखा गया है कि ज्यादातर हिन्दुस्तानी आज शर्म और यश का फर्क नहीं जानते। हिन्दुस्तानी दिमाग कुछ इस तरह चलता है; सही है कि हम लड़ाइयों में हारे और जीते गए, शायद दुनिया की किसी भी और कौम से ज्यादा हम जीते गए। लेकिन उससे क्या? हमने अपनी बारी में विजेताओं को जीत लिया। उनको देशी बना लिया। उनको अपने में खपा लिया। अगर उनकी वक्ती-भौतिक जीत हुई, तो हमने हमेशा ही उनकी आत्मा को जीत लिया। इस प्रक्रिया में हमने उनके कुछ गुण और कौशल भी अपना लिये। इस तरह, इस देश में हमेशा गुण और कौशल का एक विशाल आदान-प्रदान चलता रहा है। इस इतिहास के अनुसार हिन्दुस्तान दुनिया का महान और अनोखा रंगमंच है, जहाँ मनुष्य-जाति ने समन्वय और आत्मसात करने के अपने सबसे बड़े गुण का प्रदर्शन किया है।

ऐसा इतिहास अवश्य ही अपने पाठक और अपने शिकार को डरपोक, अधम, संकल्प और शक्ति-रहित और शायद जड़ भी बना देता है। अपनी सीमाओं के प्रति आज के भारतीय की उदासीनता, और उसके इतिहास के लेखन में गहरा सम्बन्ध है। सीमा-क्षेत्र के बड़े हिस्से बेकार, चट्टानी हैं, वहाँ एक दूब भी नहीं उगती। बंजर भूमि के कुछ हजार मील देकर अगर शान्ति हासिल की जा सके, तो क्या बुरा है। आखिरकार दुनिया एक है। हमें किसी

दिन ऐसा बनना ही होगा कि आपस में समन्वय और घोल-मेल करते हुए शान्ति से रह सकें।

समर्पण को समन्वय समझने के विचित्र दृष्टिभ्रम से ही जुड़ी हुई गलतफहमी इस सवाल पर है कि वीरता क्या है! इतिहास कहता है कि पृथ्वीराज बड़ी वीरता से लड़े। उसके दो सौ वर्ष पहले, अगर वह कम्बख्त हाथी न होता तो अनंगपाल, जिन्होंने साधारण वीरता दिखाई, जीत जाते। राणा सांगा शेर की तरह लड़े, और लड़ाई हारने व मरने के पहले उन्हें करीब सौ घाव लगे। ये सब बड़ी वीरता से लड़े, लेकिन इनकी वीरता के बावजूद, देश स्वतंत्र नहीं रह सका। इस प्रकार इतिहास-लेखन में जरूर कहीं कुछ गलती है।

इनमें से कुछ लोग वीरता से लड़े यह सच्चाई का सिर्फ एक पहलू है, और शायद सबसे महत्त्वपूर्ण पहलू नहीं। इससे अधिक महत्त्वपूर्ण पहलू है कि ये लड़ाइयाँ हारे, और इस तरह से हारे कि उनके बाद आने वाले उस हार को जीत में बदलने के लिए कुछ नहीं कर सके। वे अगर वीरता से लड़े भी तो मूर्खों की तरह, लड़ाई के पहले उन्होंने शक्ति को प्रेरित और संगठित नहीं किया, और हारने के बाद नये आधार नहीं बनाए, जिनके सहारे हार का बदला लेकर भी आजादी हासिल की जा सकती। इब्राहीम लोदी बहादुरी से लड़ा, शेरशाह सूरी भी। ये दोनों देशी मुसलमान भी राणा सांगा की तरह हिन्दुस्तान के सामूहिक पतन की सन्तान थे, और उनके निजी उदाहरण का मूल्य भी कुछ सन्देहास्पद ही है।

छोटे बच्चे लड़खड़ाते हुए कुछ कदम चलते हैं, फिर गिर पड़ते हैं। उनके माँ-बाप और बुजुर्ग इस पर बड़े खुश होते हैं और बच्चे के कौशल व साहस की सराहना करते हैं। भारत के पिछले एक हजार साल के इतिहास में भी कुछ ऐसा ही होता रहा है। इतिहास के अन्तरराष्ट्रीय क्रीड़ा-छोकरे अपना काम करते रहे हैं। मुगल इतिहासकार ने अपने तात्कालिक शत्रु, अफगान की निन्दा की और अंग्रेज इतिहासकार ने राजपूतों और अफगानों की बड़ाई करते हुए अपने तात्कालिक शत्रु मुगलों की निन्दा की। अगर इसके फलस्वरूप सत्य की हत्या हो गई तो कोई बात नहीं। थोड़ी-सी तारीफ से बच्चे खुश हो जाते हैं।

इसके साथ ही एक और नारा चलता है, अनेकता में एकता का हमें पक्का नहीं मालूम कि यह नारा सबसे पहले श्री विन्सेंट स्मिथ ने ही दिया या किसी और ने। मुमकिन है कि किसी मुगल या अफगान इतिहासकार ने सबसे पहले इस नारे को गढ़ा हो। इस नारे का, और इसके पीछे जो विचार है, उसका परिणाम हम सबके सामने है। भारतीय संघ का राष्ट्रपति राष्ट्रीय

झंडे से सन्तुष्ट नहीं, वह अपना अलग झंडा उड़ाता है। अमरीका और रूस के राष्ट्रपतियों का काम उनके राष्ट्रीय झंडों से ही चल जाता है। लेकिन दार्शनिक-राजा को, जो व्यापक चेतना में व्यक्ति के विलय की, और राष्ट्रीय एकता की इतनी बातें करते हैं, अपना अलग झंडा उड़ाने में मजा मिलता है, जैसे इसी तरह वे कुछ अपने पूर्वजों की तरह हो जाते हैं। अधिक समृद्ध वर्गों के बच्चे रंग-बिरंगी तितलियों की तरह सजे हुए स्कूल जाते हैं। अगर सारे देश के प्राथमिक स्कूलों के बच्चों के लिए एक ही रंग की वर्दी हो, तो शायद इस अनेकता में एकता की चोट पहुँचेगी। सारे देश की एक ही लिपि हो तो इससे भी शायद उसे चोट पहुँचेगी, क्योंकि भारतीय इतिहासकार लिपि को उपयोगिता की वस्तु नहीं मानते, लिखावट की खूबसूरती को महत्त्व देते हैं।

भारत की लोक-सभा में इतिहास पर एक बहस हुई थी। स्पष्ट त्रुटियों और राष्ट्र के रोगों के समर्थन में भारत के शिक्षामंत्री ने सत्य और निष्पक्षता की व्याख्या और विख्यात इतिहासकारों के हवाले दिये। किसी भी देश में चाहे जितना वह गरीबी, रोग और भयंकर अज्ञान के दलदल में फँसा हो, काफी संख्या में बड़े आदमी होते हैं। जो भी चोटी पर या उसके आसपास होता है, चाहे वह जितना अज्ञानी हो, उसे बड़ा और प्रमुख माना जाता है। जरूरत सिर्फ इसकी होती है कि उसमें कुछ कौशल और शैली के गुण अपने युग के अनुरूप हों, जिनकी मदद से वह चोटी पर पहुँचा हो, जैसे बढ़ई का कौशल या दर्जी की शैली। यह बात—निष्पक्षता और व्याख्या के साथ भी है।

अगर अमेरिका पर कोई विदेशी अधिकार कर ले, तो न्यूयार्क और शिकागो के ठग और पिंडारी और आत्महत्याएँ तो नहीं, लेकिन हत्याओं के रूप में 'सती' की घटनाओं को इतिहास का सबक बनाया जा सकता है। कुछ समय बाद देशी लोग इस सबक पर यकीन भी करने लगेंगे। हम इससे इनकार नहीं करते कि अंग्रेजी शासन की स्थापना के पहले भारत में ठग भी थे और सती-प्रथा भी थी। लेकिन अच्छा हो कि देश के सम्पूर्ण जीवन में इनका जो स्थान था, इतिहासकार सच्चाई के साथ उसका वर्णन करे। अगर किसी एक वर्ष या एक दशक में देश की कुल जनसंख्या की तुलना में ठगी आदि की बड़ी-बड़ी घटनाओं और 'सती' की कुल संख्या के आँकड़े उपलब्ध हों, तो उनको इतिहास की किसी पुस्तक में बताना चाहिए, तब हम जान सकेंगे कि ये घटनाएँ कहाँ तक महत्त्वपूर्ण थीं और कहाँ तक गौण। अभी तक जो होता रहा है वह तो ऐसा ही है जैसे पन्द्रहवीं शताब्दी के लन्दन का इतालवी राजदूत द्वारा किया गया वर्णन इंगलिस्तान का इतिहास मान लिया जाए।

इससे भारतीय इतिहास में पुनर्जीवन की समस्या हमारे सामने आ जाती है। अफगान पुनर्जीवन है, फिर मुगल पुनर्जीवन है, और उसके भी बाद फिर अंग्रेज पुनर्जीवन तो है ही। भारतीय इतिहासकार शायद फिर किसी पुनर्जीवन की प्रतीक्षा कर रहा है, जो उसे यह नहीं मालूम कि वह रूसी होगा, या चीनी, या अमेरिकी। राजा मानसिंह और राजा राममोहन राय शायद सभ्य और सुसंस्कृत, सम्मानित व्यक्ति थे। वे दरबार की भाषा और चलन जानते थे और वे इतने उदार भी थे कि अपने पुरखों की कुछ अधिक गन्दी रूढ़ियों को छोड़ दें और विजेता के ऊपरी तौर-तरीकों को अपना लें। इसी को भारतीय इतिहासकार पुनर्जीवन समझते हैं। शंकराचार्य या रामानुज के बाद हर भारतीय पुनर्जीवन एक भ्रम मात्र रहा है। किसी का कोई नतीजा नहीं निकला। सिर्फ इतना हुआ कि फिर कोई विजेता आया, और फिर कोई पुनर्जीवन हुआ।

भारतीय इतिहास के साथ दिक्कत यह है कि विजयी सेना के साथ आया कोई फरिश्ता या स्मिथ उसका स्वर निर्धारित करता है। यह स्वर अभी तक बदला नहीं गया। शायद यह भारतीय पुनर्जीवन या क्रान्ति कें झूठे होने का काफी सुबूत है। अन्त:करण की प्रेरणा के बगैर कभी किसी राष्ट्र का पुनर्जन्म नहीं होता। सोई हुई आत्मा को जगाने में किसी कमांडर पेरी का आकर द्वार खटखटाना कभी-कभी सहायक हो सकता है। इससे अधिक दमनकारी विदेशी दबाव शायद ही कभी अन्त:करण को जगाने में सहायक होते हैं। अगर अंग्रेजी राज और अंग्रेजी भाषा का हिन्दुस्तान पर अधिकार न हुआ होता, तो देश ने शायद वास्तविक पुनर्जीवन प्राप्त कर लिया होता। चीन से हारने के जो कारण बताए जाते हैं, उन्हीं से जाहिर हो जाता है कि भारतीय स्थिति कितनी खोखली है। चीन के हथियार अच्छे थे, उसके सिपाही ज्यादा थे, और उन्होंने धोखे से, अचानक हमला कर दिया। अफगान सेनाओं ने भी इसी तरह अपनी आगे बढ़ती फौज के सामने गाएँ खड़ी करने का छल किया था, और उनके हथियार ज्यादा अच्छे थे।

इतिहास इससे अधिक शर्मनाक ढंग से झूठ नहीं हो सकता। भारत जैसे बड़े और विशाल जनसंख्या वाले देश की हार के बाहरी कारणों की बात करना मूर्खता है। भारत हमेशा बड़ा और विशाल जनसंख्या वाला रहा है। उसके अन्दरूनी रोग ही उसके पतन के कारण बन सकते हैं। इसी कारण उसका पुनर्जीवन उसके अन्दर से ही हो सकता है। हमें कुछ अचरज है कि महात्मा गांधी भी अभी तक भारत को पुनर्जीवन नहीं दे सके हैं।

पिछले दिनों इतिहास की दो विचारधाराएँ सामने आई हैं। इस देश में किसी भी इतिहास-लेखन को विचारधारा की संज्ञा देना उचित है या नहीं, उसे छोड़ें।

ये दोनों धाराएँ अपने नेताओं के नाम से जानी जाती हैं—डॉ. ताराचन्द और डॉ. मजूमदार। वे बहस काफी जोर-शोर से करते हैं, लेकिन मूलतः दोनों एक ही हैं। वे अन्तरराष्ट्रीय क्रीड़ा-छोकरों की देशी परजीवी सन्तान हैं। दोनों ही धाराएँ झूठे विहान की धारणा को स्वीकार करती हैं। मतभेद केवल इस पर है कि किस झूठ को छोड़ें, क्योंकि अंग्रेजी-काल के झूठ को वे दोनों ही स्वीकार करती हैं।

एक उपधारा भी है, जो अलीगढ़ के साथ जोड़ी जाती है। वे प्रगतिशील होने का दावा करते हैं। बाँझ या छिछले मार्क्सवाद के अनुसार इतिहास में निरन्तर प्रगति होती है। इतिहास की यह धारणा उनकी विकृत आत्माओं को शान्ति प्रदान करती है। वे हर मुस्लिम आक्रमण का औचित्य खोजने में लगे रहते हैं, चाहे उसके परिणामस्वरूप मुगल मुसलमान द्वारा अफगान मुसलमानों की हत्या हुई हो, और हिन्दू-मुसलमानों का नजदीक आना रुका हो या पिछड़ गया हो। कौन नहीं जानता कि अफगान हुकूमत देशी हो चुकी थी, और हिन्दू-मुसलमान भारतमाता की दो आँखों जैसे बनने लगे थे, जब मुगल आक्रमण ने उन्हें फिर अलग कर दिया। बाद में मुगलों ने खुद हिन्दू-मुसलमानों को नजदीक लाने की कोशिश की, लेकिन तब तक वे शक्तिहीन हो गए थे।

मार्क्सवाद सहित, भारत में बाहर से लाए गए हर सिद्धान्त का एक दुर्भाग्यपूर्ण पहलू यह है कि वह निष्प्राण कर दिया जाता है। इतिहास-लेखन बाँझ और नीरस बना रहता है। वह सीधी, यह शायद घुमावदार प्रगति की एक परीकथा बन जाता है, थोड़ी-थोड़ी प्रगति, लेकिन प्रगति ही। एक ही कसौटी पर यह परीकथा धुएँ में उड़ जाती है, यह प्रगति अगले आक्रमण को क्यों रोक नहीं पाती?

यहाँ कुछ लोगों को लोभ हो सकता है कि श्री सावरकर और पंडित सुन्दर लाल जैसे इतिहासकारों को, और दूसरी ओर श्री वासुदेवशरण अग्रवाल जैसों को याद करें। सावरकर के जैसे लेखन का मूल्य इसमें है कि वह झुकाने का औजार है, और इससे हमें इनकार नहीं। लेकिन इतिहास के रूप में यह ज्यादा दिन जीवित नहीं रहता, रहना भी नहीं चाहिए। वास्तव में यह इतिहास नहीं है। यह केवल एक तीखी, एक ही ऊँचाई पर चलने वाली चीख है। यह सत्य के एक बड़े अंश के अनुरूप नहीं है, और यह अतीत को पुनर्जीवन भी नहीं देता। कुछ समय बाद यह स्वर भोंड़ा लगने लगता है, और इससे ऊब होने लगती है। आधार-सामग्री के रूप में इसका उपयोग अवश्य हो सकता है, लेकिन ऐसे अनगढ़ और अनाकर्षक इतिहास-लेखन का मूल्य शुरू में जो कुछ रहता है, वह भी समय बीतने पर खतम हो जाता है। किन्तु पिछले

दिनों की गई पुराण काल की व्याख्याएँ आकर्षक भी हैं और मूल्यवान भी। ये सर्जनात्मक साहित्य भी हैं, पुराकथाओं की व्याख्या भी, और इतिहास की कुछ दार्शनिक या रसमय झाँकी भी। सरकार और सरदेसाई की तरह के विवरण, जिनमें केवल घटनात्मक इतिहास है, दूसरों से अच्छे हैं, जिनमें इतिहास-लेखन का झूठा दावा किया गया है।

इतिहास-लेखन का एक बड़ा ही अनाकर्षक रूप वह है, जिसमें तारीखों और व्यक्तियों के कार्यों का बिलकुल सपाट वर्णन होता है। उनको जोड़ने वाली कड़ियों की, चाहे वे कितनी भी मामूली या दुष्ट हों, कोई चर्चा नहीं होती, लेकिन चारण-काव्य के उद्धरणों और पदवियों आदि के वर्णन की भरमार होती है। ऐसे लेखन में एक और भी गम्भीर दोष होता है। अचानक ही बीच में किसी अंग्रेज का नाम आ जाता है, कोई धर्म-प्रचारक या हाकिम, कि वह इस विषय का अधिकारी विद्वान है, और फिर उसका खंडन या समर्थन आवश्यक हो जाता है। इस मूर्खतापूर्ण उद्यम में बेकार भरती की चीजें भी बहुतेरी हो सकती हैं।

अन्तरराष्ट्रीय क्रीड़ा-छोकरों द्वारा झूठ और विध्वंसात्मक तथा प्रचारकों द्वारा अनाकर्षक और विकृत रूप में एकांगी इतिहास-लेखन के बीच, यूनेस्को द्वारा प्रस्तुत इतिहास में बहुत कुछ पुरानी बातें ही दोहराई गई हैं। रूढ़ियों और पुरानी लीकों से निकलना लगभग असम्भव प्रतीत होता है। मनुष्य का इतिहास सुनने या सोचने में बड़ा अच्छा लगता है, लेकिन उसे लिखेगा कौन? अगर इरादा केवल एक या दूसरे दृष्टिकोण से ग्रस्त अब तक लिखे गए इतिहास को इकट्ठा करके देने और बीच-बीच में मनुष्य के कुटुम्ब सम्बन्धी एकाध जुमले डाल देने का ही है, तो नतीजा हमारे सामने है। भारत जैसे देशों पर, जो एक सुनियोजित झूठ के शिकार बने हैं, जिन्हें आत्म-सम्मान और साहस से रहित जड़ वनस्पति या कीड़ों जैसा बना दिया गया है। ऐसी व्याख्याएँ लादी जाती रहेंगी, जिनमें समर्पण को समन्वय बना दिया गया है, वीरता को मूर्खतापूर्ण साहसिकता, पुनर्जीवन को झूठा विहान और अनेकता को एकता। भारत का इतिहास कई अवधियों में बुरा रहा है। उसका इतिहास-लेखन और भी बुरा रहा है। फलस्वरूप सड़न जम गई है। अरुचिकर अतीत अनिश्चित भविष्य तक फैला दिया गया है। कोई राष्ट्र अपने दिमाग या उसके गठन को पिलपिला करके कभी मानवीय नहीं बना। केवल वही राष्ट्र कभी मानवीय बनेगा, जो अपने हथियारों सहित अपनी प्रभुसत्ता को, या उसके एक अंश को, मानव-समाज का कोई गठन होने पर उसको सौंप देगा। यह सौंपना दरअसल अपने-आपको ही होगा, क्योंकि वह स्वयं भी गठन का अंग होगा।

हिन्दी, अंग्रेजी और देशी भाषाएँ

अंग्रेजी जबान अब हिन्दुस्तान के सार्वजनिक मालों से खत्म हो जानी चाहिए। इसमें देर करना न केवल भाषा के मसले को उलझा देना और बिगाड़ देना होगा, बल्कि देश के दूसरे मसलों को भी बिगाड़ देना होगा। भाषा से देश के सभी मसलों का सम्बन्ध है। किस जबान में सरकार का काम चलता है, इससे समाजवाद तो छोड़ ही दो, प्रजातंत्र भी छोड़ो, ईमानदारी और बेईमानी का सवाल तक जुड़ा हुआ है। यदि सरकारी और सार्वजनिक काम ऐसी भाषा में चलाए जाएँ जिसमें देश में जादू, टोना-टोटका चलता है वहाँ क्या होता है? जिन लोगों के बारे में मशहूर हो जाता है कि वे जादू वगैरह से बीमारियाँ आदि अच्छी कर सकते हैं उनकी बन जाती है। लाखों-करोड़ों उनके फन्दे में फँसे रहते हैं। ठीक ऐसे ही जबान का मसला है। जिस जबान को करोड़ों लोग समझ नहीं पाते, उनके बारे में यही समझते हैं कि यह कोई गुप्त विद्या है, जिसे थोड़े लोग ही जान सकते हैं। ऐसी भाषा में जितना चाहे झूठ बोलिए, धोखा कीजिए, सब चलता रहेगा, क्योंकि लोग समझेंगे ही नहीं। आज शासन में लोगों की दिलचस्पी हो तो कैसे हो? वह कुछ जान ही नहीं पाते कि क्या लिखा है, क्या हो रहा है। सब काम केवल थोड़े से अंग्रेजी पढ़े लोगों के हाथ में है। बाकी लोगों पर इन सबका वही असर पड़ता है जो जादू-टोने या गुप्त विद्या का। अपने देश में पहले से ही अमीरी-गरीबी, जाति-पाँत-धर्म और पढ़े-बे-पढ़े के आधार पर एक जबरदस्त खाई है। वह विदेशी भाषा उस खाई को और चौड़ा कर रही है। अपनी भाषाएँ पढ़े-लिखे केवल दस फीसदी लोग हो सकते हैं, पर समझ सब सकते हैं, लेकिन अंग्रेजी तो अधिक-से-अधिक 100 में एक आदमी समझ सकता है, वह भी मुश्किल से। मैंने जान-बूझकर अपनी भाषा कहा है, हिन्दी नहीं कहा। देश में और भी भाषाएँ हैं, केवल हिन्दी नहीं, और सभी एक-सी हैं।

मैं फिलहाल हिन्दी और अंग्रेजी के सम्बन्ध में चर्चा करूँगा। देश की अपनी भाषाओं के सम्बन्ध में भी बाद में आपका ध्यान खींचूँगा पर इतना समझ लें कि झगड़ा हिन्दुस्तान की सभी भाषाओं और अंग्रेजी के बीच है, हिन्दी और अन्य भाषाओं के बीच नहीं। यह गलती पिछले कई वर्षों से सरकार की ओर से होती रही है, हमें नहीं करना है।

मेरी समझ में वे लोग बेवकूफ हैं जो अंग्रेजी के चलते हुए समाजवाद कायम करना चाहते हैं। वे भी बेवकूफ हैं जो समझते हैं कि अंग्रेजी रहने पर जनतंत्र भी आ सकता है। हम तो समझते हैं कि अंग्रेजी के होते यहाँ ईमानदारी आनी भी असम्भव है। थोड़े से लोग इस अंग्रेजी के जादू द्वारा करोड़ों को धोखा देते रहेंगे। आप कहेंगे कि बेईमानी चलेगी। जब कोई किसी अफसर से मिलने जाता है तो उसका काम होना इस पर निर्भर रहता है कि उसके कपड़े कैसे हैं। सफेद कपड़े पहनने वाले का काम जल्दी बनता है, क्योंकि आमतौर पर सफेद कपड़े वाला ही अंग्रेजी जानने वाला भी होता है। इसी तरह हमारे अफसर आपसी बातचीत में भी अंग्रेजी का ही इस्तेमाल करते हैं। दूसरे लोग उनके चारों ओर मातहत भी ऐसे ही लोग रह पाते हैं, जो अंग्रेजी जानें। हिन्दुस्तान के करोड़ों लोग इन अफसरों की बातें समझ ही नहीं पाते और उन्हें अंग्रेजी जानने वाले दलालों की मदद लेनी पड़ती है। दूसरों के रिश्तेदारों की जो आमतौर पर ऊँची जाति वाले ही होते हैं, बन जाती है और कुनबापरस्ती का बाजार गर्म होता है। अपने रिश्तेदारों और सम्बन्धियों को ही वे अपने साथ नौकरी पर रखते हैं। इसका कारण यह है कि वे अंग्रेजी अच्छी तरह जानते हैं और उनका काम चल जाता है। जो अंग्रेजी नहीं जानते उनका गुजारा नहीं हो पाता। इसी तरह, अफसरों की बातें हिन्दुस्तान के करोड़ों लोग नहीं समझ पाते और जो दलाल वगैरह होते हैं, उन्हें पैसे बनाने का मौका मिल जाता है। यह सब चलता रहता है। कानून वगैरह सब अंग्रेजी में बनाते हैं जिससे जनता को उनका मतलब समझने में दिक्कत होती है और अफसरों को अपना काम निकालने में आसानी रहती है। कहने का मतलब यह है कि जब तक अंग्रेजी की बीमारी बनी रहेगी, तब तक ईमानदारी कायम हो ही नहीं सकती। एकदम नामुमकिन है। मेरा यह मतलब नहीं कि अंग्रेजी के खत्म होते ही ईमानदारी आ जाएगी। हाँ, इतना मेरा विश्वास है कि जब अंग्रेजी खत्म हो जाएगी तभी ईमानदारी कायम हो सकती है और शायद हो भी जाएगी।

आप कहेंगे कि इसका भाषा के सवाल से क्या सम्बन्ध है? सम्बन्ध बड़ा गहरा है। भाषा की वजह से सब बातें लोग समझ ही नहीं पाते और

खुफिया तौर पर ही बेईमानियाँ चलती रहती हैं। खुफिया के मतलब वहाँ आम जनता से छिपी हुई ही है। सब कार्यवाहियों में हिन्दुस्तान के करीब 30 लाख अंग्रेजीदां लोगों के अलावा किसी की दिलचस्पी या शिरकत नहीं है। 40 करोड़ लोग इन 30 लाख के आपसी झगड़े और तनावों से अपने को दूर रखते हैं। पस्त हो चुके हैं और उनका केवल यही कहना रहता है कि हमें क्या, कोई बने। सामान्य लोगों को न तो इतनी समझ ही है कि इस व्यापार को समझें और न दिलचस्पी ही। वही 30 लाख लोग आपस में बँटवारा कर लेते हैं और उन्हीं के बीच सारी छीना-झपटी चलती रहती है। यह सब बातें 40 करोड़ तक पहुँचे तो ऐसे कामों का चलना मुश्किल हो जाए। 40 करोड़ तक पहुँच पाने की पहली शर्त यही है कि सब काम ऐसी भाषा में हो जिसे आम लोग समझ पाएँ। उस समय योग्यता का चुनाव भी केवल 30 लाख में से नहीं बल्कि 40 करोड़ में से होगा। योग्यता भी हिन्दी-उर्दू दूसरी भाषाओं के आधार पर ही देखी और जाँची जाएगी।

इस भाषा के घपले की वजह से हमारी पलटन में भी काफी असन्तोष है। हिन्दुस्तान में पलटन की हालत कोई अच्छी नहीं चल रही है। अफसर काफी नाखुश हैं। देश की पलटन का असन्तुष्ट रहना कितना खतरनाक हो सकता है। खासतौर पर जब उस असन्तोष के कारण भी सही हों। असन्तोषक का एक हिस्सा नौकरी और तनख्वाहों की वजह से है सो उसको तो मैं छोड़ देता हूँ। पर एक दूसरा हिस्सा सबके ध्यान देने लायक है। हमारे यहाँ सिविल अफसर का ओहदा पलटनी अफसर से ऊँचा समझा जाता है। सिविल नौकरी का बाबू तक पलटनी बाबू से ऊँचा रहता है। आप इस चीज को समझ लीजिए कि जब रक्षा विभाग में ऊँचे पलटनी अफसरों की बैठक होती है तो उसका सभापतित्व एक सिविल अफसर जो रक्षा सचिव होता है, करता है। यह भी नहीं कि रक्षामंत्री ही कर ले। पुराने वक्त से ही हमारे यहाँ चला आ रहा है कि पलटन के ऊँचे अफसरों की अंग्रेजी बहुत अच्छी होनी चाहिए। पहले ऊँचे अफसर विलायत से पढ़कर ही आते थे तो सीख भी जाते थे, पर अभी भी यह हाल है कि बिना अंग्रेजी बढ़िया ज्ञान हुए ऊँची अफसरी मिलना मुश्किल है। अब भला बताइए पलटनी अफसरों की योग्यता इस बात से परखी जाएगी कि वह अंग्रेजी कैसी बोलता है या इस बात से कि वह दुश्मन का मुकाबला कितनी अच्छाई से कर सकता है। और लड़ाई की कला कैसी जानता है। पिछली लड़ाई का सबसे बड़ा जनरल एक जर्मन था जो बहुत ज्यादा पढ़ा-लिखा नहीं था, और अंग्रेजी का एक लफ्ज भी नहीं जानता था। हाँ, लड़ना जानता था।

हिन्दुस्तान में एक-से-एक वीर जातियाँ बसती हैं। वे लड़ाई की कला में प्रतिभा दिखा सकती हैं पर अफसरों के लिए उन्हें सीखनी पड़ती है अंग्रेजी। न सीखें तो अफसर नहीं बन सकते। केवल भाषा की वजह से ही उनकी काबिलियत का इस्तेमाल नहीं हो पाता। इसलिए मैं कहता हूँ कि सार्वजनिक उपयोग से अंग्रेजी हटाए बिना कोई काम नहीं बन सकता। अंग्रेजी हट जाने पर ही 40 करोड़ को अपनी योग्यता दिखलाने का मौका मिलेगा।

अब सवाल उठता है कि क्या हिन्दुस्तान में ऐसी हालत है कि बिना अंग्रेजी काम चला सकते हैं। कुछ लोग कहते हैं कि कैसे करोगे। हिन्दी में शब्द कहाँ हैं। इसके जवाब में मैं जापान का एक किस्सा बता देता हूँ। यह किस्सा 1870 का है, जब अमेरिकी फौजों ने जापान पर कब्जा कर लिया था। उसी जमाने में जापान से बहुत से लोग विज्ञान और दूसरी नई चीजों की जानकारी के लिए विदेश पढ़ने भेजे गए। जब ये लोग वापस आ गए तो इनके सामने यह सवाल उठा कि किस भाषा में काम चलाया जाए। उन लोगों ने कहा कि हमारे पास जापानी शब्द इतने नहीं हैं कि हम जिन शब्दों को पढ़कर आए हैं उनके बदले अपने शब्द इस्तेमाल कर सकें। सरकार ने उत्तर दिया कि सब काम जापानी में होगा। अगर ऐसे लफ्ज आएँ, जिनकी जापानी न हो सके तो उन्हें वैसे-के-वैसे ही इस्तेमाल किया जाए और धीरे-धीरे उनके जापानी पर्याय निकालने की कोशिश भी की जाए। इस तरह से उन्होंने किया, और आज आप देखें कि उनका काम-काज कितने मजे में चल रहा है और अब तक कोई दिक्कत का सवाल नहीं उठा।

पर हमारे यहाँ मामला उलटा है। कहते हैं जब शब्द बन जाएँगे तब हिन्दी शुरू करेंगे। यह वैसी बात है, जैसे बिना पानी में गए तैरना सीखने की इच्छा। लोग सवाल उठा देते हैं कि आखिर यदि आज की दुनिया से, जो मशीनों की दुनिया है, सम्बन्ध रखना है तो यूरोपी भाषा से सम्बन्ध रखना ही पड़ेगा। उनकी दलील है कि जब अंग्रेजी खतम कर दी गई तो मुल्क पर फिर पुराने दकियानूसी जनेऊधारी, चोटीधारी कब्जा करेंगे। इसकी वजह यह है कि आज तक हिन्दी की हिमायत देश में केवल इसी तरह के दकियानूसी लोग करते रहे हैं। कुछ लोगों ने जर्मनी, फ्रांस के कुछ विचारकों की किताबें पढ़कर उनकी नकल में यह सोचा है कि अपनी पुरानी संस्कृति बनाकर रखनी चाहिए। अच्छी बात यही है कि अब जाकर इन लोगों ने हिन्दी की हिमायत को कुछ छोड़ दिया है। इसीलिए जब मेरे जैसे लोग हिन्दी की हिमायत करने को निकल सकते हैं। यह कितनी खतरनाक हालत है कि अपनी भाषाएँ प्रतिक्रियावाद की और

विदेशी भाषा प्रगति की प्रतीक समझी जाती हैं। कई लोग सिर्फ इसी वजह से खुलकर हिन्दी की हिमायत नहीं कर पाते कि कहीं वह भी प्रगति के दुश्मन न समझ लिये जाएँ। इन सब बातों का फायदा उन लोगों ने उठाया, जो अंग्रेजी पढ़े-लिखे हैं और देश से अपने एकाधिपत्य को उठने देना नहीं चाहते। जनेऊ और चोटीधारियों का जमाना तो लद ही गया। इन लोगों ने हिन्दी को भी उन्हीं के साथ जोड़कर अपना रास्ता साफ रखना चाहा।

देश के तीस लाख आदमी यह नहीं चाहते कि अंग्रेजी खतम हो और उनकी ताकत घटे। इसके लिए उन्होंने दुनिया-भर के अड़ंगे खड़े किये, हिन्दुस्तान की दूसरी भाषाओं से हिन्दी की प्रतिद्वन्द्विता चलवाई। सरकार ने उनकी मदद की। हिन्दी और अंग्रेजी के असली झगड़े को नजरअन्दाज कराने के लिए ये झूठे झगड़े दूसरी भाषाओं से चले। सरकारी नीति रही हिन्दी को अंग्रेजी की साम्राज्यशाही का एक छोटा हिस्सा दिलाने की कोशिश की। अंग्रेजी का कुछ हिस्सा हिन्दी को भी मिल जाए, यही सरकारी नीति रही। अब यह साफ बात है कि हिन्दी साम्राज्यशाही नहीं चल सकती। गैर-हिन्दी इलाके इसको कभी स्वीकार नहीं करेंगे। सरकार की इस साजिश ने हिन्दी को बहुत नुकसान पहुँचाया। गैर-हिन्दी लोगों को अपनी नौकरियाँ वगैरह का डर लगा। सरकारी नीति के कारण ही कई बड़े इलाकों के लोग हिन्दी की कट्टर मुखालफत करने लगे। आपको जानकर ताज्जुब होगा कि महात्मा गांधी के बाद मैं पहला आदमी हूँ जो तमिलनाडु में लगातार 25 सभाओं में हिन्दी बोला। लोगों ने मुझे क्यों सुना? तमिलनाडु में हिन्दी का घोर विरोध है। मैं जानता हूँ कि मुझे लोगों ने इसलिए सुना कि मैं हिन्दी और तमिल को बराबरी देना चाहता हूँ। नेहरू साहब चाहते हैं हिन्दी और अंग्रेजी को बराबरी देना। मालूम ऐसा होता है जैसे कि क्लाइव के बेटे, पोते गद्दियों पर बैठे हों। मैं आपसे फिर कहता हूँ कि हिन्दी की हिमायत वही कर सकता है, जो उसकी बराबरी में अंग्रेजी को न लाए बल्कि हिन्दुस्तान की दूसरी भाषाओं को, और जो हिन्दी को अन्य भारतीय भाषाओं के साथ राष्ट्र की उन्नति का साधन और अंग्रेजी को गुलामी का साधन समझे।

आज आप किसी बाजार में निकल जाइए। दोनों तरफ सब नामपट मिलेंगे अंग्रेजी में। यहाँ तक कि नाई की दुकान पर भी बोर्ड होगा—फैंसी हेयर ड्रेसर। इससे फायदा क्या? कौन समझता है? वह तो यह कहिए कि नामपट के साथ-साथ शीशे की खिड़कियों में माल भी सजा रहता है, जिसको देखकर लोग समझ जाते हैं कि किस चीज की दुकान है, वरना नामपट से तो अधिकतर आदमियों

को कुछ पता ही नहीं लग सकता। इसका कारण केवल गुलामी की परम्परा है। इसके लिए हमें शर्म आनी चाहिए। लाखों बच्चों के दिमाग पर इसका क्या असर पड़ता है। वे तो यही समझते हैं कि हमारी भाषा इस काबिल नहीं कि उसमें नामपट लगाए जाएँ। आप सबसे मेरी प्रार्थना है कि आप इस पर सोचें और दुकानदारों से कहें कि वे अंग्रेजी नामपट हटाकर हिन्दुस्तानी भाषाओं के लगाएँ। ये नामपट गुलामी का नक्शा हमारे दिमाग में ताजा रखते हैं।

कुछ लोगों पर हिन्दी की पवित्रता बनाए रखने की धुन सवार है। ऐसे लोग हिन्दी को बढ़ने देना नहीं चाहते। ये लोग हिन्दी का पल्ला जनेऊ और चोटीधारियों के साथ जोड़ देते हैं। मैं अंग्रेजी के खिलाफ हूँ, पर जनेऊ-चोटी के भी। आप देख रहे हैं कि मैं कहते समय तनिक भी इस बात का ध्यान नहीं करता कि मेरे शब्द किस-किस भाषा से आ रहे हैं। केवल इस बात का ध्यान जरूर है कि उनकी ध्वनि मेरी भाषा में खप जाए। समझदार आदमी इसकी बिलकुल परवाह नहीं करते कि भाषा की दौलत कहाँ से आकर इकट्ठी हो रही है। खाली देखते हैं कि भाषा में नये शब्द घुल-मिल गया या नहीं। मैं आपको एक सिद्धान्त की बात बताता हूँ कि बेपढ़े लोग पढ़े लोगों की बनिस्बत भाषा अच्छी बनाते हैं। वह दूसरी भाषा के शब्द को अपनी भाषा के अनुरूप बना लेते हैं जब कि पढ़े-लिखे लोग केवल नकल करते हैं।

किस-किस बात का जिक्र किया जाए! चारों तरफ गुलामी की निशानियाँ बाकी हैं। अंग्रेजी अखबारों को ही ले लीजिए। ये गुलामी के सबसे बड़े प्रतीक हैं। दुनिया के किसी भी देश में आप दैनिक अखबार विदेशी भाषा में नहीं पाओगे। हाँ, मासिक-पत्र या सप्ताहिक-पत्र जो विशेष विषयों से सम्बन्ध रखते हैं, कभी-कभी विदेशी भाषाओं में भी निकाले जाते हैं। पूरे यूरोप में मैंने सिवाय पेरिस के और कहीं विदेशी भाषा का दैनिक निकलता नहीं देखा। पेरिस में एक है और वह अमेरिकनों ने अपने लोगों के लिए, जो लाखों की तादाद में वहाँ हैं, निकाला है। हमारे यहाँ तो अखबार, ज्यादातार अंग्रेजी के अखबार ज्यादा अच्छे हैं। हमारे यहाँ अंग्रेजी में छपने वाले अखबारों की करीब 8 लाख प्रतियाँ रोज निकलती हैं। थोड़े से अखबार जो हिन्दी में निकलते हैं, उनकी दशा ही खराब है, और हो भी कैसे नहीं? आप लोग खुद भी विज्ञापन देना हो तो अंग्रेजी अखबार ही पसन्द करते हो। सरकार खुद अधिक विज्ञापन अंग्रेजी अखबार को ही देती है। खयाल बन गया है कि अंग्रेजी अखबार अधिक लोग पढ़ते हैं और उनमें सूचनाएँ भी अधिक होती हैं। असल बात यह है कि यदि आप और सरकार इन्हें विज्ञापन देना बन्द कर दें तो ये अखबार दूसरे ही दिन

बन्द हो जाएँ। सरकार को यह नीति फौरन अपनानी चाहिए, नहीं तो हिन्दी के अखबार उठ ही नहीं सकते और मुल्क के ज्यादातर आदमी दुनिया की जानकारी हासिल नहीं कर सकते। सरकारी विज्ञापन केवल हिन्दी अखबारों को मिले और दूर-मुद्रक भी हिन्दी में ही कर दिये जाएँ तो यह मामला अपने-आप सुधर जाएगा। आप लोगों से भी मेरी यही प्रार्थना है कि अंग्रेजी अखबार छोड़कर हिन्दी के अखबार पढ़ें। तभी उनकी उन्नति हो सकती है।

देश के कुछ लोगों का विदेशी सभ्यता की ओर इतना आकर्षण है कि उनकी जहनियत ही गुलाम हो चुकी है। न केवल भाषा में ही बल्कि पहरावे में भी। कोट, पैंट और टाई आज तक भी हमारे यहाँ चलती जा रही है। असल में गोरों के रूप का भूत इस प्रकार सवार हो गया है कि हम उसे दूर कर ही नहीं सकते। मैं तो यह समझता हूँ कि जो आदमी इस नये राज्य में भी कोट-पतलून वगैरह पहनता है वह निहायत बेवकूफ है। खैर मतलब यह है कि अंग्रेज चले गए पर उनकी सब चीजें हमने ले लीं। इसका कारण है ताकत की नकल करने की स्वाभाविक इच्छा। आज गोरों के पास ताकत है, इसलिए सबकी इच्छा होती है कि उनकी नकल की जाए। आप जानते ही हैं कि मामूली हिन्दुस्तानी भी अपनी बोल-चाल में दो-चार शब्द अंग्रेजी के जोड़ देता है। चाहे अच्छी प्रकार बोल भी न पाए, फिर भी बोलेगा अंग्रेजी शब्द, जैसे जनता को पब्लिक। ताकत के साथ ही कपड़े-लत्ते भी जुड़े हैं। कोट-पतलून के पहरावे की अभी भी इज्जत है, क्योंकि वह दुनिया के ताकतवर लोगों की पोशाक है। सिद्धान्त के रूप में आप यह समझ लीजिए कि साधारणतया पुराने राज्य की परम्परा नये राज्य में भी चलती रहती है, अगर इस परम्परा के साथ अब भी ताकत जुड़ी हो।

मैं पहले भी बता चुका हूँ पर फिर बताना चाहता हूँ कि जो लोग अंग्रेजी नहीं पढ़े वे पुरानी दुनिया में रह गए। वही दुनिया जिसके प्रतीक दाढ़ी वाले, चोटी और जनेऊ वाले हैं। आज की दुनिया इन लोगों की नहीं बन सकती। हिन्दी को अपना सम्बन्ध इन लोगों से तोड़ना पड़ेगा। हिन्दी की हिमायत इनकी हिमायत नहीं हो सकती। हिन्दी को जैसा यह बनाना चाहते हैं, उस रूप में हिन्दी चल नहीं सकती। हिन्दी को तो ऐसा बनाने की कोशिश करनी पड़ेगी कि वह नई दुनिया की नेतागिरी के लायक हो सके। इसके लिए हिन्दी को सभी भाषाओं से सीखने के लिए, अपने को बदलने के लिए और सब तरफ से अपनी दौलत को बढ़ाने के लिए तैयार रहना चाहिए। मैं कहना चाहता हूँ कि आपके दिमाग ऐसे बनने चाहिए कि वे अंग्रेजी छोड़ने के साथ-साथ पुरानी दुनिया को भी छोड़ दें।

सरकार की नीति तो आपको मालूम हो ही चुकी है। वैसे तो विधान में लिखा है कि 15 वर्ष के बाद हिन्दी ही चलेगी, किन्तु उसमें भी एक बचाव रख लिया गया है। राष्ट्रपति यदि चाहे तो इस अवधि को बढ़ा सकता है। आजकल की हालत से तो साफ पता लगता है कि यह अवधि बढ़ती ही रहेगी। हमारा कहना है कि सबसे पहले तो अंग्रेजी सब जगह से आज ही खतम कर दी जाए। यह पहली बात है। इसके बाद हिन्दी और दूसरी भारतीय भाषाओं का प्रश्न रह जाता है। उसके लिए हमारा कहना है कि केन्द्र की भाषा हिन्दी रहे और हर सूबे में अपनी-अपनी भाषा चले। सूबे केन्द्र को अपनी भाषा में लिखें और केन्द्र हिन्दी में लिखे। बी.ए. की पढ़ाई और हाईकोर्ट का काम हिन्दी में हो। बी.ए. तक अपनी भाषा के साथ हिन्दी भी वैकल्पिक विषय रहे।

कुछ लोगों का कहना है कि केन्द्र में हिन्दी लागू कर देने पर हिन्दी भाषियों को दूसरे के मुकाबले अधिक सुविधा मिल जाएगी। उन लोगों को अहिन्दी भाषी लोगों की अपेक्षा नौकरियों की सुविधा रहेगी। इस पर हमारा यह कहना है कि 10 साल तक केन्द्रीय सरकार की नौकरियाँ हिन्दी भाषी लोगों के लिए बन्द कर दी जाएँ; बंगाली, मराठी, तमिल आदि लोग ही इन नौकरियों में लिये जाएँ। हिन्दी के लिए हिन्दी भाषा बोलनेवालों को इतना त्याग करना चाहिए। लोग कहते हैं कि इस तरह आप हिन्दी वाले को मारते हैं। मैं कहता हूँ कि इस देश को केवल 20 हजार हिन्दी भाषी, जो सरकारी नौकरियाँ ढूँढ़ते हैं, के लिए चलाना है या 40 करोड़ के लिए। हिन्दी वाले इस गैर-बराबरी का मुकाबला नहीं करेंगे, इसका मुझे काफी विश्वास है। सरकार का भी कहना है कि ऐसा गैर-बराबरी का कानून कैसे बनाएँ। हम कहते हैं कि जब्र आप अंग्रेजी को 15 वर्ष तक संरक्षण दे सकते हैं तो हिन्दुस्तान की दूसरी भाषाओं को ही यह संरक्षण क्यों न दिया जाए? मेरा विश्वास है कि ऐसा संरक्षण दे देने पर अहिन्दी भाषी लोगों का विरोध बहुत कम हो जाएगा। एक बात तो बिलकुल साफ है। अंग्रेजी को खत्म कर देने पर यह असम्भव है कि हिन्दी का प्रसार न हो। सब लोग हिन्दी सीखने दौड़ेंगे, क्योंकि उन्हें यह डर होगा कि कहीं पीछे न रह जाएँ।

बहुत से लोग डरते हैं कि मुल्क टूट जाएगा। मेरी तो समझ में नहीं आता कि मुल्क अंग्रेजी से कैसे जुड़ा हुआ है। इस गलतफहमी का बहुत बड़ा कारण यह भ्रम भी है कि अंग्रेजी विश्व-भाषा है। मैं आपसे प्रार्थना करता हूँ कि आप इस भ्रम को दूर कीजिए। अंग्रेजी विश्वभाषा नहीं है। अंग्रेजी तो क्या, कोई भी भाषा विश्वभाषा नहीं है। जिस प्रकार अंग्रेजी दुनिया में फैली उसी तरह उससे

पहले संस्कृत, अरबी, लैटिन आदिभाषाएँ भी फैल चुकी हैं। इन सब भाषाओं के समय-समय पर साम्राज्य बन चुके हैं। आज वे साम्राज्य नहीं हैं और मैं कहता हूँ कि अंग्रेजी का भी नहीं रहेगा। क्या आप समझते हैं कि 40 करोड़ चीनी और 20 करोड़ रूसी कभी भी इस बात को स्वीकार करेंगे कि अंग्रेजी विश्वभाषा मानी जाए। इन सब बातों में राष्ट्रीय आत्मसम्मान का प्रश्न आ जाता है। मैं समझता हूँ कि यदि कभी भी कोई विश्वभाषा बन सकी तो वह किसी देश की भाषा नहीं होगी, बल्कि सभी देशों की भाषा का सम्मिश्रण होगी। कुछ लोग जो अपने को विश्ववादी समझते हैं, इस आत्मसम्मान को बचपना और संकुचित विचार कहते हैं। मैं उस पर भी चाहता हूँ कि यह बचपना मुझमें रहे। ये लोग अधकचरे और मन्दबुद्धि विश्ववादी हैं।

इस अधकचरे विश्ववाद ने भी हमारा काफी काम बिगाड़ रखा है। इसके एक-दो उदाहरण मैं आपके सामने रखूँगा। सन 1857 की शताब्दी के उपलक्ष्य में भारत सरकार ने एक किताब निकाली है। इसका नाम है '1857' और लेखक हैं श्री सुरेन्द्रनाथ सेन जो इतिहास के बड़े प्रोफेसर समझे जाते हैं। किताब की भूमिका मौलाना आजाद और श्री नेहरू ने लिखी है। मैंने पूरी किताब तो नहीं पढ़ी, पर कहीं-कहीं से देखी है। देश के तीन आला दिमाग इस किताब के निकालने में शामिल हैं। अब इस किताब का एक जुमला आपको सुनाऊँ। लिखा है..."अवध के देशभक्त अपने राजा और देश के लिए लड़ाई लड़े, लेकिन वे आजादी के हिमायती नहीं थे, क्योंकि उन्हें वैयक्तिक आजादी का पता ही नहीं था।" और एक वाक्य सुनिए जो इससे भी बढ़कर है—"सन 1857 के विद्रोही अगर जीत गए होते तो तरक्की की घड़ी पीछे हो गई होती, चोरों को सजा हाथ-पैर काटकर दी जाती, मुल्क पर तालुकेदारों का कब्जा हो जाता। अंग्रेज न जीते होते तो हिन्दुस्तान पिछड़ जाता, न यह समाज बनता और न यह उन्नति होती।" अब आप ही बताइए कि ऐसे लोगों को क्या कहा जा सकता है जो ऐसी किताब लिखें। इन्हें असलियत का कुछ पता नहीं। 1857 का विद्रोह बतलाते हैं। झाँसी की रानी अगर जीत गई होती तो कहते हैं कि चोरों के हाथ-पैर काट दिये गए होते। इस किताब को हमारे देश की सरकार छापती है। अपने पुरखों की हार को याद कर मेरा दिल बैठ जाता है पर सुनिए, मौलाना आजाद क्या कहते हैं, "अगर हिन्दुस्तानियों ने गदर में बहुत से काले कारनामें किये तो अंग्रेजों ने भी उससे कम नहीं किये।" जरा गौर कीजिए। गदर में हिन्दुस्तान के किसानों को क्या तकलीफ हुई, इसका किताब में कहीं जिक्र नहीं। पर अंग्रेज मेम के साथ कुछ दुर्व्यवहार हुआ तो

उसकी बड़ी फिक्र है। खैर, मैंने तो पूरी किताब पढ़ी नहीं, ऐसी किताबें लिखने में शर्म तो क्या आएगी, ऊपर से यह भी कहा जाता है कि यह इतिहास है, इतिहास लिखने में पक्षपात नहीं किया जाता है आदि-आदि। मैं आपसे कह सकता हूँ कि ऐसा इतिहास कोई प्रोफेसर तो नहीं लिख सकता। ऐसी घटनाएँ दुनिया में बहुत-सी हुई हैं पर किसी इतिहास ने इस तरह नहीं लिखा। उदाहरण के लिए मैं यूरोप के इतिहास की एक बात आपको बताऊँ। नेपोलियन फ्रांस का बड़ा सम्राट था। अपने देश में उसने कई तरक्की के काम किये। फ्रांस को बड़ा बनाया। कानून नये बनाए, जो आज तक प्रसिद्ध हैं। उसने कानूनों को लिपिबद्ध किया जो 'कोड नेपोलियन' के नाम से मशहूर हैं। मानवीय अधिकारों की विवेचना भी उनमें है। इस प्रकार नेपोलियन उस समय के यूरोप में तरक्की का प्रतीक था। उसी समय जर्मनी में छोटे-छोटे तालुकेदारों का राज था, नेपोलियन की हार को इस कारण से किसी इतिहासकार ने ऐसी घटना नहीं माना, जिससे तरक्की की घड़ी जर्मनी या रूस में पीछे हट गई हो। जर्मनी ने भी आखिर तरक्की की ही। इसी प्रकार चीन में पहले पैर छोटे रखने के लिए बाँधकर रखे जाते थे। उन्होंने भी अपने-आप ही इस जंगली-प्रथा को छोड़ दिया। यह कहना कि मुल्क में बाहरी असर के बिना अन्दर से ताजगी आ ही नहीं सकती, बिलकुल गलत है। वास्तव में तो अन्दरूनी शक्तियों से ही मुल्क का पुनर्जीवन हुआ करता है।

दस साल में भी अंग्रेजी हमारे यहाँ से गई नहीं, घटी भी नहीं। इस तरह से घट भी नहीं सकती। सरकार उसको तरक्की समझती है। अगर देश में कुछ ऐसे काम किये होते जिनसे किसानों और गरीबों की तकलीफें कम होतीं, चीजों के दाम सस्ते होते, लोगों को रोजगार मिलता तो हम भी कहते कि तरक्की-पसन्द सरकार है। मैं यह कह देना चाहता हूँ कि मैं भी यह नहीं समझता कि अंग्रेजी हटा देने से ही मुल्क के गरीबों का पेट भर जाएगा, पर मैं फिर दोहरा दूँ कि बिना अंग्रेजी हटाए देश की उन्नति होना असम्भव है और गरीबों का पेट भरना भी। दिमाग और पेट अलग-अलग चीजें नहीं हैं। एक ही चीज के दो हिस्से हैं। एक के बिना दूसरे का सन्तोष होना मुश्किल है।

तमिलनाडु में आन्दोलन होते हैं, जुलूस निकलते हैं कि हिन्दी की साम्राज्यशाही खतम हो। ऐसा इसलिए हो रहा है कि दिल्ली की सरकार ने इसका मामला बिगाड़ दिया है। देशी भाषाओं में कोई आपसी झगड़ा नहीं। हिन्दी का झगड़ा भारत की अन्य भाषाओं तमिल, तेलगू आदि से नहीं बल्कि अंग्रेजी से है। नकली झगड़े को खतम करो। बिना खतम किये सुधार हो ही नहीं सकता। इसको फौरन स्कूल,

न्यायालय आदि से हटा देना चाहिए। पुराने लोग, चोटी, जनेऊधारी लोग हिन्दी को नुकसान पहुँचा रहे हैं। हिन्दी का पेट बड़ा होना चाहिए। उसमें तमिल, तेलगू आदि देशी भाषाओं के शब्दों को प्रवेश मिलना चाहिए। ऐसा करने पर हिन्दी देश और लोक की भाषा बनकर रहेगी। लेकिन तमिलनाडु जैसे प्रदेशों के लिए कुछ करना पड़ेगा। आज तो विचित्र हालत है। लोकसभा में तीन-चौथाई अंग्रेजी चलती है। सरकारी नौकरियों के लिए परीक्षाएँ भी अंग्रेजी में होती हैं। नेहरू साहब ने अंग्रेजी को 15 साल का संरक्षण देकर अंग्रेजी को इस देश में कायम करने का काम किया। उसको बनाकर रखा और हिन्दी को उसके बगल में रखा। अंग्रेज गए तो अंग्रेजी भी जानी चाहिए थी। अंग्रेजी तो इस मुल्क के लिए जादू-टोटका के समान है।

सोचना पड़ेगा कि तमिलनाडु, गुजरात, महाराष्ट्र और बंगाल आदि को क्या आश्वासन दिया जाए? सरकार को तसल्ली देनी है। मैं कहूँगा कि दस साल के लिए दिल्ली की नौकरी हिन्दी वाले को न ही मिले। कुछ लोग कह सकते हैं कि ऐसा करने पर हिन्दी की नौकरी हिन्दी वाले को नहीं मिले। कुछ लोग कह सकते हैं कि ऐसा करने पर हिन्दी वालों के लिए नाइंसाफी होगी। आखिर तीस-चालीस हजार हिन्दी भाषियों का ही सवाल है। इनका थोड़ा त्याग हिन्दी को सारे देश में प्रतिष्ठित कर सकेगा।

कुछ लोग कहते हैं कि हिन्दी इस योग्य नहीं, उसमें शब्द नहीं। यह सवाल जापान में भी उठा था, लेकिन वहाँ की सरकार ने साफ कहा कि जापानी भाषा का प्रयोग किया जाए, वैज्ञानिक शब्दावली चाहे जो कुछ भी हो। दूसरी भाषाओं से पारिभाषिक शब्द लिये गए। आज नाई भी लिखता है 'फैंसी हेयर ड्रेसर्स सैलून' और 'मरचेंट एसोसिएशन' के भी नामपट दिखाई देते हैं। यह नामपट हिन्दी और उर्दू में होने चाहिए। तीस लाख हैं जो अंग्रेजी जानते हैं। अगर तमिलनाडुवालों को इजाजत होती कि वे दिल्ली को तमिल में लिखते और दिल्ली के लोग उनको हिन्दी में लिखते, तो आज भाषा का प्रश्न एक तरह से हल हो जाता। दिल्ली के सचिवालय में हर प्रदेश के 10-15 हजार लोग नौकर हैं, मान लीजिए श्री टी.टी. कृष्णामचारी अपने ऊपर तमिल से अनुवाद का काम लेते तो जनता को रोज नये-नये टैक्सों से पीड़ित नहीं कर सकते। आज तो वह रोज नये टैक्सों को ही सोच-सोचकर निकाल रहे हैं। अतः मैं कहूँगा कि हिन्दुस्तान की भाषाओं के आपसी झगड़े नहीं होने चाहिए। लेकिन एक बात याद रखनी चाहिए कि चाहे कोई भाषा के लिए कुछ भी आन्दोलन करे लेकिन पुलिस को ज्यादती नहीं करनी चाहिए। मान लीजिए कोई डाकू अथवा चोर हो तो क्या यह उचित होगा कि चोर के हाथ काट लिये जाएँ या

डाकू को छुरा या गोली मार दें। मैं कोई डाकू का हिमायती नहीं। मध्य प्रदेश के एक मंत्री ने बहुत दिन तक ढोल पीटा कि मैं डाकुओं का साथी हूँ। सभी को इंसाफ और न्याय मिलना चाहिए, यही मेरा मतलब है। अगर पुलिस डाकू के साथ न्याय नहीं करेगी और मनुष्यता का व्यवहार और कानून का पालन नहीं करेगी तो वह हमारे और आपके साथ भी न्याय नहीं करेगी।

चुनाव के अवसर पर सोशलिस्ट पार्टी के चुनाव घोषणा-पत्र में साफ कहा गया था कि अंग्रेजी भाषा फौरन खतम होनी चाहिए। लेकिन लोग अब भी अंग्रेजी को रखने और न रखने के लिए बहस करते हैं। जब एक बार फैसला हो गया है और जब तक फैसला बदल नहीं जाता तब तक बहस करना बेकार है। अंग्रेजी को तो हमें फौरन खतम करना है, क्योंकि हमें राजनीति में सीधा रास्ता अपनाना है। गेंडे और बनैले सूअर की तरह सीधा चलना है। अंग्रेजी को रखने के बहाने बस केवल समय बरबाद करना है। जब अंग्रेज गए थे यदि उस समय अंग्रेजी को खतम कर दिया जाता तो लोग शायद मान जाते और अंग्रेजी को खतम करने में इतनी दिक्कत न उठानी पड़ती। लेकिन अब दस साल बीत गए हैं। दस सालों के अन्दर नई-नई बुरी भावनाओं ने जड़ पकड़ ली है। जब इंकलाब होता है उस समय नये काम या कदम उठाए जाते हैं तो सफल हो जाते हैं लेकिन जब देर हो जाती है, तो दिल-दिमाग और अवस्थाएँ जड़ पकड़ने लगती हैं, और उन्हें हिलाना बड़ा मुश्किल हो जाता है।

देश के नेता जो सरकार में हैं हिन्दी के बड़े हिमायती बनते हैं, पर असलियत यह है कि सब अंग्रेजी वाले हैं। हिन्दी का झगड़ा अंग्रेजी से है, लेकिन इन लोगों ने हिन्दी का गुरुमुखी, उर्दू, तमिल, तेलगू आदि देशी भाषाओं से झगड़ा खड़ा कर रखा है। श्री नेहरू, महात्मा गांधी की सन्तान होते, तो हिन्दी और अंग्रेजी का झगड़ा न खड़ा करते और अंग्रेजी को फौरन खतम करते।

अंग्रेजी को फौरन खतम करने और हिन्दी का झगड़ा देश की अन्य भाषाओं से मिटाने का केवल एक ही तरीका है। अहिन्दी भाषावालों को दिल्ली की गजटी नौकरियों में 10 वर्ष के लिए संरक्षण दिया जाए। गैर-हिन्दी इलाके वालों को डर है कि हिन्दीवालों की अपेक्षा उन्नति और नौकरियों में पिछड़ जाएँगे। उनके भय को दूर करने के लिए 10 साल के लिए दिल्ली की गजटी नौकरियों में अहिन्दी इलाके वालों को संरक्षण हो बशर्ते कि शुरू से ही केन्द्र का सब काम हिन्दी में ही किया जाए और केन्द्र तथा राज्य के बीच पत्र-व्यवहार के लिए राज्यों को अपनी स्थानीय भाषा उपयोग करने की छूट दी जाए।

लेकिन कुछ लोग इस प्रस्ताव का विरोध करते हैं। उनका कहना है कि हिन्दी इलाके के पढ़े-लिखे लोगों का नुकसान होगा। हिन्दी इलाके वालों की छाती चौड़ी होनी चाहिए। उन्हें देश की एकता के लिए हिन्दी को देश की भाषा बनाने के लिए कुछ देना भी सीखना चाहिए।

अगर अंग्रेजी फौरन खतम हो जाती है और हिन्दी चलने लगती है तो हिन्दी इलाके वाले 10-20 हजार लोगों का ही नुकसान होगा, जिनका गैर-हिन्दी इलाके के लोगों को नौकरियों के संरक्षण की वजह से दिल्ली में गजटी नौकरियाँ न मिलेंगी। लेकिन फायदा तो 20 करोड़ जनता का होगा। 10-20 हजार लोगों के फायदे के लिए 20 करोड़ जनता का क्यों नुकसान किया जाए?

कुछ लोग प्रस्ताव का इसलिए विरोध करते हैं कि गैर-हिन्दी इलाकों के लिए संरक्षण की बात करने से लोकप्रियता खतम हो जाएगी। अभी-अभी लखनऊ में हिन्दी का प्रस्ताव आया। 100 आदमियों ने पक्ष में हाथ उठाया लेकिन दो आदमियों ने वकालत के दाव-पेचों से प्रस्ताव को गिरा दिया और संरक्षण की बात हटा दी। उन्हें डर है कि उनसे 20-25 हजार आदमी नाराज हो जाएँगे। यह है असली जड़।

सवाल उठता है कि क्या हमें वही काम करने चाहिए जिससे सबके और हर समय लोकप्रिय बने रहें। अगर कोई सही काम है और सही काम के लिए वक्तीतौर पर गाली और पत्थर भी मिलें तो उनकी परवाह नहीं करनी चाहिए। लोकप्रियता की इच्छा निकम्मा बना देती है। जगदीश अवस्थी के मन में भी यह बात नहीं जँची और पार्लियामेंट में गैर-हिन्दी-इलाकों के लिए 10 साल के संरक्षण को भूल गए। उन्हें डर था कि हिन्दी इलाकों में बदनाम हो जाएँगे। लोकप्रियता के डर से सच्चाई के मार्ग को कभी नहीं छोड़ना चाहिए। शायद आप लोगों ने सचेत होकर सोचा नहीं कि अंग्रेजी और टैक्सों, दोनों में ताल्लुक है। अंग्रेजी खतम होगी तो टैक्सों में भी कुछ फायदा होगा।

हिन्दी अविलम्ब सम्पूर्ण देश में राष्ट्रभाषा के रूप में प्रयुक्त होनी चाहिए। यह बड़े आश्चर्य की बात है कि श्री राजगोपालाचारी जैसे देश के एक ज्येष्ठ राजनीतिक तथा कट्टर राष्ट्रवादी ने तमिलनाडु में हिन्दी के विरुद्ध प्रबल आन्दोलन शुरू किया है। ये वही राजगोपालाचारी हैं जिन्होंने मद्रास में अपने मुख्य-मंत्रित्वकाल में हजारों व्यक्तियों को हिन्दी शिक्षा विरोध करने पर जेल भेज दिया था।

हमारा किसी भारतीय भाषा से कोई संघर्ष नहीं है। हम केवल यही चाहते हैं कि हिन्दी अंग्रेजी का स्थान यथाशीघ्र ले। इस ओर केन्द्र, राज्य से हिन्दी में पत्र-व्यवहार प्रारम्भ कर श्रीगणेश कर सकता है।

हिन्दुस्तान से अंग्रेजों को गए इतने साल हो गए, लेकिन अंग्रेजी आज भी देश में कायम है। गत 1500 सालों से हिन्दुस्तान की संस्कृति में अजीब फूट चल रही है। एक तरफ तो कुछ लोगों की सामंती भाषा, सामंती भूषा, सामंती भोजन और सामंती भवन रहा है तो दूसरी तरफ करोड़ों लोगों की लोकभाषा, लोकभूषा, लोकभोजन और लोकभवन रहे हैं। पन्द्रह सौ वर्षों से हिन्दुस्तान कुछ सामन्त लोगों का शिकार रहा है। 1500 वर्षों से 'सामंती-भाषा' का राज चला आ रहा है। उदाहरण के लिए, किसी जमाने में संस्कृत सामंती-भाषा; प्राकृत-अपभ्रंश और पालि लोकभाषा; अरबी और फारसी सामंती-भाषा; हिन्दी, उर्दू तमिल, बंगाली लोकभाषा रही है। आज अंग्रेजी सामंती भाषा है और हिन्दी, हिन्दुस्तानी, तमिल, तेलगू, मराठी वगैरह लोकभाषाएँ। आज भी देश में पाँच-दस लाख गलालँगोट और चूड़ीदार पैजामा वाले चालीस करोड़ की छाती पर मूँग दल रहे हैं। हैं तो ये पुश्तैनी गुलाम, लेकिन राजा-महाराजा, सरकार और हुजूर कहलाते हैं।

अंग्रेजियत और बाबूगीरी के नशे में ये लोग कितने मदांध हो गए हैं, उसकी एक झाँकी इस घटना से मिलती है। अभी हाल ही में उज्जैन में कालिदास की जयन्ती मनाई गई थी। राष्ट्रपति ने उसका उद्घाटन किया। जयन्ती अंग्रेजी में मनाई गई। कालिदास की जयन्ती पर संस्कृत या प्राकृत भाषा का प्रयोग हो, तो कुछ हद तक बात समझ में आती है। यों होना तो सब काम हिन्दुस्तानी में चाहिए, लेकिन अंग्रेजी में कालिदास की जयन्ती मनाई जाए और उसके विरोध में एक विदेशी, श्री वारन्निकोव को दुख हो; यह हमारे लिए बहुत शर्म की बात है। और विचित्र बात हुई कि राष्ट्रपति को ले जाने वाली गाड़ी के इंजन का नाम 'विक्रमादित्य' रखा गया। जो इंजन उसकी अगुवाई कर रहा था, उसका नाम 'कालिदास' रखा गया, और एक तीसरे, कहीं जरूरत पड़े तो, ऐसे इंजन का नाम 'मेघदूत' रखा गया था। शोभा और रस्म के अर्थ में गद्दी पर 'विक्रमादित्य' की जगह पर राष्ट्रपति को रखा जा सकता है। लेकिन श्री राजेन्द्र प्रसाद के वाहन का नाम 'विक्रमादित्य' हो, इतना जंगलीपन और असभ्यता तो कोई भी नहीं दिखा सकता। गाड़ी पर बैठे श्री राजेन्द्र प्रसाद और इंजन का नाम हो 'कालिदास' और 'विक्रमादित्य'। इंगलिस्तान में कोई एलिजाबेथ और शेक्सपियर के नाम के साथ खिलवाड़ करे तो न मालूम क्या हो जाए! लेकिन ऐसी बातों पर हमारे देश की जनता में गरमी पैदा नहीं होती, न गुस्सा ही पैदा होता है। कालिदास जयन्ती में अंग्रेजी का इस्तेमाल करने वालों को विदेशी की संज्ञा देनी चाहिए। जब

मौजूदा शासकों के इंजनों का नाम 'कालिदास' और 'विक्रमादित्य' रखा जाने लगे, तो यही कहना होगा कि विदेशी और जंगली आज हिन्दुस्तान को हथियाए हुए हैं।

सरकारी दफ्तरों, संस्थाओं, कचहरियों, विद्यालयों आदि सार्वजनिक स्थानों में अंग्रेजी और काले साहबों की ऐसी चली है कि हम अपने ही देश में बेगाने और बेदखल हो गए हैं। ऐसा लगता है कि पाँच-दस लाख गलालँगोट और चूड़ीदार पैजामा वाले घर और कमरों के भीतर हैं बाकी चालीस करोड़ चौखट के बाहर पड़े हैं।

लोक-राज कभी सामंती भाषा में चल नहीं सकता। लोक-राज लोक-बोली में ही चल सकता है। आज हिन्दुस्तान के घूस और भ्रष्टाचार पर अंग्रेजी भाषा की चादर पड़ी हुई है। झटके से उस चादर को पकड़कर खींच दो, सब मामला साफ हो जाएगा। अदालतों, स्कूलों, सार्वजनिक संस्थाओं, सरकारी दफ्तरों आदि से अंग्रेजी को तुरन्त खत्म करो, तभी लोकतंत्र चल सकता है। अंग्रेजी बोलनेवालों और सामंती भूषा वालों के खिलाफ तिरस्कार की भावना बनानी होगी।

अंग्रेजी को नहीं हटाने के लिए कांग्रेस वाले अजीब-अजीब तर्क देते हैं। कुछ लोग कहते हैं कि मद्रासी और बंगाली बिगड़ जाएँगे। लेकिन उत्तर प्रदेश, बिहार, राजस्थान और मध्य प्रदेश, इन चार सूबों में तमिल और बंगाली का कौन सा सवाल है? इन सूबों में सरकारी कामकाज हिन्दुस्तानी में क्यों नहीं होता? तब कांग्रेसी कहते हैं, अंग्रेजी धनी भाषा है, हिन्दी धनी नहीं है। बेचारी अंग्रेजी तो कल की छोकरी है। हिन्दुस्तानी के पीछे तो हजारों वर्षों की पुरानी भाषा संस्कृत, पालि, अरबी, फारसी, उर्दू आदि का इतिहास है। अंग्रेजी में कुल ढाई लाख शब्द हैं। हिन्दी में छः लाख हैं। कमी इतनी है कि आधुनिक इस्तेमाल की वजह से अंग्रेजी भाषा के शब्द मँज गए हैं। हिन्दी के शब्दों को अभी माँजना और उनका अर्थ स्थिर करना है। यह प्रयोग और व्यवहार से ही होगा। भारत सरकार शब्दकोष बनाने के लिए विद्वानों की समिति बैठाती है। पहले शब्द गढ़ने को कहती है, तब प्रयोग करने को। रूस में विज्ञान की तरक्की का प्रधान कारण यही है कि शुरू से ही विज्ञान की तालीम रूसी भाषा में हुई।

आज हिन्दुस्तान में दस लाख लड़के मैट्रिक इम्तहान में बैठते हैं। 5 लाख फेल होते हैं। उसमें से 3 लाख अंग्रेजी भाषा में फेल होते हैं—गणित, विज्ञान, भूगोल, समाजशास्त्र आदि में पास हैं, लेकिन अंग्रेजी भाषा में फेल हो जाने से उनका पैसा और समय बरबाद होता है। अंग्रेजी भाषा सीखने में

ही हिन्दुस्तानी बच्चों का दिमाग खाली हो जाता है। यही कारण है कि विज्ञान, गणित, समाजशास्त्र, अर्थशास्त्र आदि के अच्छे ज्ञाता नहीं बन पाते।

आज कांग्रेसी और सरकार, अंग्रेजी भाषा से इसीलिए चिपकी है क्रि लोकभाषा चला देने से काले साहबों का सामंती राज नहीं चल सकता। लोकभाषा होने पर तो गरीबों के लड़के भी अफसर होने लगेंगे; और काले साहबों के बेटे-पोतों का अफसरी एकाधिपत्य खत्म हो जाएगा।

देहातों में लोगों पर भूत चढ़ता है, तो ओझा को बुलाकर मन्तर से झड़वाते हैं। ओझा का मन्तर लोग समझने लगें तो उसकी ओझाई और भूत दोनों खतम हो जाए। उसी तरह आज देश के वकील, डॉक्टर और मंत्री अंग्रेजी भाषा में अपनी ओझाई चला रहे हैं।

हिन्दुस्तान के करोड़ों लोगों के मन में हीनता का भाव भर दिया गया है। करोड़ों लोग यही सोचते हैं कि हम तो अंग्रेजी नहीं जानते, राज कैसे चलाएँगे। इस तरह इस 'लोक-राज' में करोड़ों लोग हीन-भावग्रस्त हो गए हैं। सामंती-राज्य केवल गोली पर नहीं चलता। छोटी-सी तादाद के शासक बड़ी तादाद के शासितों पर अपना राज—जितना गोली से चलाते हैं, उससे ज्यादा बोली से कायम रखते हैं। सामंती शासक शासित से अपने को अलग करता है; कुछ भूषा से, ज्यादा भाषा से। भूषा और भाषा का यह अलगाव शासितों के मन में हीन-भाव पैदा करता है; उनको लगता है कि शासक उनसे बहुत ऊँचा है, वे खुद इतना नीचे हैं कि राजकाज उनके बस की चीज नहीं।

किसी सामंती राज को खत्म करने के लिए और जनता में आत्मविश्वास पैदा करने के लिए यह जरूरी है कि सामन्तों की भाषा और भूषा से जनता नफरत करना सीखे; कम-से-कम उसका तिरस्कार तो जरूर ही करे। जाहिर है कि अंग्रेजों के देश में अंग्रेजी लोकभाषा है, जिस तरह हिन्दुस्तान में तमिल या हिन्दुस्तानी लोकभाषाएँ हैं। जो भाषा अपने देश में लोकभाषा है, पराए देश में शासन की भाषा बनकर सामंती हो जाती है। ऐसी सामंती भाषा का तिरस्कार किये बिना लोकनीति निखरती नहीं। सार्वजनिक जगहों पर अंग्रेजी गिटपिट करने वालों का तिरस्कार होना चाहिए। इस सामंती भाषा को उन्हीं के लिए छोड़ देना चाहिए जिनके माँ-बाप अगर शरीर से नहीं तो आत्मा से अंग्रेज रहे हों।

यह विचार कि अंग्रेजी के भाग्य में विश्व भाषा बनना लिखा है। निन्दनीय है। अंग्रेजी भाषा के समर्थकों को यह याद रखना चाहिए कि अतीत में संस्कृत, पालि, अरबी, स्पेनी, लातिन तथा अन्य कई भाषाएँ यह हैसियत पाने में असफल

रही हैं; न ही वे भविष्य में उसे हासिल कर सकेंगी। परन्तु मैं यह भविष्यवाणी करता हूँ कि एक दिन ऐसा आएगा जब रूसी और हिन्दुस्तानी काफी ज्यादा अन्तरराष्ट्रीय मान्यता प्राप्त करेंगी। रूसी को तो अभी से यह सम्मान मिलने लग गया है और मुझे यकीन है कि इस शताब्दी के अन्त तक हिन्दुस्तानी भी उसके बराबर पहुँच जाएगी।

पिछले पाँच बरसों में कन्नड़ कवि डॉ. पुटप्पा से बेहतर और किसी कन्नड़ व्यक्ति से मेरी मुलाकात नहीं हुई। इनके और गुजरात के डॉ. मगन भाई देसाई जैसे विद्वान और सही विचारकों ने कम-से-कम विश्वविद्यालय स्तर पर अंग्रेजी को पछाड़ देने का प्रयत्न बन्द कर दिया है। उनका कहना है कि इन विचारों का विद्यार्थियों ने स्वागत नहीं किया और वे देश में अंग्रेजी जैसी परायी भाषा को हटाने के सिद्धान्त के ही विरुद्ध थे। यह सोचना निरर्थक आशावाद है कि उसकी पहल विद्यार्थी करेंगे। इस पेचीदा समस्या की जड़ में जाना तो उनके जैसे विशिष्ट शिक्षाविदों का ही काम है। जब हर एक प्रतियोगिता परीक्षा अंग्रेजी में होती है और आज भी सरकारी नौकरी और व्यक्तिगत प्रतिष्ठा और मान-सम्मान के लिए उस भाषा की जानकारी आवश्यक मानी जाती है, तो इस प्रकार की आशा करना व्यर्थ है।

हिन्दी या और किसी भाषा के साथ आप मन में जो आए सो करें। लेकिन अंग्रेजी को तो हटाना ही चाहिए और वह भी जल्दी।

मेरे मन में विद्रोह उठ जाता है कि 40 करोड़ के देश में 40 लाख अंग्रेजी जानने वाले सामंती लोग और नौकरशाह समूचे देश की तकदीर बनाते-बिगाड़ते हैं। प्रधानमंत्री का यह तर्क बहुत ही हास्यास्पद है कि हिन्दुस्तान को अपनी खिड़की खुली रखनी चाहिए ताकि अन्य देशों का ज्ञान अंग्रेजी के माध्यम से हमारे देश में आ सके। अगर हमारे जितने बड़े देश की सिर्फ एक वही खिड़की खुली रखी जाएगी तो क्या हमारा दम नहीं घुट जाएगा?

अंग्रेजी जैसी परायी भाषा का प्रचार करने, उसको पालने और फुलाने के मूर्खतापूर्ण प्रयास में मैं एक दूसरे के राजनीतिक विरोधी श्री नेहरू और राजा जी को एक जैसा समझता हूँ। हिन्दुस्तान के मध्य भागों में तो नेहरू साहब बड़ी शान से राष्ट्रीय टूट का भूत खड़ा करते हैं और भोली-भाली जनता से कहते हैं कि अंग्रेजी ही देश को एक बनाकर रख सकती है, जब कि राजा जो तटीय हिन्दुस्तान में हिन्दी-साम्राज्यवाद का भूत खड़ा करते रहते हैं। दोनों ही बेहूदे और निरर्थक प्रयास हैं और एक-न-एक दिन उनकी पोल खुल ही जाएगी।

परन्तु एक प्रखर क्रान्ति ही इन गलतियों को ठीक कर सकती है। यह विचार सही नहीं कि जटिल तकनीकी शब्दों के उपयुक्त पर्यायवाची शब्द प्रादेशिक भाषाओं में नहीं मिलते। असल में, आवश्यक है उनको ढूँढ़ निकालने की। मैं तो इस बात को गुलामी का प्रतीक समझता हूँ कि प्रगतिशील राज्य में भी उच्च न्यायालय, सचिवालय और अन्य सरकारी विभागों का कामकाज अंग्रेजी में चलता रहे।

बोली और कपड़ा

बोली और पोशाक के बारे में पहली बुनियादी बात तो यह कहूँ कि हिन्दुस्तान में जिस कदर बोली और पोशाक का इस्तेमाल करोड़ों के ऊपर राज और शोषण चलाने के लिए होता है, वैसा कहीं नहीं। इसकी एक सियासी अहमियत हो गई। कभी-कभी नासमझों में कुछ लोग सोच बैठते हैं कि मैं नाहक ही शहरी के निजी मामलों में दखल दिया करता हूँ कि वह कौन सी बोली बोले, या कौन सा कपड़ा पहने, आखिर यह मामला कोई सियासत का तो है नहीं। यह बात सही नहीं, क्योंकि आखिर सरकार की तरफ से भी तो हुक्मनामे और परचे निकाला करते हैं कि फलाँ-फलाँ पोशाक दरबार की पोशाक है और राज्य की पोशाक मानी गई है। वह गलत तरीके से मानी गई है, लेकिन सवाल तो उठता ही है। एक दूसरी दृष्टि से देखें कि बोली और पोशाक का इस्तेमाल जब एक छोटा टुकड़ा, आबादी का एक सीमित हिस्सा अपने को जनता से अलग करने के लिए इस्तेमाल करता है, तब बोली और पोशाक का मामला बिलकुल साफ मानी में सियासी हो जाता है।

वह छोटा-सा तबका कौन सा है, यह सब जानते हैं। उसकी बोली और पोशाक को हिन्दुस्तान में देखिए। दुनिया का और कौन सा हिस्सा है जहाँ जनता की बोली और बड़े लोगों की पोशाक बन गई है चूड़ीदार पायजामा या गलालँगोट। हिन्दुस्तान की पुरानी और नई पोशाक से मुझे मतलब नहीं। एक सही पोशाक में, जनता की पोशाक में मैं सिर्फ धोती और पायजामा को ही नहीं शामिल करूँगा, पतलून को भी शामिल करूँगा। हिन्दुस्तान में पतलून न रही हो, बाहर से आई हो, लेकिन अगर ढीली पतलून होती है तो हिन्दुस्तान की आबोहवा के माफिक रहती है। उसी तरह से यह नये ढंग का कोट या कमीज निकली है, उसे भी मैं शामिल करूँगा। हिन्दुस्तान की जनता की पोशाक में। यह नहीं समझना चाहिए कि मैं सिर्फ पुरानी पोशाक की बात कर रहा हूँ।

नई पोशाक भी हो, लेकिन अगर वह दिमाग की कसौटी पर पूरी उतर जाए, हिन्दुस्तान की आबोहवा और लोगों की जरूरतों को पूरा करते हुए, तो वह अच्छी। उसे जरूर हिन्दुस्तानी पोशाक कहना चाहिए। मैं उन लोगों में नहीं हूँ जो पतलून को बिलायती समझते हैं। लेकिन गलालँगोट जो कि एक खास ठंड के इलाके की पोशाक है, उसकी अगर हम लोग बन्दर बनकर नकल करते हैं, अपने मुल्क में भी चलाने की कोशिश करते हैं तब फिर सवाल उठ जाता है कि पोशाक का क्या मामला है। बोली का मामला तो बिलकुल साफ है। मैं समझता हूँ कि आमतौर से कुछ हेरफेर हो, इधर या उधर, 40-50 लाख आदमी होंगे जो अंग्रेजी बोली बोलते हैं। शायद पोशाक के मामले में 50 लाख के बजाय 70 लाख निकल आएँ जो गलालँगोट और चूड़ीदार के हिमायती हों। ये हिन्दुस्तान के बड़े लोग हैं या बड़ा बनने की कोशिश करते हैं। ये जनता से अपने को अलग करते हैं, चाहे उनके दिमाग में जो इरादे हों। हो सकता है इनमें से कुछ लोग सचमुच बिना किसी बुरी नीयत के गुमराह हैं, क्योंकि बहुत से आदमी समझते हैं कि अंग्रेजी जबान हिन्दुस्तान में ज्ञान का दरवाजा है, नया इल्म, नई तालीम हासिल करने का एक तरीका है, हो सकता है कि उनकी यह नासमझी है, कोई बदनीयती नहीं है। लेकिन असलियत यह है कि अंग्रेजी जबान की नकल करने वाले तबकों में फैलती जा रही है। छोटे लोगों पर राज चलाना है, उनका शोषण करना है, इसलिए जरूरी है कि जनता के मन में यह भावना जमा देते हैं कि ये बड़े लोग हैं, हम छोटे लोग हैं; ये ऊँचे हैं, हम नीचे हैं; ये पढ़े-लिखे हैं, हम बेपढ़े हैं; ये दुनिया को जानने वाले लोग हैं, हम नहीं जानने वाले लोग हैं। यह बिलकुल साफ बात है। इसे ज्यादा समझाने की जरूरत नहीं कि आज हिन्दुस्तान में जो 40 करोड़ दबे हुए हैं उनके मन के अन्दर यह बात धँस गई कि अंग्रेजी जानने वाले या गलालँगोट या चूड़ीदार पहनने वाले लोग कुछ ऊँचे, शहरी, सभ्य, तहजीब वाले, दुनिया को जानने वाले लोग हैं और हम लोग जो अपनी जबानों को जानते हैं, वे कुछ गँवार, देहाती और पिछड़े हुए लोग हैं।

लोगों के मन के ऊपर कब्जा जमाकर उनके शरीर के ऊपर कब्जा जमाना आसान होता है। इसीलिए बोली और पोशाक का इस्तेमाल हमेशा सियासी दुनिया में सामंती लोगों ने किया है। यह बुनियादी बात हिन्दुस्तान की जनता को और खासतौर से राजा और अन्य वर्ग के कुछ हिस्सों को सीख लेनी चाहिए। किसी मानी में आप लोग, कुछ-कुछ लोग राजा-वर्ग में आ जाते हैं। अगर राजा-वर्ग के कुछ हिस्सों में यह खयाल फैलने लगे तब जाकर

बोली और पोशाक की बुनियाद खोखली पड़ जाती है। यह सारी इमारत एक जबरदस्त गलतफहमी पर खड़ी हुई है कि अंग्रेजी जबान के जरिये हिन्दुस्तान के लोगों को ज्ञान का दरवाजा मिल जाता है। जिससे वे नये इल्म की सीख पाते हैं। इससे ज्यादा बड़ा झूठ और कोई हो नहीं सकता। बल्कि सच पूछो तो इस जबान ने इल्म का दरवाजा हमारे लिए बन्द कर दिया है। दुनिया में और जितने देश हैं, जहाँ अंग्रेजी नहीं है, वे क्या तरक्की नहीं कर रहे हैं, रूस, चीन, फ्रांस, जर्मनी में अंग्रेजी नहीं है। इन देशों के बड़े वैज्ञानिक, बड़े-से-बड़े वकील, बड़े-से-बड़े इंजीनियर, बड़े-से-बड़े राजनीति करने वालों को, मैं समझता हूँ मुश्किल से 1 सैकड़ा या 2 सैकड़ा को अंग्रेजी आती हो, 99 सैकड़ा को अंग्रेजी नहीं आती। फिर भी हमारे यहाँ बड़े जोरों से झूठ फैलाया जाता है कि अंग्रेजी बाहरी दुनिया के साथ रिश्ता रखने के लिए दरवाजा है। क्या उन लोगों के बाहरी रिश्ते नहीं हैं? वे अपने मुल्क में तरक्की नहीं कर रहे हैं? वे अपना भंडार नहीं बढ़ा रहे हैं?

एक पहलू से इंजीनियर और मिस्त्री को देखिए। दूसरा पहलू है सेना का और तीसरा पहलू हैं ये जो वकील वगैरह के पेशे होते हैं, उनका और साधारण जनता का। पहले मिस्त्री या इंजीनियर की बात लीजिए जो कि नई दुनिया की बुनियाद हैं। नये-नये कारखाने बनाना और चलाना, इन मिस्त्री और इंजीनियरों का काम है। राउरकेला में लोहे, फौलाद का कारखाना जो कुछ बरसों पहले बना, वहाँ 100-50 बढ़इयों की जरूरत पड़ी। पहले तो हिन्दुस्तानी बढ़ई से काम लिया गया। वे कारगर नहीं साबित हुए। तब जर्मनी से बढ़ई बुलाने पड़े। क्योंकि जर्मन लोगों की मदद से वह कारखाना राउरकेला में खुला। 100 के करीब जर्मन बढ़ई आए। वे अंग्रेजी बिलकुल नहीं जानते हैं, सिर्फ बढ़ईगिरी जानते हैं और हरेक को 100 रुपए रोज की तनख्वाह दी गई। करीब साल-डेढ़ साल उन्होंने यहाँ पर काम किया। यह है अपने मुल्क की हालत। क्या बात है कि वह जर्मन बढ़ई जो एक शब्द अंग्रेजी का नहीं जानता। राउरकेला के लोहे-फौलाद के कारखाने के लिए जरूरी बढ़ईगिरी कर सकता है और हमारा इंजीनियर जो जाने कितनी डिग्रियाँ वगैरह हासिल कर चुका है उसके लिए कामयाब नहीं होता। सौ रुपए रोज की तनख्वाह कम नहीं है। तीन हजार रुपए महीने की जाकर पड़ती है।

ऐसा क्यों होता है? हमारे मुल्क में मिस्त्री बनने के लिए भी जरूरी है कि वह अंग्रेजी जाने। इंजीनियर के लिए तो खैर बहुत जरूरी है। इंजीनियर के लिए एक बात जरूरी है कि वह साफ-सुथरा कपड़ा पहने और बजाय इसके

कि इंजीनियरी करे और कल-कारखानों को अच्छी तरह से चलाए, उसकी हमेशा यह ख्वाहिश होती है कि उसके हाथ कहीं काले न हो जाएँ। दुनिया-भर के कारखानों में बड़े-से-बड़े इंजीनियर की पोशाक और हाथ काले रँगे रहते हैं और वे मजदूर की तरह रहते हैं। हमारे यहाँ के इंजीनियर और मिस्त्री की पहचान होगी कि इंजीनियर का कपड़ा साफ है, मिस्त्री का कपड़ा गन्दा है, पर उसके हाथ साफ हैं और उसके हाथ में कुछ काला लगा हुआ है। यह भी उसी सामंती हुकूमत की पहचान है कि कुछ बड़े लोग हाथों से काम करना कुछ नीचा काम समझते हैं। सारी पढ़ाई-लिखाई, जाति-प्रथा उसी बुनियाद पर चलती है और अपने बड़प्पन को किस नकली सहारे के जरिये बढ़ाया करते हैं। और वह सहारा अंग्रेजी जबान है। इससे इंजीनियर लोग तो तबाह हो ही रहे हैं और इसीलिए हिन्दुस्तान के इंजीनियर बहुत से ऐसे हैं जिनके पास काफी डिग्रियाँ हैं फिर भी वे अपना काम नहीं कर पाते। एक सबब तो यह भी है कि हिन्दुस्तान के ताकतवर और शासक लोगों को बूढ़े इंजीनियर ज्यादा पसन्द हैं। इसमें कोई शक नहीं कि अगर हमारे देश के इंजीनियरों को मौका दिया जाए तो बहुत जल्दी और आसानी से ही वे अच्छे साबित हो सकते हैं।

लेकिन मैं इस वक्त खासतौर से मिस्त्री की बात कर रहा हूँ। मिस्त्री के लिए क्यों जरूरी है कि वह अंग्रेजी जाने। मिस्त्री को तो छोड़ दो। राउरकेला, भिलाई, दुर्गापुर वगैरह के कारखानों में मजदूरों की भर्ती करते वक्त भी एक कसौटी यह रखी जाती है कि वह मजदूर अंग्रेजी जानता है कि नहीं, वह भी मामूली तरह की अंग्रेजी नहीं। मैंने तो सुना है कि पुलिसवालों की भर्ती करते समय भी यह कसौटी रखी जाती है। हैदराबाद के पुलिसवालों को अंग्रेजी जबान की क्या जरूरत है? अगर वह अच्छा पुलिस वाला होगा, तो उसे मेहनती होना चाहिए, खड़े रहने की उसमें कुब्बत होनी चाहिए, हाथ-पैर जरा मजबूत होने चाहिए। उसके लिए भी यह कसौटी रखना कि अंग्रेजी जानो, तो इससे ज्यादा अहमकपन और क्या हो सकता है!

हिन्दुस्तान जैसे बड़ी आबादी के देश में अगर अंग्रेजी की यह रुकावट न रही तो 10-20 लाख मिस्त्री और बढ़िया मिस्त्री, उस ढंग के बढ़ई जिनको कि 100 रुपए रोज पर जर्मनी से बुलाया गया था, उस ढंग के मिस्त्री लाख-दो लाख हर बरस में तैयार कर देना बहुत ही आसान काम है, बशर्ते कि उनके दिमाग के ऊपर अंग्रेजी का बोझ न डाला जाए। जहाँ अंग्रेजी का बोझा डाल देंगे, वे नहीं तैयार हो पाते, वे पिछड़े रह जाते हैं, मुल्क तबाह होता चला जाता है। बजाय इसके कि अंग्रेजी मुल्क में कारखानों की तरक्की कराए और

हिन्दुस्तान की जनता को नई जिन्दगी के लिए लायक बनाए, वह रुकावट डालती है और जनता को बढ़ने नहीं देती। मिस्त्री वाले मामले से यह बिलकुल साफ है, आईने की तरह।

उसी तरह पलटन को लीजिए। सेना आखिर किसलिए? अच्छा तो यह हो कि दुनिया में सेना न हो, लड़ाइयाँ न हों, तोप-बन्दूक न हों, तो ज्यादा अच्छी दुनिया हो। लेकिन जब सेना है तो उसका मकसद यही होता है कि जरूरत पड़ने पर मुल्क की आजादी की हिफाजत करने के लिए वह सेना अच्छी तरह से युद्ध कर सके। उसके सिपाही और उसके अफसर युद्ध-कला को जानें। हिन्दुस्तान की सेना में अफसरी और अफसरी में तरक्की की कसौटी युद्ध करने की कला नहीं है, बल्कि अंग्रेजी जबान को बोलने की अकल और उसी के साथ-साथ कुछ अंग्रेजी या यूरोपीय ढंग से खाने-पीने, नाचने वगैरह की अकल है। यह बिलकुल साफ बात है कि हिन्दुस्तान की सेना में अफसरों की तरक्की, कर्नल से जनरल इत्यादि हुआ करती है, अन्यथा कोई इक्का-दुक्का, 100 में एक अपवाद के रूप में होता। एक कसौटी होती है कि रिश्तेदारी अच्छी हो, दोस्तो अच्छी हो। यह धुन तो मुल्क के हर हिस्से को लग गई है। इसको छोड़कर तरक्की की और कसौटियाँ हैं कि वह कितनी अच्छी नकल कर सकता है अंग्रेजी बोली की, उच्चारण वगैरह में, और वह यूरोपीय कपड़े ठीक तरह से पहन सकता है और नाच वगैरह कर सकता है। इसका नतीजा होता है कि सेना बर्बाद हो जाती है। बिलकुल साफ बात है कि हिन्दुस्तान की सेना को चीन की सेना का मुकाबला करना तो छोड़ दीजिए। मामूली-से-मामूली सेनाओं का मुकाबला करना भी करीब-करीब नामुमकिन हो जाएगा, क्योंकि सारी बुनियाद ही खराब हो जाती है।

बुनियाद यह होनी चाहिए कि हिन्दुस्तान की सेना में आम सिपाही, मामूली सिपाही से बढ़ते-बढ़ते ऊँचे-से-ऊँचे जनरल तक कोई भी जा सकता है, बशर्ते कि उसको युद्ध करने की कला अच्छी तरह से आती हो। असली लड़ाई होती है जहाँ, पता चल ही जाता है कि कौन कितने पानी में है। लेकिन हर साल या हर छठे महीने नकली लड़ाइयाँ भी कर ली जाती हैं। अपनी खुद की सेना दो हिस्सों में बँट जाती है तो वहाँ पता चल जाता है कि किसमें कितना हुनर है। अगर ऐसी कसौटियों को लिया जाए तो फिर हमारे देश में भी रोमेल जैसे सिपाही हो सकते हैं। मैं रोमेल का नाम इसलिए ले रहा हूँ कि अब बिलकुल साफ माना जाता है कि 1939 से 45-46 वाली लड़ाई में जो दुनिया का सबसे बड़ा जनरल हुआ, वह जनरल रोमेल हुआ, और वह बिलकुल मामूली सिपाही

से एकदम सबसे बड़ा जनरल बना। वह हारा, उसके बहुत से सबब हैं। जर्मनी का जनरल आखिरी लड़ाई जीत भी कैसे सकता था। ऐसा भी कहा जाता है कि आखिर में तो उसे हिटलर ने मरवा डाला था। लेकिन, इन सब किस्सों को छोड़िए। असली सवाल है कि वह जनरल रोमेल अपनी जबान जर्मन को छोड़कर, शायद, जहाँ तक मैं जानता हूँ, एक अक्षर और किसी दूसरी जबान का नहीं जानता था। एक अक्षर कहना भी कुछ ज्यादा हुआ। हो सकता है 'गुडमार्निंग', 'गुडइवनिंग' करना सीख गया हो, वह एक अलग बात है। ऐसी चीजों को छोड़कर के रोमेल को या रोमेल जैसे लोगों को बाहरी भाषाओं का ज्ञान नहीं था, बल्कि अपने पेशे में हुनर, अपने पेशे की अकल थी।

इसी तरह से एक और पहलू है वकीलों, डॉक्टरों, प्रोफेसरों वाला। हिन्दुस्तान के वकील और जज कभी दूसरे देशों के कानून और फैसलों की नजीर देते हैं तो सिर्फ इंगलिस्तान और अमेरिका की, क्योंकि अंग्रेजी से उनका सम्बन्ध है। यह तो कोई नहीं कहना चाहेगा कि कानून सिर्फ इंगलिस्तान और अमरीका में ही है और अन्य देशों में नहीं है। क्या जर्मनी, फ्रांस में कानून नहीं है और क्या वहाँ जज फैसले नहीं दिया करते। लेकिन अंग्रेजी के ऊपर अकेले जोर देकर हमने अपने देश को एक तरह से अन्धा बना दिया है और जो दूसरे देशों के कानून और फैसले हैं, उनका फायदा हिन्दुस्तान के जजों और हिन्दुस्तान के वकीलों को नहीं मिल पाता। अगर कुछ नजीरें लेना है तो दुनिया-भर के इलाकों से लो, नहीं तो नतीजा होगा कि हम लोग अंग्रेजी की और अमेरिका की एक भद्दी और गन्दी नकल बनकर रह जाएँगे। और अपने दिमाग से कानून और दूसरे मामलों में तरक्की नहीं कर पाएँगे। बजाय एक औजार बनने के कि जिससे हिन्दुस्तान की जनता और देश को ज्ञान मिले, अंग्रेजी कुछ और ही चीज के लिए औजार बनती जा रही है और बन चुकी है। इसमें अब कोई शक रह नहीं गया है।

100-150 बरस की अंग्रेजी की इतनी पढ़ाई-लिखाई के बाद क्या हुआ? हिन्दुस्तान में साहित्य और कविता की दृष्टि से ही देखो, तो शेक्सपियर के ऊपर टीका करने वाला एक भी हिन्दुस्तानी लेखक 100 बरस में नहीं हो पाया। अच्छी अंग्रेजी कविता लिखना, उस बात को छोड़ ही दो, वह तो नामुमकिन है, क्योंकि अच्छी कविता या उपन्यास, मैं नहीं समझता, अपनी मादरी जबान या अपनी जबान के अलावा और किसी जबान में कोई लिख सकता है। यह बिलकुल नामुमकिन है। हाँ लेख लिख सकता है, या कुछ धर्म की सलाह या राजनीति की सलाह दे सकता है, जैसे गांधी जी का जो काम

था। कविता, उपन्यास आदि पर टीका करना भी कितना नामुमकिन रहा है, वह इसी से साबित होता है कि 150 बरस में एक हिन्दुस्तानी ने भी शेक्सपियर पर अच्छी टीका नहीं करके दिखाई, जबकि जर्मन लोगों में शेक्सपियर पर टीका करने वाले आपको मिल जाएँगे, जिस तरह से हिन्दुस्तानी साहित्य पर टीका करने वाले जर्मनों में मिल जाएँगे, या अंग्रेजी में मिल जाएँगे। वे अपनी जबान में लिखते हैं, और समझते हैं दूसरी जबान में। इसमें बड़ा भारी फर्क हो जाता है कि एक जबान का इस्तेमाल आप समझने के लिए करते हों या अपने विचार प्रकट करने के लिए करते हों। ये दोनों बिलकुल अलग-अलग चीजें हैं। अगर मान लो, मैं अंग्रेजी की एक किताब पढ़ता हूँ तो इसलिए कि मैं बाहरी दुनिया के कुछ इल्म को अपना बनाकर फिर अपनी जबान में लिख पाऊँ और उसकी गलती या उसके सही पहलुओं को बता पाऊँ। यह एक दूसरी चीज है। लेकिन अगर मेरा काम यह हो जाए कि उस इल्म को भी अंग्रेजी से हासिल करूँ और उसके ऊपर जो मेरी राय है उसको भी मैं अंग्रेजी में लिखूँ तो फिर क्या नतीजा निकलेगा? सिवाय बन्दरपन के कुछ और हो नहीं सकता है। और वही आज हिन्दुस्तान में हो रहा है। अपने मुल्क में अंग्रेजी नये ज्ञान को समझने का औजार न होकर के ज्ञान के ऊपर लिखने-पढ़ने और बोलने का औजार बन गया है, जो कि दुनिया में कहीं किसी जगह नहीं है। समझने के लिए लोग इस्तेमाल करते हैं दूसरी भाषाओं का, और समझने के लिए चाहे व्याकरण अच्छी न हो, उच्चारण अच्छे न हों, लेकिन फिर भी मोटे तौर से चीजें समझ में आ जाती हैं, बशर्ते कि आप उस समझ को पचाओ, जैसे खाना पचाते हैं और पचाकर फिर उसको अपनी जबान के जरिये दिखाओ और बताओ।

जिस किसी दृष्टि से देखो, नतीजा यह हो रहा है कि आज रूसी, और मैं समझता हूँ कि कुछ अर्से में चीनी भी, आगे बढ़ जाएँगे। ये विज्ञान की जबरदस्त तरक्की करते चले जा रहे हैं। जब देखो। तब उनकी कोई-न-कोई नई चीज निकलती है, कभी स्पुतनिक चारों तरफ घुमाते हैं, कभी चन्द्रमा के ऊपर कोई बाण फेंक देते हैं। उनके यहाँ यह सब काम हो पाता है क्योंकि असली ज्ञान की खोज का हिसाब लगाते हैं। विज्ञान तो खाली हिसाब है; दूरी, फासले, उन फासलों के रिश्ते, उनके ऊपर मशीनें। बुनियाद यही है कि दो और दो चार होते हैं, लेकिन यह हिसाब बढ़ते-बढ़ते इतना पेचीदा हो गया है कि चाँद, सूरज, दुनिया इन सबके रिश्ते लगाते-लगाते उसके मुताबिक मशीनें बना डालो। यही विज्ञान आज दुनिया में चल रहा है।

हिन्दुस्तान के किसी वैज्ञानिक का नाम नहीं लेना चाहता। सब-के-सब वैज्ञानिक मेरी परिभाषा के अन्दर आ जाते हैं। हिन्दुस्तान का वैज्ञानिक अपनी पोशाक की फिकर करता है, अपनी अंग्रेजी बोली की फिकर करता है। इसकी भी फिकर करता है कि किस हद तक वह अपने मंत्री को खुश कर रहा है। लेकिन विज्ञान के लिए जरूरी हिसाब, और दिन-रात हिसाब लगाने की फिकर नहीं करता। नतीजा यह हो रहा है कि हिन्दुस्तान का वैज्ञानिक कोई नई खोज नहीं कर पा रहा है। वह खाली या तो अपने मंत्रियों को खुश करता है और उससे ऊँचे ओहदे पा जाता है या फिर, जो हँसी-खेल की या आराम की या इज्जत वाली दुनिया है, उसमें कुछ ऊँची जगह पाने की कोशिश करता रहता है।

अभी तक जो मैंने ज्ञान और ऊँचाई की दृष्टि से चर्चा की। अगर करोड़ों की दृष्टि से देखें तो कहना ही क्या है। उनके दिमाग में यह बात धँसा दी गई है कि वे गँवार हैं, देहाती हैं। छोटे लोग हैं, वे आज की जिन्दगी के लायक नहीं हैं। जब अपने करोड़ों के मन में ऐसे खयाल रहेंगे तब कहाँ वे चीनी और रूसी तथा अमेरिकी के मुकाबले में आ पाएँगे। वहाँ का आदमी तो कुछ दूसरे ढंग का है। मिसाल के लिए पेरिस के किसी कैफे में आप बैठ जाओ। वहाँ सड़कें बड़ी चौड़ी होती हैं तो उसका एक हिस्सा एक तरह का होटल या रेंस्तराँ बन जाता है। वहाँ मेजें पड़ी रहती हैं, कुर्सियाँ पड़ी रहती हैं, बैठिए आप। हजारों लोग जाते-जाते हैं, मर्द और औरत। उस वक्त किसी मर्द या औरत की पोशाक देखकर यह बता पाना, थोड़ा फासला हो तो, कि वह कौन है, किस पेशे का है, कितना अमीर-गरीब है या बड़ा-छोटा है, नामुमकिन हो जाता है। यह बात दूसरी है कि अगर बहुत नजदीक से, छू करके किसी के कपड़े को आप टटोलो, और बहुत ज्यादा आपको इल्म हो कपड़ों वगैरह का, तो मुश्किल है कि आप जान पाओ कि यह ज्यादा रुपए वाला कपड़ा है, यह कम रुपए वाला कपड़ा है, इसको दर्जी ने जरा ज्यादा पैसे लेकर बनाया है या कम पैसे लेकर। तब शायद समझ पाओ कि यह औरत रानी है और यह औरत भंगिन है। लेकिन 2-4-10 गज के फासले पर से बिलकुल नामुमकिन है जानना कि वह कौन है। इसी तरह, बिलकुल नामुमकिन है यह जानना कि कौन बड़ा आदमी, बहुत बड़ा अफसर है और एक मामूली मजदूर है। इसका कपड़े से नहीं पता चलेगा और बोली से भी पता नहीं चलेगा, जरूरी नहीं है। यह बात अलग है कि आमतौर से जो पढ़े-लिखे लोग होते हैं यूरोप में, जैसे पादरी या प्रोफेसर, या जो अमीरों के बच्चों को घर में पढ़ाते-लिखाते हैं, उनकी जबान तो अच्छी होगी। इंगलिस्तान में अच्छी अंग्रेजी बोलने वाले आमतौर से

पादरी, प्रोफेसर, बच्चों के मास्टर वगैरह होंगे जिनको कि हम अपने मुल्क में हरगिज बड़ा आदमी नहीं कहेंगे।

जो भी हो, भाषा और पोशाक का फर्क यूरोप में नहीं है। इसीलिए वहाँ की जनता, और चीन का तो खैर कहना ही क्या है कि चीन में एक बात बिलकुल गजब की है। यह कोई न समझे कि मैं चीन को बहुत पसन्द करने लग गया हूँ। चीन में राक्षसी तबीयत उतनी है, बल्कि ज्यादा है, जितनी कि रूस या अमेरिका में, लेकिन एक चीज की मैं तारीफ किये बिना नहीं रह सकता कि चीन के मर्द और औरत की पोशाक एक-सी है, पोशाक देखने में पता नहीं चलता। यह अच्छी चीज या बुरी चीज, इस सवाल को अभी मत उठाना। पहले मैं एक सियासी दृष्टि सामने रखना चाहता हूँ कि पोशाक और बोली के कारण जनता के अन्दर टुकड़ियाँ, तबके, गिरोह नहीं बनते कि जो किसी देश की एकता या राष्ट्रीयता को खत्म कर डालते हैं।

लेकिन हमारे यहाँ ये सब हैं तो जान और ताकत कहाँ से आएगी। अब यह सवाल उठता है कि इतना जबरदस्त अँधेरा है और कि 40 लाख 40 करोड़ के ऊपर चढ़े हुए हैं, तो यह हो कैसे पाता है? जनता इसको सह कैसे लेती है? एक बात जरूर मैं कहना चाहता हूँ कि कोई भी चीज सौ फीसदी खराब नहीं होती। यहीं कुछ-न-कुछ इस अंग्रेजी और पोशाक में, चाहे छोटे पैमाने का, या चाहे दिखाऊ और नकली फायदा है। तभी यह चीज हो पाती है। हमारी अपनी जबानें तेलगू, हिन्दुस्तानी, तमिल बहुत कुछ पुरानी दुनिया के साथ जुड़ी हुई हैं। आमतौर से शहर में, हैदराबाद में, जैसा कि हिन्दुस्तान के किसी भी शहर में तेलगू और हिन्दुस्तानी में जो सभाएँ होती हैं, जो सत्संग वगैरह होते हैं। वे किन चीजों को लेकर होते हैं? राजनीति को छोड़ दो। राजनीति का तो एक अजीब मामला है। नेता लोग वोट लेंगे तेलगू के जरिये, शासन चलाएँगे अंग्रेजी के जरिये। राजनीति में यह छूट तो आप बिलकुल साफ देख रहे हो।

लेकिन मैं इस वक्त राजनीति की बात न करके यह बतलाना चाहता हूँ कि आपके शहर में ज्यादातर सभाएँ अंग्रेजी में किस चीज की होंगी और तेलगू में किस चीज की होंगी। इसमें कोई शक नहीं कि जो धर्म की और कीर्तन की और समझो, चाहे हिन्दू हो या मुसलमान, नमाज वगैरह के शकल की जो सभाएँ होंगी, वे तो होंगी तेलगू या हिन्दुस्तानी में और जो नई दुनिया से ताल्लुक रखने वाली होंगी जैसे इंजीनियरी है, डॉक्टरी है, वकीली है, कानून है या और कोई विज्ञान की सभा है, तो वह आमतौर से अंग्रेजी में होगी। मैं उन लोगों के बारे में तो कुछ कहूँगा नहीं जो नये इल्म का माध्यम अंग्रेजी

को बनाते हैं। वे या तो पाखंडी और बदमाश लोग हैं या नासमझ लोग हैं। उनकी बात छोड़ो लेकिन मैं उनके लिए कुछ कहना चाहता हूँ कि तेलगू, हिन्दी या उर्दू को माध्यम बनाते हैं। सिर्फ धर्म या कीर्तन और पुरानी दुनिया के मजमून को लेकर। मैं उनके खिलाफ नहीं हूँ। अपना धर्म या कीर्तन चलाएँ। लेकिन यह बिलकुल साफ बात है कि जब तक हम अपनी तेलगू और हिन्दुस्तानी को चोटी और जनेऊ व दाढ़ी से रिहा नहीं कर लेते हैं तब तक उनमें वह कुब्बत नहीं आएगी कि अंग्रेजी से मुकाबला कर सकें। यह बिलकुल साफ बात है।

हमारी भाषाओं की शब्दावली को भी किसी हद तक बदलना पड़ेगा। आमतौर से मैं सुना करता हूँ कि जब कभी किसी आदमी की तारीफ करना होता है तो सभाओं में भी और लिखते वक्त भी उसकी तारीफ करने का एक तरीका होता है कि वह तो बड़ी अमृतवाणी बोलता है। जहाँ देखो वहाँ बाजार में अधेले सेर अमृतवाणी बिकती फिरती है, क्योंकि हमारी जबानें तेलगू या हिन्दुस्तानी कुछ मामलों में इतनी ज्यादा पुराण की तरफ चली गई हैं कि फिर संयम नहीं रहता। और भी बहुत खराबियाँ आ जाती हैं। हमारी जो अपनी जबानें हैं, उनको इस पुराने असंयम और पुराने मामलों से कुछ रिहा करके नई दुनिया के लायक बनाना पड़ेगा। इसमें कोई शक है ही नहीं।

उसके साथ-साथ दिमागी दृष्टि भी बदलनी पड़ेगी। आमतौर से जो तेलगू और हिन्दी के हिमायती लोग हैं, वे ऐसी भी कुछ सनक फैलाया करते हैं कि आज की दुनिया में तो कुछ रखा नहीं, जो कुछ या हमारे पुरखों ने पहले ही कह दिया है, वेदों में सब कुछ है। हवाई जहाज जब निकलता है तो वह भी वेदों में निकलता है और कोई नया बाण निकलता है तो वह भी वेदों में निकलता है। मैंने इन लोगों से अक्सर यह कहा कि एक बार ऐसा करो कि तुम सूची बनाकर दे दो कि वेदों में फलाँ-फलाँ चीज है, नहीं तो उसमें खतरनाक नतीजा यह निकलता है कि जब कोई नई चीज निकलती है तुम झट से कह देते हो कि वह वेदों में रखी हुई है। उसका वे जवाब देते हैं कि वेद हम तो पढ़ नहीं पाते हैं, इसलिए कोई नई चीज आती है तभी हमें पता चलता है कि वह चीजें वेद में थी या नहीं। इस तरह का दिमाग लेकर हम अपनी जबानों की तरक्की कभी कर नहीं पाएँगे। दिमाग साफ-सुथरा, ईमानदार, सच्चा होना चाहिए। तभी जाकर वह तेलगू, हिन्दुस्तानी वगैरह का अच्छा जरिया बन सकता है, वरना अंग्रेजी के जो 40 लाख शोषक, लुटेरे, खूनचूसू लोग हैं, उनको हमेशा मौका मिलता रहेगा।

अब एक दूसरे पहलू से भी देखें। अंग्रेजी कभी की हट गई होती अगर ये बड़े लोग चाहते। आप-हम लोग भी चाहें तो इसको दूर कर सकते हैं, और खैर, यह दूर होगी ही। इसमें एक और दिक्कत है और वह यह कि जो दबे हुए लोग हैं, ये 39 करोड़ 60 लाख, वे भी अपने नेता किनको बनाते हैं? माला, मादीगा, चमार का नेता कौन बनता है? कापू, कुर्मी, अहीर का नेता कौन बनता है? वही हरिजन, वही कापू, कुर्मी जो अंग्रेजी जानता है। जिन तबकों के लिए मैं अपनी बात इतने जोर से कहना चाहता हूँ कि उनको आजादी मिले, उनके दिमाग खुलें, उनको ताकत मिले, ताकि हम सबको ताकत मिले। हिन्दुस्तान-भर के, उन तबको तक भी मेरी बात इसी सबब से पहुँच नहीं पाती। आदिवासियों के नेता श्री जयपाल सिंह हैं जो अंग्रेजी के अच्छे विद्वान हैं; अच्छे उसी मानी में जिस मानी में हम सब हैं। उन्हीं को आदिवासी अपना नेता मानते हैं। आपके सूबे में, मैं ठीक नहीं जानता हूँ कि ये संजीवैया साहब अंग्रेजी पढ़े-लिखे हैं या नहीं, लेकिन मेरा अनुमान है कि हरिजनों ने उन्हें अपना नेता तभी बनाया होगा जब ये मामूली तरह से जरूर अंग्रेजी पढ़-लिख लिये होंगे। इसी तरह से और किसी तबके को ले लीजिए। ये सब लोग नेता उसी को मानते हैं और बनाते हैं जो अंग्रेजी जानता हो, क्योंकि अंग्रेजी नये इल्म का जरिया है। धर्म और कीर्तनवालों से अब खुद साधारण जनता की उम्मीद नहीं रह गई है। मैं चाहता हूँ कि हिन्दुस्तान के लोग किसी तरह से इस बात को समझ जाएँ। उस जनता को जो कीर्तन करने जाती है, जो रामनाम जपती है, जो धर्म करती है, उस जनता को भी जब सियासी उम्मीद रखनी होती है तो अंग्रेजी जानने वाले कोई नये इल्म के आदमी के पास पहुँचती है। उसी के नेतृत्व को मानकर वह वोट देती है।

इसका नतीजा यह होता है कि हमारे जैसा आदमी करोड़ों के फायदे के लिए अंग्रेजी को खत्म करने की हजार बातें करता है और वे बातें फैलती भी जाएँ, लेकिन जहाँ कहीं कोई अमली कदम उठाने का सवाल उठता है, जहाँ कहीं कोई एक गहरा काम करने का सवाल उठ जाता है, वहाँ ये आदिवासी, हरिजन, शूद्र वगैरह या मोमिन, अन्सारी वगैरह हिचक जाते हैं। मेरी बात सुनकर मान तो जाएँगे कि हाँ, बात सही कह रहा है, लेकिन फिर जब वे अपने इलाके में जाएँगे, अपने नेता को देखेंगे, तो नेता उनसे कहेगा कि बिना अंग्रेजी के कैसे काम-काज चलेगा। और वह नेता ऐसा क्यों कहता है? वह जानता है कि चमारों के अन्दर भी उसका नेतृत्व तभी कायम रह सकता है जब वह अंग्रेजी को हिन्दुस्तान के राज और पढ़ाई-लिखाई का माध्यम रखे।

वह अच्छी तरह से जानता है कि अंग्रेजी खत्म हो जाती है तो आन्ध्र प्रदेश के 50-60 लाख जो हरिजन हैं, उनके अन्दर से एक संजीवैया साहब नहीं, हजारों संजीवैया साहब निकलने लग जाएँगे। अभी तो 40-50 लाख हरिजन हैं या शायद ज्यादा होंगे, 80 लाख होंगे, तो उनमें से दस-पाँच ही संजीवैया होंगे, जो एम.ए., एल.एल.बी. हो पाते हैं। अंग्रेजी खत्म हो गई तब तो हजारों को मौका मिल जाएगा। मैं यह नहीं कहता कि ये नेता लोग जान-बूझकर बदमाशी करते हैं। हो सकता है, नासमझी करते हों। नासमझी से इनके दिमाग में यह बात धँसी हुई है, और उस नासमझी से अपना स्वार्थ भी आ जाता है, कि अगर अंग्रेजी चली गई तो हमारी नेतागिरी भी खत्म हो जाएगी। असल रुकावट यहीं पर आ जाती है वरना अभी तक तो अंग्रेजी को खत्म करने में न जाने कहाँ कितना काम हो गया होता। अंग्रेजी की प्रभुता करीब-करीब वैसी ही है जैसी ये लम्बाड़ी औरतों की गहने पहनने की आदत। यों हिन्दुस्तान की औरतों ने गहने पहनना छोड़ा है पर पूरी तरह से तो नहीं। मेरी समझ में नहीं आता कि कम-से-कम वह गहना क्यों पहना जाए जिससे शरीर का कोई हिस्सा छेदा जाता है, नाक या कान। आखिर इनसान का शरीर तो बहुत ही खूबसूरत है। फिर भी उसको गहना पहनने के लिए तकलीफ पहुँचाई जाती है। अब वह जमाना आ रहा है धीरे-धीरे, मैं समझता हूँ कि इस पुश्त के बाद वाली औरतें शायद अपने शरीर को तकलीफ नहीं पहुँचाएँगी। तबदीली तो काफी हुई है। लेकिन उस लम्बाड़ी औरत को देखो। वह बगल से लेकर पहुँची तक और पैर में भी बहुत गहना पहने रहती है। उसके दिमाग में गहने की प्रभुता धँसी हुई है। वह है बदसूरत चीज। अपने अज्ञान और बदसूरती और अपनी कमअक्ली और मुल्क को सत्यानाश के रास्ते पर ले जाने वाली तबीयत को छुपाने के लिए वे अंग्रेजी का इस्तेमाल करती है, जिस तरह से कम खूबसूरत औरतें गहने का इस्तेमाल अपनी खूबसूरत को बढ़ाने के लिए किया करती हैं। इसके सिवा और कोई सबब अब नहीं रह गया।

आप यह भी ध्यान में रखें कि आज अंग्रेजी चल रही है और उसके साथ-साथ बड़े लोगों का एक तबका और सरकार प्रचार भी कर रही है कि वे अंग्रेजी को धीरे-धीरे हटाना चाहती हैं। दरअसल, 2 करोड़ क्या, 10 करोड़ या 20 करोड़ रुपया यह सरकार हिन्दी या तमिल या तेलगू के प्रचार के लिए खरच कर डाले, उसका कोई मतलब नहीं निकलता, जब तक कि अंग्रेजी में हिन्दुस्तान की जनता को पैसा और शान-शौकत दिखाई पड़ती है। आज अच्छी नौकरी लेना है, आमदनी अच्छी बनाना है तो उसके लिए जरिया है अंग्रेजी।

कोई गरीब बाप-माँ हैं, वे अपने बच्चे को अच्छी जगह पर पहुँचाना चाहते हैं तो वे साफ देखते हैं कि अंग्रेजी के बिना वह बेचारा कान्सटेबल ही बन पाता है, मिस्त्री नहीं बन पाता, किसी ओहदे पर ही नहीं पहुँच पाता। आज अंग्रेजी के साथ हिन्दुस्तान में पैसा और इज्जत दोनों जुड़े हुए हैं, और वह पैसा और इज्जत बढ़ते जा रहे हैं। हिन्दुस्तान की सरकार और आन्ध्र प्रदेश की सरकार की तरफ से कार्यवाहियाँ नहीं होतीं कि जिससे हिन्दी, तेलगू और अपनी जबानों को भी वही इज्जत और पैसे की सम्भावनाएँ मिलें जो अंग्रेजी को मिलती हैं। फिर तेलगू और हिन्दी के प्रचार से कुछ आना-जाना नहीं। ये सब अंग्रेजी में कामकाज करेंगे जो पैसा चाहते हैं और शान-शौकत चाहते हैं और इससे एक अजीब तरह की धोखेबाजी और विडम्बना अपने मुल्क में चल रही है।

एक तरफ प्रचार है कि हिन्दुस्तान की भाषाओं को चलाओ और दूसरी तरफ इज्जत और पैसा है अंग्रेजी में। नतीजा यह होता है कि विशाल आन्ध्र तो बनाते हैं भाषा की बुनियाद पर और तेलगू भाषा के लिए। लेकिन अभी मैंने सुना कि कुछ दिनों पहले तेलगू लेखकों का एक सम्मेलन हुआ। वहाँ पर ज्यादातर भाषण अंग्रेजी में हुए। इस पर या तो हँसो, या रोओ। कई बार मन में होता है कि आखिर यह कूड़ा, जबरदस्त आग लगे तभी जाकर जलेगा। इज्जत और पैसा अंग्रेजी भाषा में है तो लोग उसी की तरफ दौड़ रहे हैं, और दौड़ते रहेंगे। जब तक कि ये कम न किये जाएँ, और कम करने के तरीके साफ हैं। अगर आज यह मालूम हो जाए कि हिन्दुस्तान में कलेक्टरों का ओहदा भी अंग्रेजी के ज्ञान के बिना मिल सकता है और यह पता चल जाए कि हिन्दुस्तान में वकील, डॉक्टर, इंजीनियर वगैरह भी अंग्रेजी के ज्ञान के बिना बन सकते हैं, और खैर छोटी बातें तो छोड़ ही दें कि कान्सटेबल, मिस्त्री वगैरह भी अंग्रेजी के ज्ञान के बिना बन सकते हैं, अंग्रेजी जानना कतई जरूरी नहीं, तो फिर कोई प्रचार करने की जरूरत नहीं पड़ेगी, एक धेला खरचने की जरूरत नहीं रहेगी। खुद-खुद करोड़ों लोग अपनी मर्जी से और जल्दी-से-जल्दी तेलगू हिन्दुस्तानी वगैरह सब अपनी मर्जी से सीखने लग जाएँगे। उन्हें क्या जरूरत पड़ी हुई है। वे तो बिचारे झख मारकर इस जबान को सीखते हैं, अपनी हालत को थोड़ा-बहुत सुधारने के लिए।

एक चीज और, जब कभी मैं हिन्दी को अंग्रेजी को साथ-साथ कहीं भी देखता हूँ तो मेरा मन उलझन में पड़ जाता है। कुछ हिन्दी वाले समझते होंगे कि अब हिन्दी धीरे-धीरे अंग्रेजी की जगह आ रही है। लेकिन इसका उलटा नतीजा होता है, क्योंकि जब कोई आदमी, तमिल या तेलगू या बंगाली,

अंग्रेजी के साथ-साथ हिन्दी को देखता है तो उसके दिमाग में जो 20-30 बरस पहले अंग्रेजी के लिए नफरत थी, वह अब हिन्दुस्तानी के लिए हो जाती है। इसलिए हिन्दुस्तानी वालों को कसम खानी चाहिए कि कभी भी अपनी जबान को वे अंग्रेजी के आसपास न देखें। उससे मामला बिलकुल खराब हो जाता है। हिन्दुस्तानी की जगह हमेशा होती है जिस इलाके की जबान है, उसके साथ-साथ। हिन्दुस्तानी व तेलगू, हिन्दुस्तानी व तमिल, हिन्दुस्तानी व बंगाली यह है साथ-साथ की जबानें। इसलिए मुझे तो कतई जरा भी अफसोस नहीं होता जब मैं किसी जगह पर हिन्दुस्तानी को नहीं देख पाता। अंग्रेजी के जो हिमायती लोग हैं, पाजी लोग हैं। इसी के साथ-साथ मैं यह भी कहना चाहूँगा कि अगर मान लो कि इलाके के लोग सिर्फ अपनी जबान को रखना चाहते हैं तो मैं पसन्द करूँगा कि उस इलाके में सिर्फ तेलगू रहे या सिर्फ उर्दू रहे, हिन्दी बिलकुल न रहे। लेकिन अंग्रेजी हर हालत में न रहे, क्योंकि अंग्रेजी औजार बन गई है करोड़ों के खून चूसने का।

यह आसपास करने की जो नीति चली है हिन्दी और अंग्रेजी को, धीरे-धीरे अंग्रेजी को हटाने की, वह सच पूछो तो अंग्रेजी को धीरे-धीरे ज्यादा जमाने वाली नीति होती चली जाती है। यह धीरे-धीरे वाली नीति बिलकुल खतरनाक है। या तो अंग्रेजी को एकदम से हटाओ या बिलकुल मत हटाओ। जो हटाने वाले लोग हैं, वे कभी आएँगे, हटा लेंगे। लेकिन धीरे-धीरे हटाने का नतीजा यह हो रहा है कि गैर-हिन्दी इलाकों में हिन्दी के लिए वही नफरत पैदा हो रही है जो किसी जमाने में अंग्रेजी के लिए थी। यह बात बिलकुल गलत है कि अंग्रेजी के जरिये हमने अपनी आजादी ली। सन 1919 के बाद ही आजादी की लड़ाई अच्छी तरह से चली और 1919 या 1918 के बाद गांधी जी जब आए, तब आजादी की लड़ाई की जबान अंग्रेजी नहीं रही। सारे हिन्दुस्तान के मामलों में हिन्दुस्तानी और अपने-अपने सूबों में तेलगू, तमिल, गुजराती, मराठी वगैरह हो गई। सन 1918 के पहले अंग्रेजी थी जब लोग पर्चे देते थे, अर्जियाँ करते थे अंग्रेजों के सामने। यह झूठ फैलाया जाता है कि अंग्रेजी से हमने दुनिया सीखी, आजादी की लड़ाई सीखी या तरह-तरह के काम किये।

मैं थोड़ी-बहुत कपड़े की बात साफ कर दूँ। कपड़ा हिन्दुस्तान में इस्तेमाल किया गया है, आज से नहीं, भाषा ही की तरह सिर्फ हजार, दो हजार बरस से दरबारी हुकूमत को कायम रखने के लिए। दरबारी लोगों की एक पोशाक अलग और जनता की एक पोशाक अलग। वह आज भी साफ दिखाई पड़ रहा है। दरबारी पोशाक खत्म होनी चाहिए। जनता की और बड़े लोगों की

पोशाक बिलकुल एक हो जानी चाहिए। यह बात अलग है कि कपड़ा महीन हो, मोटा हो, ज्यादा खुरदुरा हो या ज्यादा चिकना हो, इसमें फर्क हो सकता है। लेकिन दरबारी लोगों के अलग ढंग की पोशाक हिन्दुस्तान में बिलकुल खत्म हो जानी चाहिए। यह किसी की शहरी या व्यक्तिगत आजादी का सवाल नहीं है। ऐसी पोशाक कि जिससे पता चले, लोग समझें कि यह ऊँचा आदमी है, बड़ा आदमी है, वह हिन्दुस्तान में खत्म होनी चाहिए और होकर रहेगी। आज दरबारी लोग गद्दी पर बैठ गए हैं, यह बात अलग है, इसलिए अंग्रेजों की नकल करने वाली गलालँगोट और पुराने हिन्दुस्तान की नकल करने वाला चूड़ीदार आज अभी भी अपने देश में चल रहे हैं।

उसी तरह से औरतों की पोशाक के बारे में भी मैं एक बात कहना चाहता हूँ कि कुछ नकल की तरफ औरतें भी चल पड़ी हैं। थोड़ी, ज्यादा तो नहीं क्योंकि उन्होंने चाहे संस्कार और परम्परा की सबब से अपनी साड़ी तो रखी है। इस मामले में भी मैं एक बात साफ कर दूँ। मुझे कोई राष्ट्रीय कसौटियों पर इन सवालों को नहीं देखना है। जैसे वह कपड़ा जिसे आमतौर पर से फ्रॉक कहते हैं। आखिर उसमें और लहँगे में तो कोई फर्क है नहीं। खाली फर्क यह है कि लहँगा लम्बा फ्रॉक होता है। और फ्रॉक छोटा लहँगा। दूसरा फर्क यह है कि फ्रॉक कुछ हलका लहँगा होता है और लहँगा कुछ भारी फ्रॉक होता है। इन मामलों को कभी भी आप राष्ट्रीयता के पैमाने पर न जाँचना। मैं बिलकुल इसको पसन्द करूँगा अगर हिन्दुस्तान की औरतें ऐसे कपड़े की तरफ जाएँ जो जरा आधुनिक जिन्दगी के लायक हो, फुर्ती वगैरह के माफिक हो, कुछ चलना-फिरना, उठना-बैठना वगैरह आसानी से हो सकता हो, उस तरह के कपड़े की तरफ जाएँ तो उसमें मुझे कोई एतराज नहीं होगा। मैं उसे पसन्द करूँगा। यह बिलकुल साफ बात है कि इन मामलों को राष्ट्रीयता की कसौटी पर नहीं देखना है।

जिस तरह से मर्दों के कपड़े के बारे में मैंने कहा कि अपने देश की आबोहवा वगैरह को देखकर ही कपड़ा इस्तेमाल होना चाहिए, उसी तरह से मैं औरतों के लिए भी कहूँगा। आजकल कई किस्म के चुस्त कपड़े औरतें पहनती हैं। यह भी उसी ढंग की खराबी है जो मर्दों वाले कपड़ों में, गलालँगोट में है। यहाँ की आबोहवा और गरमी को देखते हुए चुस्त कपड़ा अच्छा नहीं है; कुछ ढीला कपड़ा होना चाहिए। नकल करने की जब आदत चल पड़ती है तो मर्द-औरत सभी एक बहाव में चले जाते हैं, इतने से यह बात तो बिलकुल साफ हो ही चुकी होगी कि मैं कोई दकियानूसी रास्ता आपके सामने नहीं

रख रहा हूँ कि जो पुरानी पोशाक है उसी को लेकर रखो। उसमें तब्दीलियाँ हों, लेकिन सोच-समझ करके और बुनियाद उसकी यह रहे कि जनता और नेतावर्ग में या राजावर्ग में या शासक-वर्ग में फर्क नहीं हो पाए कि जिससे जनता का मन छोटा हो।

आखिर क्यों यह सब कपड़े होते हैं हिन्दुस्तान में। एक तो खैर, नासमझ नकल बड़े लोगों की, यूरोप के बड़े लोगों की। लेकिन दूसरा सियासी सबब यह है कि बड़े लोग इन पोशाकों को पहनकर जनता के दिमाग पर यह असर डालते हैं कि वे बड़े हैं और ये छोटे हैं। करीब-करीब ऐसा ही जैसे कोई नाटक वगैरह में, जो आन्ध्र प्रदेश में होता है, उनमें कई दफे कुछ चेहरे पहन लेते हैं। अगर प्रेम का भाव दिखाना हो या क्रूरता या लड़ाई व बहादुरी दिखाना हो, तो खास तरह की लकीरें वगैरह चेहरे पर बना लेते हैं। ऐसा मालूम होता है कि हिन्दुस्तान के 40 लाख लोग अपनी हुकूमत और लूट और खून चुसूपन को और शासन को अपने लिए ठीक तरह से चलाने के लिए जैसे नाटकों में कुछ लकीरें बना लेते हैं, कुछ खासतौर के बना लेते हैं, कुछ बोलियाँ खासतौर की बोलने लग जाते हैं, उसी तरह से अपने को अलग करने की कोशिश करते हैं। ऐसा सिलसिला चल रहा है। अब यह खतम होना चाहिए।

अब मुझे सिर्फ एक और पहलू पर कहना है। अंग्रेजी को हिन्दुस्तान से हटाने की जो तहरीक चल रही है, यहाँ और सब जगह, वह सिर्फ इतनी छोटी नहीं कि जहाँ कहीं अंग्रेजी अक्षरों में सरकारी दफ्तर या और किसी जगह अंग्रेजी में नामपट लगे हों, उन अंग्रेजी अक्षरों को मिटा दिया जाए। यह तो सिर्फ एक पहला और छोटा कदम है। दरअसल अंग्रेजी के साथ जो भी दिमागी इज्जत जुड़ी हुई है और बाद में जो भी उसके साथ पैसा और शान-शौकत जुड़ी हुई है, उसको खत्म करना है। उसको तो तब खत्म कर पाएँगे जब हिन्दुस्तान में बड़े-से-बड़े ओहदे के इम्तहान के लिए अंग्रेजी भाषा का जानना जरूरी नहीं होगा और मैं समझता हूँ कि वह समय जल्दी ही आएगा। हिन्दुस्तान के कलेक्टर को अंग्रेजी जानना क्यों जरूरी है? उसे जानना चाहिए और सब विषय—वह इतिहास जाने, जुगराफिया जाने, हिसाब-किताब जाने, इंजीनियरी जाने और, और तरह के मजमून जाने।

इस तहरीक का अगला कदम यह होना चाहिए कि जो लड़के-लड़कियाँ सब विषय में पास हैं व सिर्फ अंग्रेजी में फेल, उनको पास कराना चाहिए। यह सिर्फ समाजवादियों का आन्दोलन नहीं है। यह तो हिन्दुस्तान की जनता का है। कोई नतीजा निकलना चाहिए। आप लोग मैदान में आओ। कोशिश करो

कि उन सब लड़के-लड़कियों को लेकर जुलूस निकाला जाए, उनके माँ-बाप को लेकर, साधारण जनता को लेकर। जो शिक्षा का सरकारी दफ्तर है या शिक्षामंत्री का, उसके इर्द-गिर्द घेरकर, बैठकर, कहें कि देखो हम सब विषयों में पास हैं, खाली अंग्रेजी में फेल हैं इसलिए हमको पास करो, हम इसलिए आए हैं और जब तक हमें पास करने का एलान नहीं करते हो तब तक हम यहाँ से उठकर नहीं जाएँगे। इससे तो एक बुनियादी चीज है। यहाँ तो 40 करोड़ को आगे बैठाने की बात है कि उनको पास करो जो सिर्फ अंग्रेजी में फेल हैं।

इसी सिलसिले में मैं आपको एक किस्सा बता दूँ। वह बड़ा बढ़िया है। आन्ध्र की एक लड़की है। उसका नाम है कझा। वह पहले हमारी समाजवादी पार्टी में थी। उसने एक दक्षिण अमेरिकी से शादी की अभी कुछ दिनों पहले अपने मुल्क में हफ्ता बिताने वह आई थी तो हमसे मिली। उससे मुझे कुछ बातें मालूम हुईं। एक तो यह बात मालूम हुई कि आर्जेंटीना देश के ब्यूनस आयर्स विश्वविद्यालय में लड़कों की भरती कभी रोकी ही नहीं जा सकती। हमारे यहाँ, चाहे इम्तहान पास कर लो, लेकिन अगल दर्जे में भरती करने के लिए एक और इम्तहान देने की बात आजकल उठ चली है। कालेज और विश्वविद्यालय में भर्ती को रोक रहे हैं ताकि ज्यादा तादाद में पढ़े-लिखे लोग न हो जाएँ। यह भी डर इस शासक-वर्ग को लगा हुआ है।

दूसरी बात मुझे यह मालूम हुई कि ब्यूनस आयर्स विश्वविद्यालय में हर दूसरे महीने इम्तहान होता है। हमारे यहाँ के विश्वविद्यालय और शिक्षामंत्री वगैरह मालूम होता है इसमें मजा लेते हैं कि लड़के-लड़कियों को जितना ज्यादा नाक रगड़ाया जाए, उतना अच्छा। फेल हो जाए तो साल-भर के लिए रोककर रखें। वहाँ के विश्वविद्यालय में फेल होने वाले को हर दूसरे महीने मौका मिलता है, क्योंकि वहाँ वे असली ज्ञान की पहचान करते हैं, न कि यह किसी को तंग करना है।

एक और भी बात मालूम हुई जो कि यूरोप के सभी विश्वविद्यालयों में है कि तीस-तीस, चालीस-चालीस, पचास-पचास हजार लड़के पढ़ते हैं। जैसे बर्लिन विश्वविद्यालय में मेरे समय में कोई 17-18 हजार थे। पेरिस में अबकी बार मैंने देखा तो करीब 25 हजार थे।

हमारे यहाँ हर दृष्टि से बिलकुल उलटा चल रहा है। फेल करो, ज्यादा तादाद फेल करो। एक बार फेल हो तो साल-भर के लिए मौका न दो। छोटे दर्जे से पास करके बड़े दर्जे में लायक को पढ़ने के लिए भर्ती में रुकावट लगाओ। हर तरह से पढ़ाई-लिखाई में रुकावट लगाओ। अब लड़कों को यह

तय करना चाहिए और उनके माँ-बाप को कि अब हमें बुनियाद बदलना है या नहीं बदलना है। अगर कोई सोचे कि बुनियाद यह सरकार बदल देगी तो गलत है। जब तक हम खुद इस तरह का हल्ला नहीं मचाएँगे, लगातार हल्ला, तो कुछ नहीं होगा। मैं ताकतवर लोग बार-बार कहता हूँ, सिर्फ अमीरी नहीं कहता। बड़े लोगों और अमीर लोगों में थोड़ा-सा फर्क है। बड़े लोग सिर्फ हमारी अमीरी की सबब से बड़े नहीं बनते हैं। हिन्दुस्तान में अमीरी के अलावा और भी जरिये हैं बड़ा बनने के, जैसे जाति, पढ़ाई-लिखाई। जो बड़े लोग हैं, ये तब तक किसी आन्दोलन में दिलचस्पी नहीं लेते जब तक उस आन्दोलन में गरमी नहीं आया करती है। इसके बहुत से सबब हैं। अखबार उनके, रेडियो उनका, पैसा उनका और जो मैंने शुरू में बताया, जनता के दिमाग पर भी उनका कब्जा है। जाति और भाषा के हजारों बँटवारों के कारण इन बड़े लोगों का कब्जा जनता के दिमाग पर हो जाता है। अब मेरी बात आप ले लो। मैं समझता हूँ कि आज आन्ध्र प्रदेश में अगर तीन करोड़ तेलगू लोगों के हित को देखना है तो मुझसे ज्यादा और कोई उस हित को देख नहीं सकता, नहीं देख पाया और देख नहीं रहा है। यह कोई गरूर की बात नहीं कह रहा हूँ। लेकिन वही साधारण जनता मुझ पर यकीन नहीं करेगी। वह यकीन करेगी तेलगू बोलने वाले किसी बड़े आदमी का। इसका एक साफ-सा सबब है। उसको वह समझेगी, मुझे समझ ही नहीं पाएगी। भाषा की दीवार खड़ी हो जाती है। इसीलिए मैं कोई अफसोस भी नहीं कर रहा हूँ और ज्यादा दोष भी नहीं देना चाहता।

दूसरा सबब यह है कि जाति के कारण दो गिरोहों का रिश्ता हो जाता है, दो गिरोह तो क्या, एक बड़े गिरोह और एक नेता का रिश्ता कायम हो जाया करता है, चाहे उसके लिए कोई सबब न हो। जितने ये दबे हुए लोग हैं, उनके अपने चौधरी और उनके अपने मुखिया होते हैं। वे चौधरी और मुखिया कोई बहुत अच्छे लोग नहीं हैं। उनकी तबीयत यह नहीं होती कि अपनी जाति के सब लोगों को ऊँचा उठाएँ। उनकी तबीयत होती है कि वे खुद बड़े लोगों की कतार में जाकर बैठ जाएँ। ये सब जितने हैं—धोबी, चमार, तेली और कापू, अहीर, माला, मादिया के नेता इनकी दिली ख्वाहिश यह होती है कि किसी तरह हम भी बड़े लोगों की कतार में जाकर बैठ जाएँ। उनके लिए वे कारगार होते हैं। काम-काज करते हैं, क्योंकि उनकी जाति वही है जो करोड़ों माला, मादिया या कापू की है। इसलिए उनकी बात तो पहुँच जाती है। मेरी बात नहीं पहुँच पाती। ये सब कई एक दिक्कतें हैं जिससे अच्छे और बढ़िया आन्दोलन आज हिन्दुस्तान में घर नहीं कर पा रहे हैं या उनमें देरी लगती है।

और भी एक बात है। सरकार बड़े लोगों का सबसे बड़ा कारगार गिरोह है, सबसे ज्यादा असर रखता है, दिमाग को बनाता है, कानूनों को बनाता है। सरकार की तरफ से भी जान-बूझकर ऐसा सिलसिला चला हुआ है कि जनता की उन्हीं तहरीकों को उछालो कि जिनमें छोटे-मोटे हेरफेर की गुंजाइश हो, सड़ी हुई बुनियादी नींव उखड़ने का सवाल न हो, खतरा न पैदा हो जाए। इस तरह की तहरीकें अखबारी दृष्टि से या बातचीत की दृष्टि से आप लोगों के दिमागों पर भी असर कर जाती हैं, क्योंकि सरकार उनको उछालती है। असली तहरीकें उतना घर नहीं कर पातीं, क्योंकि सरकार की इनमें दिलचस्पी नहीं, सरकार इनको दबाना चाहती है, इनको फैलाने नहीं देना चाहती। उसे डर रहता है कि कहीं नींव न बदल जाए।

इसलिए, अगर आप कभी देखो कि यह तहरीक जनता की मदद आज उतनी नहीं कर पा रही है जितनी ज्यादा कर पानी चाहिए, तो अफसोस मत करना या हताश और निराश मत हो जाना। यह तो होगा ही। अगर आज अंग्रेजी हटाने की तहरीक को उतनी ही मदद मिल गई जितनी कि मुल्की-गैरमुल्की या विशाल आन्ध्र को मिल जाया करती है, तो हिन्दुस्तान को उठाने में इतनी दिक्कत क्यों होती? वे लोग पुरानी पलटनों का इस्तेमाल करते हैं। इन तहरीकों में नई पलटन बनानी पड़ती है। बड़ा भारी फर्क है। पुरानी पलटनें बनी हुई हैं, जाति-पाँति की बनी हुई हैं, जबान की बनी हुई हैं। पुरानी पलटनों का इस्तेमाल करके अगर कोई विशाल आन्ध्र या पंजाबी सूबा या संयुक्त महाराष्ट्र की तहरीक बड़े पैमाने पर चला दें तो उसमें क्या बड़ी बात है। संयुक्त महाराष्ट्र आन्दोलन की पलटन में मराठी बोलने वाले लोग थे। मराठी भाषा पिछले 12 सौ बरस से चली हुई है। उस जज्बे का इस्तेमाल करके अगर संयुक्त महाराष्ट्र की पलटन खड़ी कर दी जाती है तो कौन सी बड़ी बात है, या जैसे तेलगू भाषा, 12-13 सौ बरस से चली हुई है, उस जज्बे का इस्तेमाल करके एक पलटन खड़ी कर दी जाती है तो कोई नई पलटन नहीं है। उसी तरह से मुल्की-गैरमुल्की अगर 12-13 सौ नहीं तो 100-150-300 बरस की चीज है, उस जज्बे का इस्तेमाल करके पलटन खड़ी हो गई।

अब जो तहरीक आप देख रहे हो, अंग्रेजी को हटाना, या शक्कर को 12 आने सेर बेचने की कोशिश करना, या पेट्रोल का दाम डेढ़ रुपया गैलन करवाना, या अनाज का दाम 6 आना सेर करवाना, गेहूँ और चावल का, वह सब तो किसी ऐसी पुरानी पलटन का इस्तेमाल करके नहीं कर सकते। इनके लिए कौन सी ऐसी पुरानी पलटन पड़ी हुई है जो जाति या धर्म या भाषा का

जज्बा लेकर आज उठ खड़ी हो। इस चीज को भी आपको अपने दिमाग में रखना होगा। कई बार बड़ी बेचैनी हो जाती है, जब चीज तेजी से आगे नहीं बढ़ती। फिर बार-बार दिमाग में यही बात उठती है कि उनके जैसी तुम्हारे पास कोई पुरानी पलटन तो है नहीं, तुम्हें तो नये सिरे से सब सिपाही, अफसर इकट्ठा करना है। नई पलटन बनाना है। इसमें देर होगी। आखिरी इतनी तसल्ली तो रखनी ही चाहिए।

जब आखिर में मैं एक ही चीज आपके सामने रखूँगा। बड़े लोगों की तरफ से हिन्दुस्तान को बदलने का नेतृत्व बिलकुल नहीं मिल रहा है। यह साबित होता है कि लिपि के सवाल से। आजकल, पिछले महीने, दो महीने से, जो बड़ा आदमी है, वह कह रहा है कि हिन्दुस्तान की सभी जबानों की लिखावट एक होनी चाहिए। हमारे संविधान में तो लिखा हुआ भी है कि वह नागरी लिपि हो। जब राष्ट्रपति राजेन्द्र प्रसाद बोलते हैं तब तो वे साफ कहते हैं कि हिन्दुस्तान की सभी जबानों की लिखावट नागरी होनी चाहिए, और जब उपराष्ट्रपति राधाकृष्णन साहब बोलते हैं तो ये कहते हैं कि सभी जबानों की एक लिखावट हो, चाहे यह लिखावट जो भी हो। यह बात दूसरी है कि उपराष्ट्रपति को इस तरह से बोलने का हक कहाँ तक मिलता है जब कि वह संविधान की कसम खा चुके हैं। आजकल हिन्दुस्तान के बड़े लोग जब कसम खाते हैं तब उनका दिमाग किसी और तरफ रहा करता है। खैर, लिखावट एक होनी चाहिए, इस सवाल को बहुत जोरों से उठाने की कोशिश की जा रही है। जब सरकारी लोग यह प्रचार करते हैं तो मुझे हँसी आती है कि आखिर क्यों प्रचार कर रहे हैं? उसके लिए कोई असली कदम वे क्यों नहीं उठाते? अगर नेतृत्व है, नेतागिरी है तो असली कदम उठाना चाहिए। गुजरात की सरकार ने एक छोटा-सा कदम उठाया है कि वह अपनी गुजराती भाषा को देवनागरी लिपि में लिखेगी, इसकी शुरुआत करेगी। मैं समझता हूँ कि उनका यह कदम छोटा है और खतरनाक भी शायद हो सकता है। पहले से ही उसको बड़ा कदम उठाना चाहिए। मिसाल के लिए उसे अपने सूबे में अंग्रेजी में विज्ञापन देना बिलकुल बन्द कर देना चाहिए, और जिन गुजराती अखबारों को विज्ञापन दें, उनको तभी दें जब वे विज्ञापन कम-से-कम देवनागरी लिपि में छापे जाएँ, क्योंकि अगर हल्की चोट करते हो तो खतरनाक मामला होता है और फिर पता नहीं आगे चलकर क्या नतीजे निकल आएँ। इसलिए अगर बढ़ो, तो गहरे पैमाने पर बढ़ो।

मैं यह भी आपको बता दूँ कि आज अंग्रेजी के अखबार हिन्दुस्तान में बहुत निकल रहे हैं, और इसमें कोई शक नहीं कि तेलगू और हिन्दुस्तानी के

अखबारों से वे अच्छे हैं, क्योंकि हिन्दुस्तान में तार और दूर-मुद्रक ये सब अंग्रेजी जबान में चलते हैं। और कोई मुल्क है, आजाद मुल्क, जहाँ ऐसा होता है? कभी आप सोच सकते हो कि जापान के तार अंग्रेजी जबान में चलें या चीन के या रूस के या जर्मनी के। उनके तार, उनकी टाइप मशीनें, उनके दूर-मुद्रक उनकी अपनी जबानों में चलते हैं। एक तो जासूसी का ही सवाल है, और सवाल छोड़ दो तो जो मुल्क अपनी एक-एक चीज बिलकुल खोल करके रखता है, अंग्रेजी जानने वाले करोड़ों लोग उसको आसानी से देख लें, वह क्या खाक-पत्थर मुल्क है आज की दुनिया में। जरा सी हवाई जहाज की जासूसी के लिए न जाने कहाँ तक नौबत आ गई और यहाँ तो खुली जासूसी पड़ी हुई है। अगर हिन्दुस्तान का तार और हिन्दुस्तान के दूर-मुद्रक अंग्रेजी जबान में न होकर हिन्दुस्तान की जबान में हो जाएँ, तो ये अंग्रेजी के अखबार वाले तर्जुमा करेंगे, आज जैसे तेलगू का अखबार है या उर्दू का अखबार है, वह तर्जुमा करता है अंग्रेजी खबरों का अपनी जबान में। ये अंग्रेजी वाले बड़े इतराया करते हैं तो मैं उनसे खाली एक सवाल पूछता हूँ। यह एक ही मिनट की बात है बशर्ते कि सरकार अच्छी आ जाए। और वह हिन्दुस्तान के तार और दूर-मुद्रक को बदल दे और बदलने में ज्यादा देर की जरूरत नहीं। एक महीने में बदला जा सकता है। मैं तो शायद एक महीना कह रहा हूँ। अगर सरकार फैसला करे तो एक हफ्ते में बदल सकती है। जितने भी नई दुनिया के यंत्र वाले लोग हैं वे मुझसे कहते हैं कि अगर सरकार हठ कर ले कि हमें बदलना है, तो इंजीनियर और मिस्त्री होंगे जो उन सबको बदल डालेंगे। क्या तब हिन्दुस्तान का कोई भी अंग्रेजी अखबार, बड़े-से-बड़ा अखबार, चल सकता है? मैं तो समझता हूँ, एक हफ्ता भी कहना ज्यादा होगा, एक-दो दिन भी नहीं चल सकेगा, क्योंकि फिर ये कालम-के-कालम उनको तर्जुमा करने पड़ेंगे जिस तरह से आज हैदराबाद का कोई तेलगू या उर्दू अखबार या देश के अन्य हिन्दी अखबार अंग्रेजी से खबरों का तर्जुमा करता है। तब नतीजा होगा कि ये बन्द हो जाएँगे। जो बहुत इठलाते हैं इतराते हैं उन लोगों की हैसियत कितनी है, इसी से आप समझ लेना। और ये कभी-न-कभी तो आखिर होकर ही रहेगा।

अब मैं लिखावट वाली बात आपको बता दूँ। सच पूछो तो हिन्दुस्तान की लिखावट एक ही है। आपको यह सुनकर शायद ताज्जुब होगा। मैं तेलगू की लिखावट को लिये लेता हूँ। जहाँ तक उसकी ध्वनि का सवाल है, वह तो एक है ही। जैसे नागरी में 'क-ख-ग' है, वैसे तेलगू में भी 'क-ख-ग' है। लिखावट में दो चीजें होती हैं, एक तो ध्वनि और दूसरा रूप। ध्वनि के हिसाब

से तो तेलगू लिखावट 100 सैकड़ा ही मैं कहूँगा, वैसी ही है, जैसी नागरी लिखावट। जहाँ तक रूप का सवाल है, मैं अक्सर सोचा करता था, इधर कोई दो बरस पहले तक, कि तेलगू, तमिल, उड़िया लिखावट से अलग है। गुजराती और मराठी—मराठी तो बिलकुल ही एक है, लेकिन गुजराती, बंगाली भी एक है। मामूली-सा 5-10 सैकड़ा फर्क है जो बिलकुल साफ दिखाई पड़ता है। लेकिन जब से मुझे हिन्दुस्तान के शासक-वर्ग का जो अपनी जाति के और निजी स्वार्थ को कायम रखने के लिए सारे हिन्दुस्तान का गला घोंटने के लिए हमेशा तैयार रहते हैं, पता कुछ ज्यादा अच्छी तरह से चला, तब से मैंने इन लिपियों को ज्यादा गौर से देखना शुरू किया। और फिर क्या-क्या बातें मालूम हुईं कि लिखावट में भी ये लिपियाँ एक हैं। हजारों बरस के समय और इलाके की तबदीलियों से कुछ तबदीलियाँ आ गईं। जैसे मलयालम वाला 'व' मुझे अच्छी तरह याद है। शायद तेलगू में भी वैसे ही है। नागरी का 'व' तो खड़ा 'व' हो जाएगा और मलयालम में वैसा ही है। तमिल, तेलगू बौर मलयालम की लिखावट इसके 'क', 'ल', 'व', 'अ', इन सभी को देखो और नागरी के देखो तो आमतौर से खड़े और पड़े का फर्क रहेगा। मैं तो यह कहीं भी साबित कर सकता हूँ कि आज भी हिन्दुस्तान की जबानों की लिखावट चाहे वह तेलगू हो, चाहे तमिल हो, चाहे कन्नड़ हो नागरी रूप के हिसाब से भी 80 सैकड़ा या शायद 90 सैकड़ा एक है। 10 सैकड़े का फर्क हो सकता है। क्षेत्र और समय के हिसाब से फर्क आ गया है।

तो सवाल यह नहीं है इन सब लिखावटों को एक करना है। वे एक तो हैं ही, लेकिन कुछ नक्काशियों का फर्क इधर या उधर हो गया है कि हमें आज बड़ी मुसीबत पड़ रही है, पढ़ाई-लिखाई में भी। अरबों रुपए बरबाद हो रहे हैं लिपि के अलगाव की सबब से जैसे सरकारी छपाई, निजी छपाई, पढ़ाई-लिखाई में। बच्चों के ऊपर इतना जबरदस्त जुल्म है कि 7-8 बरस के नन्हे बच्चे को न जाने कितनी लिखावटें सीखनी पड़ती हैं; अपनी लिखावट सीखो, नागरी, उसके ऊपर रोमन लिखावट सीखो और कहीं उर्दू सीखना हो तो उर्दू लिखावट सीखो। अब वह बच्चा क्या बेचारा चाँद का हिसाब लगाएगा, सूरज का हिसाब लगाएगा। उसको बेचारे को तो पहले से ही चार भाषा और चार लिखावट के बोझ से गधा बना देते हो। सवाल यह नहीं है कि इन सब लिखावटों को एक करना है। वे एक तो हैं ही। सवाल सिर्फ यह है कि इन लिखावटों में थोड़ा-बहुत क्षेत्र और समय के हिसाब से नक्काशी का हेरफेर आ गया है, उसको मिटाना है। लेकिन भाषण देने से तो यह नहीं होगा। सरकार जो कि किसी भी

देश की सबसे बड़ी नेता होती है, इसमें पहल करे, तब तबदीली हो सकती है। और मेरे जैसा आदमी यह सवाल पूछ सकता है राष्ट्रपति से, उपराष्ट्रपति से, या और लोगों से जो दिन-रात लेक्चर दिया करते हैं एक लिखावट का, कि ये लेक्चर क्यों देते हो, तुम कोई कदम क्यों नहीं उठाते। लेक्चर देने का काम तो हमारा है या तुम अपने किसी कदम को उठाओ तो उस कदम को सही साबित करने के लिए लेक्चर दो। कदम तो तुम उठाते ही नहीं, काम तो तुम करते नहीं, खाली लेक्चर देकर रह जाते हो कि एक लिखावट करो।

असल में सरकारी पार्टी, कांग्रेस पार्टी आज जोखिम नहीं उठाना चाहती। उसको डर लगा हुआ है। कोई नया सवाल मत छेड़ो, न जाने कौन मुखालिफ हो जाएगा, न जाने कौन तरफदारी छोड़ देगा। जिस पार्टी को यह डर लग जाता है कि उसके कदम फेल हो जाएँगे, वह पार्टी मुल्क को तबदीली करने में बिलकुल निकम्मी हो जाती है। उससे किसी तरह की भी आशा नहीं करनी चाहिए। कभी-कभी तो मुझे डर लगता है कि और पार्टियाँ भी, जैसे हमारी पार्टी को कौन सा गद्दी का नशा आ रहा है, वे भी घबरा जाती हैं, कोई चीज को उठाने के लिए जिसमें बुनियादी तौर पर दिमाग के साथ जबरदस्त टकराव है। तब मेरे दिमाग में यह आता है कि क्या जाने हिन्दुस्तान को कुछ अरसे के लिए डिक्टेटरी सहना पड़ेगा। डिक्टेटरी को मैं बिलकुल नापसन्द करता हूँ। वह खतरनाक राक्षस है। लेकिन वह छोटा-सा सवाल, लिपि वाला सवाल, बहुत मामूली सवाल, इसको भी जम्हूरियत वाली पार्टियाँ हल करने में जब नाकामयाब हो रही हैं तो एक अफसोस और निराशा में यह सोचना पड़ता है कि हमारे जैसे लोगों का काम तो खाली प्रचार कर देना है। शायद कभी कोई राक्षस आएगा जो तबदीली करे।

लिपि वगैरह के बारे में एक बात और कह दूँ। गलती में शायद हमारे लोग जब अंग्रेजी हरफ मिटाते हैं तो उसके साथ-साथ ये अंक जैसे १, २, ३ जो लिखे रहते हैं, उनको भी कभी-कभी मिटा देते हैं। अंक अंग्रेजी के नहीं हैं। ये अन्तरराष्ट्रीय अंक हैं। ये अन्तरराष्ट्रीय अंक भी अपनी पैदाइश में हिन्दुस्तानी अंक हैं। हजार-डेढ़ हजार वर्ष पहले हमारे मुल्क से अरबी लोग इनको लेकर गए थे और सारी दुनिया में इनको फैलाया। ये हिन्दुस्तान के ही अंक हैं। जैसे मैंने तेलगू और नागरी लिखावट में 'ल' वाली मिसाल दी वैसे ही '3' को लो। जो नागरी का '३' है और वह जिसे अंग्रेजी का समझा जाता है दोनों में क्या फर्क है? अंग्रेजी के '3' को एक पूँछ लगा दो तो वह नागरी का तीन हो गया। ये पूछें, हो सकता है, डेढ़ हजार बरस के दौरान में जब कि हमारा ३ दुनिया-भर

में घूमा तो बिचारे की पूँछ घिस गई। ऐसी तबदीलियाँ तो होती रहती हैं। बहुत सी ऐसी चीजें हैं जिनकी शुरुआत हिन्दुस्तान से हुई। उसमें थोड़ा-बहुत हेरफेर हो गया। बहुत से लोग गलती कर बैठते हैं कि अन्तरराष्ट्रीय अंक 1, 2, 3 अंग्रेजी के ही हैं। 'पाँच' देखने में नागरी के '५' से अलग है। ऐसा लगता है कि जिस तरह से कभी-कभी तेलगू और नागरी लिखावट लग जाती है। यूरोपी 'पाँच' और नागरी वाला 'पाँच' देखने में अलग है, बिलकुल, बहुत फर्क है। उस '५' में खाली दो तबदीलियाँ करने की जरूरत है। नागरी वाले '५' की पूँछ को घिस दो या छोटी कर दो और उसके दाहिने हाथ वाली लकीर है उसको खड़ा न रख करके बड़ी बना दो। यह मैंने सिर्फ इसलिए कहा कि एक तो गलती भी न हो और दूसरे जरा लिपि वगैरह के मामले में नाहक अभिमान, घमंड या विशिष्टता या कोई अलगाव पैदा करने की कोशिश मत करना। तेलगू लिपि ही खुद उसी स्रोत से आई और हिन्दुस्तान की सभी लिपियाँ उसी स्रोत से निकली हैं, चाहे वह बंगाली हो, चाहे नागरी हो, मराठी हो, जो हो, सब एक हैं। थोड़ा-बहुत फर्क जरूर है। उन फर्कों को हमें रखना है और जो अच्छे हैं उनको उनको सबमें फैलाना है। मैं यह नहीं कहता कि सब बिलकुल एक हैं, लेकिन जो लोग लिखावट अंक वगैरह में इस तरह के अलगाव को कायम रखने की कोशिश करते हैं, वे दरअसल मुल्क को, मुल्क की तालीम हो, लियाकत को, शासन के तरीकों को बिलकुल बरबाद कर दिया करते हैं।

आखिर में मुझे आपसे इतना ही कहना है कि बोली और पोशाक के सिलसिले में जो कुछ भी आप अपने शहर में कर पाओ, करना। जहाँ कहीं भी अंग्रेजी अक्षर है अपने मोहल्लों में उन्हें मिटाओ। यह पहला कदम है। जरा से ही अलकतरे की जरूरत है, रंग की जरूरत है, मिटाकर खत्म करो। आखिर खाली सत्याग्रही और समाजवादी ही मिटाएँगे तो कहाँ तक बिचारे मिटा पाएँगे। जब तक आप लोग मिटाना नहीं शुरू करते और सब लोग मिटाने का फैसला कर लें तो फिर कौन सी अमेरिकी सरकार या पुलिस आकर बन्द कर पाएगी। इसके बाद दूसरा कदम आप भी उठाना, जब बच्चों के नतीजे निकलें। और भी जो कुछ आपके दिमाग में आए अंग्रेजी को हटाने का काम करना।

जाति-प्रथा

हम लोग बहुत बार गुलाम हुए हैं। ऐसा नहीं कि सिर्फ अंग्रेज रहे हों। उसके पहले मुसलमान थे, बल्कि मुसलमान भी गुलाम रहे। तैमूरलंग ने पाँच लाख आदमी कत्ल किये। मामला हिन्दू-मुसलमान का नहीं देशी-परदेशी का है। अफगान मुसलमान, पठान मुसलमान को खत्म करता है। इतिहास से सबक लेना है। नादिरशाह का आना मुगल साम्राज्य को खत्म करने वाला हुआ।

मुसलमान को भी इसको समझना है। 1,500 बरस से हमेशा इस देश में देशी-परदेशी का सवाल रहा है। परदेशी हमेशा जीतता रहा है। इसका बड़ा सबब है कि हिन्दुस्तान के लोगों ने कभी भी अन्दरूनी अत्याचार के खिलाफ बगावत नहीं की। पाँच सौ साल में चार-चार बार जुल्म करने और बादशाही करने वालों के खिलाफ बगावत नहीं की गई। यह कोई अच्छी बात नहीं है। बाहर के लोग जालिम के खिलाफ बगावत करना जानते हैं, देशी के भी। लगता है हम लोग देशी के खिलाफ भी बगावत करना भूल गए हैं, क्योंकि कभी किया नहीं।

सारी दुनिया में छोटे-बड़े का फर्क है। लेकिन हमारे यहाँ तो आकाश-पाताल का फर्क है। मिसाल के लिए, अमेरिका में तो भंगी की भी तनख्वाह 1,300 रुपए है वहाँ के कलेक्टर की करीब 6,000 रुपए। अपने यहाँ कलेक्टर को नाम के लिए तो 700 रुपए से 1,000 रुपए तक मिलते हैं, लेकिन तनख्वाह के अलावा कितनी और सुविधा मुफ्त मिल जाती है—मोटर, आलीशान बँगला वगैरह। शहर की बढ़िया-बढ़िया जमीनें सरकारी अफसर लोग अपने क्लब वगैरह के लिए मामूली दामों में दो-चार रुपए गज, में ले लेते हैं। हिसाब लगाओ तो यहाँ भी कलेक्टर को छह-सात हजार रुपया महीना पड़ता है। लेकिन भंगी को पचास-साठ रुपए ही। छोटे-बड़े का फर्क और देखें। देहात का खेत-मजदूर, उसको रुपया-आठ आना रोज पड़ता है। रिक्शा वाला, पल्लेदार कड़ी मेहनत

के बाद भी कितना पाता है? यही तीन रुपए के करीब। और यह कमाना भी फेफड़ों को खत्म करके होता है। हिन्दुस्तान में सबसे छोटे आदमी, खेत-मजदूर की तनख्वाह पच्चीस-तीस रुपया महीना। और अमेरिका में सबसे कम मजदूरी 1,300 रुपए। वहाँ कूड़े की गाड़ी चलाने वाला भी करीब 1,400 रुपया पाता है। और बड़ा अफसर 6,000 रुपया। यहाँ छोटा 50 रुपए और बड़ा कलेक्टर वगैरह 6,000 रुपए पाता है।

गांधी जी ने सादगी और कर्तव्य की जिन्दगी की सीख दी, लेकिन बदनसीबी कि देश के मंत्रियों का मन बदला कि हम भी अमेरिका, यूरोप वालों की तरह रहें और देश को भी वैसा ही बनाएँ। अमेरिका के राष्ट्रपति की गाड़ी आठ लाख रुपए की है। नेहरू साहब ने अमेरिका में देखा तो लौटकर फौरन फैसला किया हम भी ऐसी गाड़ी रखेंगे और स्विट्जरलैंड से वैसी ही गाड़ी आठ लाख रुपए में मँगाई गई। हमारा सबसे बड़ा रोग रहा है, और है, कि हम नकलची हैं।

डॉक्टर या वकील भी, जो अमीर है, ज्यादा फीस दे सकता है, उसको पहले देखता है, उसकी ज्यादा खबर रखेगा। यूरोप में बड़े-से-बड़ा डॉक्टर, जिस हिसाब से जो आता है, एक छोटा, निमोनिया का बीमार, और दूसरा अमीर का, मामूली बीमार। डॉक्टर किसको पहले देखेगा? अमीर के बच्चे को। यह मुल्क गिर गया है। हम लोगों के मन भी ठीक नहीं रहे। इमारत बस एक छोटी-सी नोंक पर टिकी है। दुकानदार भी छोटे-बड़े का फर्क करता है। अच्छे कपड़े वाले को खूब दिखाएगा और फटे कपड़े वाले को एक-दो ही।

दुनिया में छोटे-बड़े का फर्क जन्म के हिसाब से नहीं, पैसे, पढ़ाई वगैरह से होता है। यहाँ जात का फर्क रुपए, ओहदा वगैरह से नहीं जन्म के मान से है। ब्राह्मण, बनिया, शेख, सैय्यद बड़ी जात हैं। लोहार, कहार, नाई, जुलाहा, धोबी, माला, मादिगा वगैरह तमाम नब्बे फीसदी हैं। इनका दिमाग जात-पाँत के भेद ने जकड़ दिया है। इनको आगे लाए बगैर मुल्क बन नहीं सकता, जैसे हाथ को हिलाओ-डुलाओ नहीं तो लकवा लग जाता है। इसी तरह इनको 2,000 साल से लकवा लग गया है, जकड़ दिये गए हैं। यही है मूल में गुलामी का कारण, और अगर सुधरे नहीं, तो फिर गुलाम होने का खतरा है।

इस हालत को बदलना आसान नहीं है, क्योंकि और जगह तो छोटा आदमी संगठन अपना बना भी लेता है। यहाँ इंकलाब की भी हिम्मत नहीं करता, सोचता भी नहीं। गरीब झोंपड़ी वाला थक गया है, उसके मन को यकीन नहीं होता कि वह भी राजा बन सकता है। विश्वास न जमने का कारण रहा है,

उसके साथ पिछले दो हजार बरस से लगातार दगाबाजी। विश्वास उठ गया है। दूसरे देशों में, ख्रुश्चेव गड़रिया का लड़का, ताकत में बड़ा स्टालिन चमार का बेटा, हिटलर जर्मनी वाला, कारीगर—राज का बेटा। इंगलिस्तान के भी, जिनसे हाथ मिलाने को लोग लार टपकाते हैं, वही बेवान, मारिसन कोयला खदान मजदूर, सड़क पर अखबार बेचने वाले रहे हैं। क्या दो हजार बरस में हमारे देश में छोटे पेशे वाला आदमी कभी बढ़ा ही नहीं? क्या हिन्दुस्तान का बड़ा आदमी बना है? इधर पाँच-दस साल में एक दिखता है, श्री जगजीवनराम। असल में वह भी बड़ा नहीं हुआ है। जैसा चिड़िया पकड़ने को लासा लगाते हैं, वैसे ही देश के चमार पकड़ने के लिए भी जगजीवनराम का लासा लगाते हैं। इसी तरह मुसलमानों में भी लासा लगाते हैं। मुसलिम लोग को केरल में उठाना, फिर काम निकल जाने के बाद धता बता देना।

लिंगायत और वक्कालिंगा को उठाने वाली बात भी सोचना। मैसूर की आबादी कुल तीन करोड़ के करीब है। इसमें पचास लाख के करीब ये लिंगायत और वक्कालिंगा लोग हैं और बाकी ढाई करोड़ दूसरे बिखरे हुए हैं। और सबका ये 50 लाख फायदा उठाते हैं। इनमें भी सबका नहीं, बल्कि दो-तीन हजार का फायदा होता है। और ये लोग सिर्फ फायदा उठाने वालों के नाम का इस्तेमाल करते हैं। ये लोग सिर्फ पुरानी पलटन को इकट्ठा करते हैं। जरा डुग्गी पीटी कि खड़ी हो गई पुरानी पलटन। नई पलटन खड़ी करना तो बहुत मुश्किल है। लेकिन मुसीबत है कि सब दबे हुए लोग इस नई पलटन में भरती नहीं होते।

इसको कैसे दूर किया जाए? एक तरीका है। एक तरफ आमदनी का नियम बनाना चाहिए और दूसरी तरफ बराबरी का नियम। कम-से-कम ऐसी हालत पैदा करनी चाहिए कि गैर-बराबरी ज्यादा न हों। जैसे, आमदनियों में एक और दस से ज्यादा का फर्क न हो, यानी अगर कम-से-कम 100 हो तो ज्यादा-से-ज्यादा 1,000। ऐसा नहीं कि बिड़ला एक दिन में एक लाख पैदा करें और प्रधानमंत्री पैदा तो कुछ न करें लेकिन, पच्चीस हजार रुपए रोज खर्चा करें। सरकारी सेठ और कारखाने का सेठ, दोनों सेठों को खत्म करना होगा। इसके लिए एक और दस का सिद्धान्त अपनाना पड़ेगा।

जाति मिटाने का भी कोई तरीका अपनाना होगा। दो हजार सालों से जो दबे हुए हैं, उनको उठाना होगा। लोग कहते हैं कि पहले इनको पढ़ाओ-लिखाओ। दो हजार साल लगातार दबे रहने से परिपाटी बन गई है। मारवाड़ी लड़का व्यापार की कला में कुशल हो गया है, ब्राह्मण-कायस्थ वगैरह दिमाग के काम में जैसे काम चला लेते हैं वैसे ये नहीं कर सकते। दबे हुओं को सिर्फ

पढ़ाने से काम नहीं चलेगा, क्योंकि संस्कार और परिपाटी की वजह से ऊँची जाति वाले ही आगे रहेंगे। छोटी जात को उठाने के लिए सहारा देना पड़ेगा। जैसे हाथ लुंज हो जाने पर सहारा देते हैं, और तब हाथ काम करने लगता है, उसी तरह इन नब्बे फीसदी दबे हुए लोगों को सहारा देना होगा, उस समय तक जब तक हिन्दुस्तान में बराबरी न आ जाए। इसीलिए 100 में कम-से-कम 60 ऊँची जगहें इनको दो, जिनमें हरिजन, शूद्र, आदिवासी, जुलाहा, अंसार, धुनिया, औरत वगैरह हैं।

लगभग हर एक आदमी जो आधुनिक होना चाहता है, जाति-प्रथा का नाश करना चाहता है, पर उसको मिटाने के लिए बराबर से काम नहीं करता।

जाति-प्रथा की समस्या की जड़ों को खोल देना चाहिए, लेकिन इससे बड़ा दर्द होगा। दो बड़े तथ्यों को हमेशा सामने रखना चाहिए। एक, कि आबादी के 90 प्रतिशत लोग पिछड़े तबके के हैं—औरत, हरिजन, आदिवासी, शूद्र और मुसलमानों और अन्य धार्मिक अल्पसंख्यकों के पिछड़े वर्ग। दो, कि देश के 90 प्रतिशत कल-कारखाने, सरकार, सेना, दूसरे पेशे और प्रायः सभी सार्वजनिक कामों का ऊँची जाति के लोग, जो आबादी के 10 प्रतिशत हैं, नियंत्रण करते हैं या कम-से-कम ऊँची जगहों पर तो वे ही लगे हुए हैं। अधिकांश हिन्दुस्तानी जनता ने सदियों से अपने बुद्धि का इस्तेमाल नहीं किया। इस देश को लकवा हो गया है और उनको भी। अगर उन्हें उपयुक्त शिक्षा दी जाए, तो ऊँची जाति वाले के साथ दौड़ में टिक नहीं सकते, क्योंकि कुछ छँटाव और सांस्कृतिक विकृति हो गई है। इसलिए उन्हें विशेष अवसर देना होगा। जब तक ये दौड़ में बराबरी का हिस्सा लेने लायक नहीं बनते, देश में शल्य-चिकित्सा जैसे विशेषज्ञ हुनर को छोड़कर, इन 90 प्रतिशत दबे हुओं को 60 प्रतिशत अवसर सभी जगह मिलना चाहिए। अपनी आजादी की रक्षा करने में हिन्दुस्तान की कुल राष्ट्रीय क्षमता के हित में ही नहीं, बल्कि देश के विकास के हित में भी मैं यह सुझाव दे रहा हूँ। इसलिए यही सबसे बड़ी कसौटी है। निज की तरक्की के स्वार्थ में नहीं, बल्कि देश की सुरक्षा और तरक्की के लिए क्या इस बात की माँग की जाएगी कि देश की सभी ऊँची जगहों पर औरतों, शूद्रों और मुसलमानों तथा ईसाइयों में पिछड़ों के लिए भी 60 प्रतिशत संरक्षण दिया जाए?

ऊँची जाति के मर्द के लिए भी अवसर निरन्तर सिकुड़ते जा रहे हैं। जाति-प्रथा का यही नियम है। जब जाति-प्रथा रहती है, तो योग्यता और अवसर की निरन्तर सिकुड़न अवश्यम्भावी है, और छोटे, फिर छोटे से समूह में वह सिकुड़ती चली जाती है।

जाति-प्रथा पर धार्मिक, सामाजिक और आर्थिक हमले की बात भी सोचनी चाहिए। सामाजिक हमलों में, एक तरफ तो, विशेषतः गाँव में, अन्तर्भोज हो सकता है और दूसरी तरफ अन्तर्विवाह। अन्तर्विवाह को तो अनिवार्य लक्ष्य नहीं बनाया जा सकता, जैसे कि अन्तर्भोज को, पर सरकार को यह पूरा और उचित अधिकार है कि वह अन्तर्विवाह करने वाले लोगों के बीच से अपने नौकर चुने। आर्थिक मोर्चे पर, झोंपड़ियों में रहने वाले लोगों के वास्ते न्यूनतम सुविधाओं के लिए जोर से हल्ला बोलना चाहिए।

मैं यह कह दूँ कि कांग्रेस दल के हरिजन विधायकों में शायद सबसे तेज और समझदार हैं जगलाल चौधरी, और उनकी बात सुनी जानी चाहिए। हरिजन और आदिवासी विधायक की औसत दौड़ होती है व्यक्तिगत लाभ तक, यानी वजीफे या नौकरी। जाहिर है, यह समाज को बदलने के लिए बहुत नाकाफी है। ज्यादा जरूरत तो है कानून और नियम और व्यवहार को बदलने की। शूद्रों, हरिजनों और आदिवासियों को मैं चेतावनी दिये देता हूँ कि उनका यह आशा करना फिजूल है कि जब वर्तमान प्रधानमंत्री हट जाएँगे तो उनमें से ही कोई उनकी जगह लेगा। यह हो नहीं सकता और अगर हो भी जाए तो उसका मतलब सिर्फ इतना ही होगा कि पिछड़े तबकों को कुछ ज्यादा नौकरियाँ या वजीफें मिल जाएँ, इससे बढ़कर और कुछ नहीं होगा।

भारतमाता-धरतीमाता

जनरल थिमैया साइप्रेस में मरे, लेकिन उनका शव हजारों मील दूर बंगलौर, भारत में लाकर दफनाया गया। जनरल निम्मो काश्मीर का काम करते हुए पाकिस्तान में मरे, लेकिन उनके शव को ब्रिसवेन, आस्ट्रेलिया ले जाया गया। ये दोनों संयुक्त राष्ट्र संघ का काम कर रहे थे। दुनिया एक है, लेकिन दुनिया के काम करने वाले लोग भी, चाहे जहाँ मरें, लाए जाते हैं, अपने देश में। शर्त खाली यह है कि वे या तो इतने अमीर हों अथवा इतने मशहूर हों कि उनकी लाश पर ऐसा खर्चा किया जा सके।

एक तोता-रटन्त चाल पड़ गई है कि दुनिया सिकुड़ गई है। लोग कुछ ही घंटों में एक कोने से दूसरे कोने तक पहुँच सकते हैं। यह भी कहा जाता है कि राष्ट्रीयता कम हो रही है और अन्तरराष्ट्रीयता बढ़ रही है। लेकिन मरे शरीर के साथ जो कुछ किया जाता है, उससे यही साबित होता है कि दुनिया फैल रही है और राष्ट्रीयता बढ़ रही है।

यह सही है कि मरनेवालों के अपने स्वजन और रिश्तेदार होते हैं। आखिरी बार चेहरा देखने की तबीयत बड़ी तीव्र होती है। देश भी शायद सम्मान करना चाहता है। लेकिन पृथ्वी भी कुछ है या नहीं? ये सब विभिन्न राष्ट्रीयता माताएँ ही रहेंगी, अथवा पृथ्वीमाता की भी कोई जगह है? हमें तो इसे विष्णु पत्नी कहना ज्यादा अच्छा लगता है, यह समुद्रवसना पर्वतनया पृथ्वी। ऐसी विशाल प्रेमिका के किसी भी कोने में जलाए या दफनाए जाना कितना रोमांचकारी है।

एक जमाना था, जब दुनिया के विभिन्न देशों में सैर करने के लिए प्रमाण-पत्र और प्रवेश-पत्र की जरूरत नहीं पड़ती थी। राष्ट्रीयता कम हो रही है या ज्यादा? एक-दूसरे से भय घट रहा है या बढ़ रहा है। साथ-साथ वह सब रीति-रिवाज, रस्म, टोने-टोटके बढ़ रहे हैं, जिससे विशाल प्रेमिका पृथ्वी

का निरादार होता है। न जाने किस तर्क से इस निरादार को स्वदेश आदर में पलट दिया जाता है।

ये दोनों जनरल अन्तरराष्ट्रीय कामों में लगे हुए थे। इनमें से जनरल थिमैया के और जो भी दोष-गुण रहे हों, क्योंकि आखिर उनकी शिक्षा-दीक्षा अंग्रेजी गुलामी में हुई थी—उनका एक गुण अद्‌भुत था। वह था उनकी शान्त आत्मा, जिससे वह कोरिया की स्थिति को निभा सके। शायद इस आन्तरिक शान्ति का रस पाना एक हिन्दुस्तानी के लिए अपने इतिहास के कारण ज्यादा आसान है। जिसका यह मतलब नहीं कि हिन्दुस्तानी के दूसरे अवगुण और लोगों से ज्यादा विकट नहीं है। इस समय सिर्फ यह सोचना है कि एक शान्त आत्मा को अन्तरराष्ट्रीय काम में लगे रहने पर भी इस विशाल पृथ्वी से बिछुड़ाया जाता है।

मामला यहीं नहीं रुकता। एक देश के अन्दर भी मरे कहीं और हजारों मील हवाई जहाज इत्यादि में उड़कर बाद में लाया जाए, जलाया जाए अथवा दफनाया जाए और कहीं। जब डॉ. पंजाबराय देशमुख दिल्ली में मरे थे, सवाल उठा कि उनके शव को उनकी जन्मभूमि अमरावती ले जाया जाए। रस्म जो चल पड़ी है। आखिर विमलबाई और उनके पुत्र ने सद्‌बुद्धि दिखाई।

जलाने और दफनाने का भी फैशन हुआ करता है। फैशन चल पड़ा है कि अगर कोई आदमी जहाँ मरे वहीं जलाया जाए तो वह बड़ा आदमी नहीं है। उसे अपने छोटे घर ले जाना जरूरी है। धरतीमाता का निरादार करते-करते भारतमाता का निरादार चल पड़ता है।

इस फैशन में कितना पैसा खर्च होता है। अक्सर यह पैसा राज्य का यानी साधारण गरीब जनता का खर्च होता है। कभी-कभी मरे आदमी के स्वजनों और रिश्तेदारों को कई बार भीख माँगनी पड़ती है, सरकारी लोगों से कि उनको एक हवाई जहाज हवाले किया जाए। मान लो पैसे वाला भी हो तो इस विलासी फैशन की क्या जरूरत?

मालूम होता है कि ज्यों-ज्यों, जहाँ-जहाँ दौलत बढ़ती है त्यों-त्यों विलासिता के नये-नये नुस्खे निकलते हैं। जन्म, शादी और मृत्यु को लेकर कितना खर्चा और कितना आडम्बर! बुद्धि तो यही कहती है कि मरे शरीर को अच्छी तरह नहला-धुलाकर कम-से-कम खर्चे में अन्त्येष्टि स्थान पर पहुँचा दिया जाए। किन्तु ऐसा शायद कभी भी सम्भव न होगा। तर्क के साथ-साथ जीवन के रस्म की उतनी ही या उससे भी बड़ी जगह है। इस रस्म को अन्तिम घड़ियों में मौका देना होगा। कितना और कैसा यह एक सवाल है। इसके साथ रीति-रिवाज, टोने-फैशन जो भी जुड़ गए हैं, उनको निर्मोही बनकर खत्म करना चाहिए।

मरे शरीर के साथ बड़ा मखौल उड़ाया जाता है। सारी दुनिया में, विशेषकर भारत में। लोग शव-गाड़ी पर बैठकर चलते हैं और वह भी जूते पहनकर। और देशों में इस ढंग की अभ्रदता नहीं होती, लेकिन खर्चे और आडम्बर किस-किस प्रकार के हैं। पुराने इतिहास को लिया जाए तो मिस्र के रमसेस और टुटांखमैन वगैरह मरने के बाद की ऐयाशी की इति करते गए हैं।

इन सबके पीछे शायद एक कारण यह भी रहा है कि शरीर को अत्यधिक महत्त्व दिया जाए। नागरिकता का कानून इसका बेकार प्रमाण है। आशा की गई थी कि शायद आजाद हिन्दुस्तान नागरिकता की परिभाषा और कानून के सम्बन्ध में दुनिया को कोई नई दिशा दिखाए। लेकिन उससे भी गोरों की और यूरो-अमेरिका की नकल की। शरीर को महत्त्व दिया। कहाँ जन्में? कब जन्में? अथवा कितने बरस उस भूमि पर बसे रहे हों जिसकी नागरिकता लेना चाहते हैं? ये सब शरीर के लक्षण हैं। उनमें मन के अथवा आत्मा के कोई लक्षण नहीं। जो मनुष्य मन से किसी देश को और उसकी संस्कृति को अपना लेता है वह वहाँ का नागरिक हुआ। इस सिद्धान्त से बढ़कर और कौन सा सिद्धान्त हो सकता है? इसमें अवश्य दिक्कतें हैं। आज की सन्देह और भय की अन्तरराष्ट्रीय हवा से उड़ने से इस सिद्धान्त को कोई बली देश ही बचा सकता है।

मानव अधिकारों में एक नये अधिकार का समावेश जरूरी है। यह अधिकार और किसी भी अधिकार से कम महत्त्व का नहीं। यह मानवीय अधिकार है। जहाँ चाहे वहाँ मरने का। आज मनुष्य को यह अधिकार नहीं मिला हुआ है। गरीब या लाचार विदेशी फौरन निकाले जा सकते हैं। जीवन-स्तर घट जाएगा, आस्ट्रेलिया का, रूस का, अमेरिका का, न जाने और कितने देशों का। सुरक्षा खतरे में पड़ जाएगी, भारत की, पाकिस्तान की, न जाने और कितने देशों की। मनुष्य बेचारा इस चक्की में पिसता चला जा रहा है। रही चेहरा देखने की बात, उन लोगों का चेहरा जो मशहूर या अमीर हैं, आजकल टेलीविजन अथवा दूरदर्शन के जरिये सब कुछ हो सकता है।

मनुष्य को बचाना बहुत जरूरी हो गया है। वह आज राष्ट्र और जाति में इतनी बुरी तरह बँध चुका है कि जन्म, शादी और मौत में भी वह मनुष्य ही है, बल्कि कुछ अधकटा जीव है। जो थोड़ा-बहुत इस दिशा में हुआ है, वह उतना ही लड़ाई और विजय का फल है, जितना प्रेम का, शायद प्रेम से ज्यादा विजय का। असली दुनिया तभी बसेगी, जब मनुष्य सचमुच वर्णसंकर अथवा दोगला हो जाएगा।

पुराने वर्णसंकर सम्मानीय हो जाते हैं, समय की गति से। नये की ओर कुछ शक या मिथ्याभिमान से देखा जाता है। कुछ-कुछ दोष इन नये वर्णसंकरों का भी है। किसी पुराने राज्य का न केवल यह शारीरिक फल है, बल्कि उसके काफी विशेषाधिकारों का भी भोग करता है। लेकिन फिर भी यह है नई दुनिया की शहनाई।

भारत में ऐंग्लो-इंडियन कहलाने वाले लोगों ने कीलर बन्धुओं का उपहार मनुष्यता और हिन्दुस्तानियत को दिया। शूर कीलर हवाबाज किसी शूर से कम नहीं रहे। उन्होंने शरीर और मन दोनों से अपनी भारतीयता का ऐसा परिचय दिया जो किसी से कम नहीं था।

कीलर बन्धुओं ने साबित कर दिया कि ऐंग्लो-इंडियनों के विशेष अधिकार खत्म करने चाहिए। उनके विशेष गुणों का जो कुछ फायदा उनके देश को मिल सके लेना चाहिए। कम-से-कम वे विशेषाधिकार खत्म हों जो उन्हें देश की न केवल एक अलग जाति बनाते हैं, बल्कि ऐसी जाति, जिसके प्रतिनिधि नामजद होकर लोकसभा में बैठते हैं। उनको नामजद करती है सरकार। वही सरकार जो थिमैया को साइप्रेस से बंगलूर ले जाती है। वही सरकार जो विभिन्न जातियों को आपस में लड़ाकर अपना उल्लू सीधा करती है। वही सरकार जो डर और सन्देह के कारण कोई नया कदम नहीं उठा सकती है।

अगर ऐंग्लो-इंडियन प्रतिनिधि का अलग से लोकसभा में बैठना जरूरी है तो कम-से-कम चुनकर आना चाहिए। सरकार की कृपा से नहीं। जब तक सरकार उनको नामजद करती रहेगी, तब तक वह अंग्रेजी भाषा का गुलाम होगा, अपनी मातृभाषा का भक्त नहीं। वह अलगाव की बातों में सरकार से ऐंठेगा, लेकिन बाकी सभी बुनियादी मामलों में सरकार का पिट्ठू रहेगा। वह खुद को और अपनी बिरादरी को इस भूल का शिकार बनाए रखेगा कि ईसूमसीह अंग्रेजी बोलते थे। वैसे भारतीय ईसाई भी इस भूल के शिकार हैं, किसी हद तक। ईसूमसीह दरअसल अरमेयक बोलते थे जो आज की हिन्दी के ज्यादा नजदीक थी, बनिस्बत आज की अंग्रेजी के।

मन में बहुत कूड़ा जमा हो चुका है। इसको बुहारना बड़ा कठिन प्रतीत होता है। जिनकी दृष्टि दूषित है वे इसी लेख में हिन्दुस्तानियत और मनुष्यता का अनमेल देख लेंगे क्योंकि उनकी दृष्टि में अनमेल हैं। जहाँ हिन्दुस्तानियत होनी चाहिए वहाँ एक नकली-उदार, खंडित-मनुष्यता ला बिठाते हैं और जहाँ मनुष्यता होनी चाहिए वहाँ एक संकीर्ण, दमघोंटू हिन्दुस्तानियत को आसन पर चढ़ा देते हैं। समझते हैं कि विश्व-मानव बन रहे हैं, बनते हैं खाली विश्व

यार। दुनिया भी खोते हैं, देश भी खोते हैं। मरी लाश को देश देते हैं और देश को मरी लाश। जीभ को देते हैं उनकी अपनी भाषा नहीं, दुनिया की भी भाषा नहीं, बल्कि किसी ऐसे देश की, जिससे उनका गुलामी का सम्बन्ध रहा है। विश्व-यारी के खिलाफ जेहाद बोलकर ही विश्व-मैत्री स्थापित हो सकती है।

यह तो हुआ, लेकिन किसे गुनगुनाता अच्छा नहीं लगता, 'दफन के लिए, दो गज जमीन भी न मिली कू-ए-यार में।' कू-ए-यार, अपना देश, आदमी को हमेशा कुछ-न-कुछ नशा चढ़ाता रहेगा, लेकिन कितना और किन हालतों में? जिसका देश उससे छिन चुका है, वह दो गज जमीन के लिए तरसता है। जिसे अपना देश मिला हुआ है वह पृथ्वी के किसी भी दो गज को अपनी जमीन मान सकेगा। निर्वासित-निकाले हुए वे भी हैं जो अपने देश में रहते हुए रोज अनुभव करते हैं कि उनके घर में बैठे हुए हैं कुछ अजनबी, चाहे वे देशवासी ही क्यों न हों, लेकिन उन्हें खुद बैठना पड़ता है ड्योढ़ी के बाहर। ऐसे लोग अपने कू-ए-यार को सुधारने में कभी-कभी इसकी दो गज जमीन के लिए तरसने लगते हैं।

हिन्दुस्तानी कविता की उर्दू शैली ने उदासी की वह सीमा हासिल की है, जो शायद और कहीं नहीं। गालिब और मीर 1857 के आसपास के थे। तब राज्य टूट रहे थे। ऐसे मौके पर कवि लोग चाहे जो कुछ कहें, मुहब्बत वाला दिल भी कुछ आसानी से और ज्यादा टूटता है। जब दिल हँसता रहता है, तब भी उसमें कुछ क्षण ऐसे आते हैं कि उदास बनने में मजा आता है, लेकिन चलते-चलते थोड़े अरसे के लिए ज़फ़र का दिल हमेशा के लिए उदास हो चुका था, लेकिन जिसका वतन है, उसकी उदासी कुछ क्षणों के लिए होगी।